Janine COURTILLON   Genev

l'intoler impression
Catra Rocin
Pierre Mayor

s'apercevoir to notice

LIBRE Echange

3

HATIER / Didier

Table de références des photographies et des dessins :

Nous avons recherché en vain les éditeurs ou les ayants droit de certains textes ou illustrations reproduits dans ce livre. Leurs droits sont réservés aux Éditions Didier.

Conception de la couverture : Anne-Marie Bodson
Conception et réalisation de l'intérieur : Atelier Ovale
Photogravure : Clichés-union

© Les Éditions Didier, Paris, 1993   Imprimé en France
ISBN 2-278-04026-X

Avant-propos

Objectifs et publics

Apprendre une langue, mais aussi acquérir des connaissances.

Les documents oraux et écrits, exclusivement authentiques, reflètent des comportements et quelques-unes des préoccupations de la société française actuelle (et de bien d'autres sociétés sans doute). En effet, on ne peut dissocier, surtout à un niveau avancé, l'intérêt pour la langue de l'intérêt pour la culture et la communication. **Le désir de s'exprimer à propos d'un thème renforce la capacité à apprendre la langue.**

Libre Échange 3 peut convenir à **deux sortes de public :**
- un public désireux de se perfectionner en français tout en améliorant son savoir culturel.
- un public visant la préparation d'un examen national à plus ou moins long terme.
Il y a des objectifs communs à ces deux publics. Il s'agit de choisir parmi les textes et les activités de production, selon l'orientation des élèves.

Contenu du manuel

Libre Échange 3 se compose de **quatre dossiers thématisés,** dont un dossier « complémentaire », donnant lieu à une exploitation plus libre. Chaque dossier est subdivisé en plusieurs sous-dossiers : le dossier 1 comporte six sous-dossiers, le 2 en comporte quatre, le 3 et le 4 en comportent respectivement trois. Soit, au total, seize unités ou modules d'apprentissage.

Description d'un module
Chaque module comporte :

• Un **enregistrement** de *micro-trottoirs* (dossiers 1 et 2) ou d'extraits de *tables rondes* (dossiers 3 et 4).
- Les *micro-trottoirs* sont des enregistrements spontanés de points de vue sur les thèmes traités dans les dossiers. Ils ont été reproduits en studio.
- Les *tables rondes* ont été enregistrées directement. Ces enregistrements ont été faits auprès de Français d'âges et de classes sociales différents. Ils livrent un échantillon relativement caractéristique de l'expression orale des Français d'aujourd'hui.
Quelques extraits de ces enregistrements sont présentés sur les pages d'ouverture du dossier, ils sont accompagnés d'illustrations représentant soit les locuteurs, soit un aspect des thèmes abordés. Les textes et les illustrations sont à mettre en relation par les élèves. Ces deux pages constituent une entrée dans le thème et une préparation à l'activité d'écoute.

• Un **appareil pédagogique,** qui sert à vérifier la compréhension et à favoriser la mémorisation de certains modèles langagiers, fait suite aux pages d'ouverture. Il comporte des activités de repérage, d'analyse, de vocabulaire et d'expression orale et écrite.

N. B. : Des activités très précises pour guider la compréhension sont proposées dans le livre du professeur, pour le premier module. Elles peuvent servir de modèle pour guider la compréhension des autres modules. Mais il est évident que plus on avancera dans le cours, moins les activités de guidage seront nécessaires, les élèves ayant acquis progressivement une bonne capacité à comprendre.

• Une **page grammaticale** vient clore la partie consacrée à l'oral. Elle se présente sous forme de tableaux et est consacrée, en partie à des révisions du niveau précédent, en partie à des acquisitions nouvelles.

• Une **série de textes** constitue la partie écrite du module. Thématiquement, ils font écho à la partie orale et viennent renforcer et préciser les idées véhiculées dans les *micro-trottoirs* ou les *tables rondes*.
Cet ensemble est composé selon les orientations suivantes :
- Le premier texte est de type **journalistique** (interview ou extrait d'article). Il a été choisi pour la facilité de son contenu, et pour les spécificités du discours journalistique. Il représente ce qu'on peut lire couramment dans la presse « grand public ».
Il est suivi, comme tous les textes, d'un appareil pédagogique.
- Un texte plus « scientifique » apporte un nouvel éclairage sur le thème, à un autre niveau : celui de l'analyste. Ce type de texte expose un point de vue critique et comporte une argumentation. Le contenu en est plus difficile à saisir ; les **activités d'analyse** proposées dans l'appareil pédagogique permettent de comprendre l'organisation du texte. Des exercices et des activités de production entraînent à la rédaction de ce type de texte (objectif qui n'est pas forcément poursuivi par tous les élèves).
- Un texte **littéraire** apporte une autre dimension au thème. Ce texte peut être parfois un poème ou une chanson. Les activités qui suivent tendent à faire repérer les figures de styles et les différents procédés de l'écrit littéraire. Sur ces modèles, des **activités d'écriture** sont proposées aux élèves, ce qui est une excellente source de motivation à la production écrite.

Des choix peuvent être faits parmi l'ensemble de ces textes en fonction des objectifs ou des intérêts des élèves. Pour faciliter ces choix, on trouvera dans la table des matières une indication (mise entre parenthèses) qui caractérise chaque type de texte.

• Une **rubrique « entraînement »** est proposée à la fin de chaque module pour **renforcer les acquis**. Il s'agit d'exercices se rapportant à des pages spécifiques du module. Des modèles linguistiques ont été extraits des textes lus et étudiés en classe. Il est bon de les réemployer de façon plus systématique, ne serait-ce que pour vérifier leur fonctionnement et évaluer jusqu'à quel point ils sont maîtrisés. Certains de ces exercices concernent la grammaire de base et permettent une révision. D'autres, plus complexes, essaient de donner aux apprenants des modèles syntaxiques ou textuels dont ils ont besoin pour rédiger, surtout s'ils préparent un examen national.
Ces activités d'entraînement peuvent se faire en fonction des besoins, après l'étude du texte concerné.

Méthodologie

De la compréhension à l'expression

On constate parfois que les étudiants avancés stagnent à un certain niveau d'expression, bien inférieur à leur niveau de compréhension. Ce décalage est dû au fait que les **nouveaux modèles linguistiques** contenus dans les documents qu'ils lisent ou qu'ils écoutent n'ont pas été assimilés de manière active, c'est-à-dire qu'ils ne sont pas disponibles en tant qu'éléments pour la production. Ils n'ont pas été mémorisés, ils ne fonctionnent qu'au niveau de la reconnaissance.

Cette assimilation qui les intégrerait à la compétence de production exige une démarche pédagogique rigoureuse qui sollicite l'activité de l'élève depuis la phase de compréhension jusqu'à la phase de rédaction de textes ou d'expression orale.

Cette démarche, qui est celle de *Libre Échange 2* et *3*, peut se résumer comme suit :

• Les activités de compréhension et de repérage

Globalement, il s'agit de faciliter la mémorisation par la fréquentation assidue de textes motivants, écrits pour des Français et non pour des « apprenants en français ». Pour que cette mémorisation soit efficace, il faut que l'élève se sente personnellement engagé dans une structure interactive. Ceci nécessite, d'une part, un travail préalable en équipes et, d'autre part, une mise en commun et une discussion en grand groupe. Pour qu'il y ait réellement interaction, le professeur n'explique pas, mais se contente de vérifier la compréhension en demandant des reformulations : paraphrases, explications ou synonymes. Ces interactions se poursuivent à travers les **activités de repérage** qui exigent que l'élève recherche dans les documents les formulations nouvelles d'idées, de sentiments, les articulations du texte, les formes stylistiques, etc. **Ces interactions constantes entre les élèves, le texte et la signification permettent non pas simplement de comprendre un nouveau modèle linguistique ou discursif, mais de se l'approprier de telle sorte qu'il devient disponible naturellement lors de l'expression orale ou écrite.**

Mémoriser ne signifie donc pas « apprendre des listes par cœur » mais, au contraire, fréquenter un document de manières très variées, de sorte qu'à la longue certains passages et certains modèles en deviennent familiers à l'élève qui, ainsi, les utilisera spontanément à son propre compte.

• Les activités d'analyse

Pour prendre de la distance par rapport au texte et exercer son esprit critique, des activités d'analyse sont proposées aux élèves. Elles les amènent à faire des rapprochements, des comparaisons, des jugements, bref à manipuler la langue en prenant position par rapport au texte. Certaines analyses concernent le contenu du texte, d'autres la forme : l'organisation du discours ou encore la marque du scripteur dans le texte, les marques linguistiques qui permettent de déceler son point de vue, d'atténuer ou d'accentuer une position, etc.

• Les activités de production orale et écrite

Après avoir pratiqué les diverses activités qui lui ont permis de mémoriser des aspects nouveaux du texte et de prendre de la distance par rapport à ce texte, l'élève est à même de réaliser les tâches d'expression libre qui lui sont proposées. Il pourra y réinvestir, d'une manière naturelle, ce qu'il aura acquis au cours du travail sur les textes. Les productions personnelles, ou réalisées en équipes seront mises en commun et discutées. Il faut noter que certaines des activités d'écrit demandent une production plus académique : synthèses, comptes rendus, commentaires critiques. Elles conviennent mieux aux élèves qui préparent des examens nationaux.

En résumé, nous pensons qu'il ne faut pas confondre deux types d'apprentissage : s'il est effectivement utile de savoir comment les Français construisent leurs textes écrits, cela n'aide pas pour autant l'élève à **améliorer sa propre production en français**. Ce dernier apprentissage ne se fait ni à travers des modes d'emploi, ni sur simple présentation de techniques d'écriture, mais **par la fréquentation et l'imitation de modèles contextualisés**. C'est ainsi que l'élève pourra éviter de calquer en les traduisant les modèles linguistiques de sa langue maternelle.

Cette méthodologie est de type inductif : elle part de l'observation, de la reconnaissance de modèles, pour en comprendre les propriétés et s'exercer ensuite à les imiter. Sans imitation de modèles, disait Grégory Bateson, il n'y aurait aucun apprentissage.

Dossier 1

À quoi rêvent les Français ?

A. Les rêves d'évasion

escape

Oh oui, oh oui partir très loin, très loin.
Au soleil, au bord de la mer, sur une île.

island

Je suis très fatiguée… pour
moi la solution c'est de partir
au bord de la mer, de m'évader
de tous mes soucis, *worry escape concern*
du quotidien.

Mais moi, mon moyen *way*
de partir sans partir :
je vais au cinéma !

médecin doctor

Si j'étais médecin, je crois
que je partirais avec
Médecins sans Frontières ou
Médecins du Monde.

8

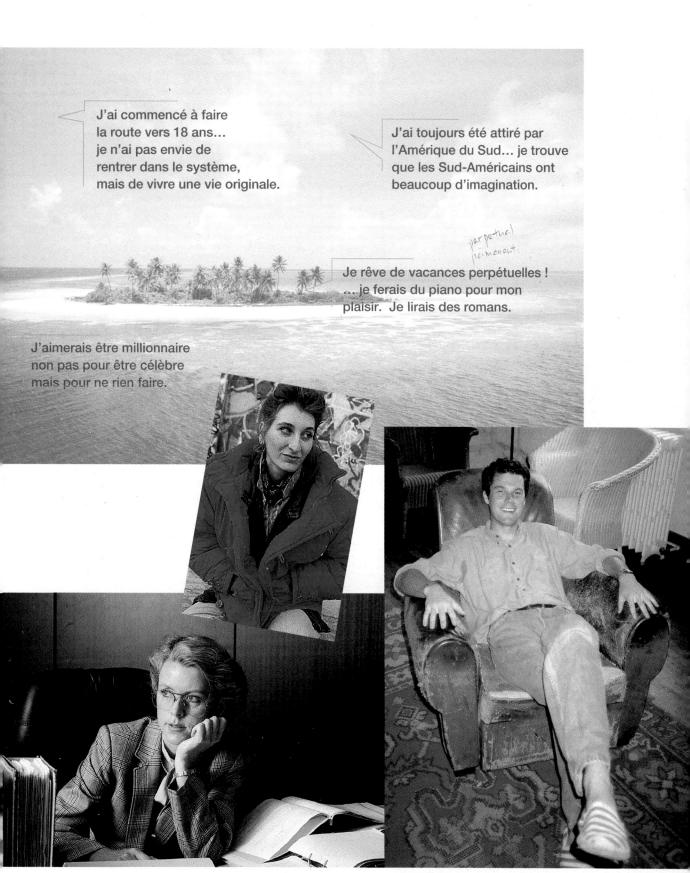

Repérages

Après avoir écouté les enregistrements, indiquez quelques phrases ou extraits de phrases se référant aux idées suivantes :
– L'idée d'évasion (être ailleurs).
– L'idée de bien-être.
– L'idée de repos.
– Le regret de ne pas accomplir son rêve.
– Le refus de la société.
– Autres idées.

Analyse

Parmi les raisons de s'évader, quelle tendance est majoritaire ? Quelle tendance est minoritaire ?
Pouvez-vous citer un cas particulier (qui ne représente pas une tendance chez les personnes interviewées) ?
Quelles sont vos remarques personnelles ?

Pour fixer le vocabulaire

Trouvez dans la colonne de droite un synonyme pour chaque mot ou expression soulignés :

C'est très <u>cliché</u>.
Je me sens <u>comme dans une bulle</u>.
Je vais être très <u>carte postale</u>.
Je pense <u>mettre un peu d'argent de côté</u>.
Je veux être millionnaire pour me « <u>la couler douce</u> ».
Dans n'importe quel <u>coin</u>.
Je me remets à « <u>bosser</u> ».

endroit
travailler
stéréotypé
vivre sans soucis
protégé
banal
économiser

Expression orale

Interviewez-vous sur le thème de l'évasion :
Divisez la classe en deux : les interviewés et les intervieweurs. L'intervieweur note les idées principales de l'interviewé.
– On intervertit les rôles : les interviewés deviennent intervieweurs.
– On écrit les résultats au tableau en classant les raisons d'évasion.

Expression écrite

Rédigez un ou deux paragraphes qui constitueront la synthèse des résultats de votre classe. Ajoutez-y vos commentaires ou comparaisons avec le micro-trottoir. Vous pouvez travailler par groupes de deux.

feu fire light

GRAMMAIRE

Le futur et le conditionnel

Comparez :

QUAND + futur..., futur	SI + imparfait..., conditionnel
Quand j'aur**ai** assez d'argent, je partir**ai**. je fer**ai** du piano. je fer**ai** le tour du monde.	Si je pouv**ais**, je partir**ais** sûrement. je m'achèter**ais** des années de liberté. je n'aur**ais** pas d'horaire.
L'action peut se réaliser dans le futur.	La condition n'est pas réalisée au moment où l'on parle.

L'indéfini : « n'importe »...

• suivi d'un **mot invariable :**

n'importe | qui
quoi
quand
où
comment

• suivi d'un **nom** :

n'importe | quel coin
quelle condition
quels pays
quelles circonstances

• suivi d'un **pronom relatif** :

n'importe | lequel
laquelle
lesquels
lesquelles

Mise en relief et procédés d'extraction

• **Mise en relief du thème : c'est... qui/que...**
Ce mode de vie me convient : Le thème est **sujet** grammatical.
→ **C'est** ce mode de vie **qui** me convient.

J'aime *la mer bleue* : Le thème est **objet** grammatical.
→ **C'est** la mer bleue **que** j'aime.

• **Extraction du thème :**
Dans ce procédé, le thème est repris par un pronom qui correspond à la fonction grammaticale du thème dans la phrase de base.
J'ai passé *ma petite enfance* sur une île : Le thème est **objet direct**.
→ Ma petite enfance, je **l'**ai passée sur une île.

Tu fais vite le tour *d'une île* : Le thème est un **complément de nom**, il inclut la préposition « de ».
→ Une île, tu **en** fais vite le tour.

Je ne pense pas à *partir* et je ne pourrai plus *partir* : Le thème est un verbe à l'infinitif. Il est régi par la **préposition** qui le précède.
→ Partir, je n'**y** pense pas et je ne **le** pourrai plus.

• **Extraction du prédicat : ce qui.../ce que..., c'est...**
Ce mode de vie *me convient*.
→ **Ce qui** me convient, **c'est** ce mode de vie.

J'aime partir sans partir.
→ Moi, **ce que** j'aime, **c'est** partir sans partir.

N.B. :
Le thème peut être une personne, un objet ou une action.
Le prédicat est ce qu'on dit du thème.
Exemple :   <u>Ce mode de vie</u>   <u>me convient.</u>
                        thème   prédicat

Et eux, que feraient-ils s'ils plaquaient tout ?

Quand les célébrités rêvent d'anonymat

Mgr Jacques Gaillot
Évêque d'Évreux

J'arrêterai un jour ma charge d'évêque et, comme un pèlerin, je m'en irai sur la route qui conduit vers ceux que le monde délaisse. Je ne suis pas inquiet pour demain, l'important sera d'être avec ces pauvres, comme un frère, qu'il s'agisse de détenus ou de malades du sida, pour être témoin de leur dignité, et de leurs possibilités. C'est tellement merveilleux de voir les gens se remettre à vivre…

Jeannie Longo
Cycliste

Une nouvelle existence ? J'y ai déjà réfléchi. Je la vois loin du bruit, des turbulences, du diktat de nos sociétés de consommation. Je choisirais de me retirer dans un environnement plutôt sauvage, proche de la nature. Je vivrais d'agriculture et de nourritures spirituelles. Peut-être j'écrirais…

Pr Christian Cabrol
Cancérologue

Je m'installerais en Bretagne : j'aime son histoire, c'est une région qui a encore une âme. Et puis j'écrirais et je ferais du bateau, pour le plaisir de la mer mais aussi pour toujours revenir au port ! Se décider à partir ? Oui, mais par fatuité on imagine que l'on est toujours indispensable.

Christian de Portzamparc

Architecte ~~to give up~~ ~~often atmosphere~~

Tout plaquer ? J'y ai très souvent pensé. J'aimerais beaucoup partir au Brésil, pour l'ambiance, l'environnement, les couleurs, les métissages… Là, j'écrirais, je lirais, je ferais du dessin, de la sculpture, de la samba…

~~drawing~~

Michel Noir

Maire de Lyon ~~finally~~ ~~places~~ ~~several~~

J'aimerais pouvoir jouer du violoncelle plusieurs heures par jour et devenir enfin (!) un bon violoncelliste… J'aurais aussi envie de composer des morceaux, des jours et des nuits entières, sans contrainte, aspiré par les notes qui résonnent dans ma tête et demandent à s'harmoniser. Tout cela exige déjà beaucoup de travail et de temps. Mais j'en garderais pour écrire sur ce qui me touche. Les gens, la vie, l'amour, la société… Et puis j'aimerais voyager. Utiliser tous les moyens de transport possibles et imaginables pour découvrir le monde, les cultures, les modes de vie de chaque coin de la planète. Séjourner un moment en un même lieu, puis partir parce que la curiosité vous pousse à aller voir ailleurs… N'est-on pas toujours un peu nomade ?

Hubert Reeves

Astrophysicien

J'aurais aimé être violoncelliste, et pouvoir jouer dans des quatuors à cordes. Il y a quinze ans, j'ai sérieusement pensé à changer de vie, mais il était alors un peu tard pour envisager ~~to consider~~ la musique comme un métier. Ce n'est pas à 40 ans que l'on devient concertiste ! J'ai donc songé à devenir psychanalyste. Et puis les choses se sont arrangées pour moi, et je ne le regrette pas !

Propos recueillis par Diane Wulwer.
Le Nouvel Observateur,
27 février-4 mars 1992.

Analyse linguistique

Relevez les temps et les modes les plus employés dans ces textes et expliquez leur valeur.

Expression écrite

Connaissez-vous une de ces personnes, laquelle ?
Dans chaque texte quelle est pour vous la phrase clé ?
Écrivez en quelques lignes votre propre rêve d'évasion.
À la manière de ces portraits, choisissez une personne connue de votre entourage, allez l'interviewer sur ses rêves et écrivez un texte journalistique.

Le temps du week-end

La mode est au court. De plus en plus, les Français préfèrent partir plus souvent, moins loin, moins longtemps, plus intelligemment. Suggestions d'escapades...

La Roquette, village perché de l'arrière-pays niçois.

Ils partent tous. Et ne s'en lassent pas. Deux jours à Rome, trois à Venise, deux à Florence, un et demi à Londres. C'est la folie du voyage court. Partir, ce n'est plus seulement partir loin. Ils veulent non pas découvrir le monde, mais le re-découvrir. Respirer l'air de liberté qui souffle à Prague, Budapest ou Berlin, « faire » les capitales européennes, combler leurs lacunes, de Stockholm à Berne, de Madrid à Oslo, reprendre, comme autrefois, lorsqu'ils étaient étudiants, la route du Kent et du Surrey.

Ils veulent retrouver l'air profond et sûr de la vraie France, découvrir le Périgord vert dans une maison de meunier au cœur d'une Venise champêtre que baignent les eaux de la Dronne, converser avec Colette depuis sa maison de Varetz, aux abords de Brive. Aborder la Provence ou la Côte d'Azur par l'arrière-pays, dénicher les gorges du Loup et la vallée des Merveilles, puis repartir le temps d'un coup d'aile vers Paris.

« *La mode du voyage court ? Mais cela ne date pas d'hier* », lâche Gilbert Petit de Mirbeck, directeur général de Visit France. Le spécialiste du genre affirme l'avoir vue venir il y a près de dix ans, du temps où il était directeur commercial d'Air Inter. « *Prendre des vacances plus courtes et plus souvent, les répéter dans l'année, voilà qui correspond non à une mode, mais à un style de vie. Depuis trois ans, c'est net : on ne passe plus un mois complet à se dorer sur la plage au mois d'août. Les gens ont besoin de séjours qui coupent et aèrent leur année de travail. On apprécie autant les séjours d'hiver que d'été. Au lieu de trois semaines prises d'un bloc sur juillet-août, on part trois ou quatre fois dans l'année pour des destinations différentes.* » [...]

« *Si le Français part plus court et plus souvent,* affirme Régis Bulot, le président des "RC"[1], *il aspire à la meilleure qualité. Il suit le rythme chaotique des vacances scolaires et cherche à s'éloigner le moins longtemps pos-*

Collonges-la-Rouge, village de Corrèze.

1. *R.C : Routard Conseil.*

sible de son travail. Il ne bronze plus idiot, mais s'oriente vers la remise en forme par la thalasso (ce que propose, par exemple, le Castel Clara, à Belle-Ile), soit vers le stage sportif, soit vers le séjour culturel. Son temps n'est pas libre, mais utilisé pour reprendre le rythme de travail après s'être enrichi. »

La maison de Colette à Saint-Sauveur-en-Puisaye, dans l'Yonne.

Vraie France ou Europe proche. Ce sont les deux vedettes du séjour court. Pour la France, la SNCF est devenue plus que performante. Grâce au TGV, Mâcon n'est plus qu'à une heure quarante de Paris, et, avec lui, la Bresse, les vignes de Pouilly-Fuissé, les souvenirs de Milly-Lamartine, les monts du Beaujolais et la roche de Solutré. Rennes et Nantes à deux heures, et Saint-Malo, La Baule, Paimpol aux abords immédiats. « Grâce au TGV, la France s'est rétrécie », lance Suzanne Lannes, de la SNCF, qui ajoute : « On a raccourci le temps du transport mais aussi celui du délai de réservation et d'achat grâce à la billetterie automatique. Le départ est facilité et les séjours se multiplient dans le temps. » [...]

« Les villes d'Europe sont, depuis longtemps, le sujet préféré des Français. » Les pays de l'Est, même plébiscités, ne sont pas « totalement » visités. Explication de Darmon : « Les structures d'accueil sont insuffisantes et puis... il n'y a pas grand-chose à manger. » Prague, l'un des favoris de Transtours, le spécialiste n° 1 des pays de l'Est, et Budapest font, à cet égard, figure

d'exception. « Prague est l'un des plus jolis rêves baroques des Français », lance Jean-Claude Georget de Transtours. La vedette absolue du court séjour à l'étranger ? Londres, bien sûr, mais aussi la campagne du sud de l'Angleterre, et puis le pays de Shakespeare, Edimbourg, l'écossaise aristo, et Glasgow, dont on redécouvre les atouts culturels. « L'avantage de l'Angleterre par rapport aux modes actuelles ? interroge tout haut Pierre Bergasse, de l'Office du tourisme de Grande-Bretagne. Avec sa verdure, ses petites maisons, son amour des traditions, son écologie bonhomme, elle cadre parfaitement avec les besoins actuels des vacanciers en quête d'anti-stress. »

Albion, de perfide, devient indispensable, avant qu'avec l'achèvement du tunnel elle devienne bien plus : un allié naturel qui redonne à la notion de week-end sa raison d'être.

Gilles Pudlowski,
Le Point, 25.4.1992.

Repérages

- Après avoir lu le texte, retrouvez les deux idées maîtresses dans le « chapeau » de l'article du *Point*.
- Dans les trois premiers paragraphes du texte, repérez :
– Les faits nouveaux en matière de voyage.
– L'explication qui en est donnée par G. Petit de Mirbeck.
– Celle donnée par R. Bulot.
- Faites la liste des désirs des Français en matière de voyages en France.
Situez sur une carte de France les villes ou régions qu'ils recherchent.
- Quelle raison essentielle facilite les déplacements rapides en France ?
- Faites la liste des villes étrangères que les Français visitent par ordre de préférence.
- Selon J.-C. Georget, qu'est-ce qui explique le choix des Français pour l'Angleterre ?

Analyse

Apprendre à transmettre une information donnée oralement :
– Auprès de quelles personnes et de quels organismes le journaliste a-t-il pris ses informations ? Soulignez leurs noms et la manière dont leurs informations sont rapportées.
Exemple : « Si le Français part plus court et plus souvent, affirme Régis Bulot, le président des "RC"…»
– Combien de procédés syntaxiques sont utilisés ?
– Relevez quelques paroles des personnes interviewées dans le micro-trottoir, et rapportez-les en utilisant ces procédés.

Pour fixer le vocabulaire

Trouvez dans la colonne de droite un synonyme pour chaque mot ou expression soulignés :

Ils ne se lassent pas de partir.
Ils veulent « faire » les capitales européennes.
Ils désirent combler leurs lacunes et aller au cœur d'une Venise champêtre.
La France s'est rétrécie.
Il ne bronze plus idiot.
Il suit le rythme chaotique des vacances scolaires.
Ils veulent dénicher les gorges du Loup.

réduire
le centre
découvrir
se fatiguer
irrégulier
visiter
compléter un savoir insuffisant
se dorer sur une plage sans rien faire d'autre

Expression orale

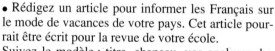

- En équipes, préparez des questions pour aller interviewer des agences de voyage, ou des camarades, ou des connaissances sur les comportements de vos compatriotes en matière de vacances.
- Rapportez en classe les résultats de ces interviews et discutez-en tous ensemble.

Expression écrite

- Rédigez un article pour informer les Français sur le mode de vacances de votre pays. Cet article pourrait être écrit pour la revue de votre école.
Suivez le modèle : titre, chapeau, vos analyses des comportements habituels, des citations que vous avez obtenues lors de vos interviews, une conclusion spécifique.
- Comparez entre groupes vos productions. Choisissez celle qui vous semble la meilleure.
Dites pourquoi c'est la meilleure. L'équipe gagnante aura droit au titre de « vedette du journalisme ».

Le routard
et les autres

Prince dépenaillé, le *routard* est un personnage mixte : mi-aristocrate mi-vagabond, il renoue à la fois avec le tourisme somptuaire des jeunes lords du XVIIIe et avec le nomadisme des trimardeurs[1]. En lui deux traditions mortes ressuscitent et se rejoignent : il est le lieu où convergent l'extrême délabrement et le luxe suprême. Il fait des voyages très longs comme cette caste de rentiers dont les migrations saisonnières s'étalaient sur presque toute l'année ; il chemine dans le dénuement et flirte avec la misère tels ces gueux itinérants qui, au XIXe siècle, hantaient le sommeil de l'honnête homme. [...] Les routards détraquent le métronome boulot congé ; ils refusent qu'une instance extérieure décide pour eux de la période annuelle où ils auront le droit de s'évader : il ne peut y avoir de temps libre imposé, c'est une contradiction dans les termes. L'élite féodale décrétait qu'il est noble de ne rien faire et avilissant de travailler ; l'élite en haillons veut arracher le voyage aux vacances, parce que celles-ci réduisent le loisir à n'être que le négatif du travail. Docile, économe et diligent, le vacancier part pour se refaire une santé, pour se reposer, pour s'éclater, pour savourer ailleurs et un mois tous les plaisirs dont le prive sa vie ordinaire. Dans les vacances, ce que le routard dénonce, c'est la présence en creux du travail. [...]

Le touriste, pour le routard, c'est l'individu conditionné qui s'amuse à date fixe, et c'est l'individu casanier qui se rend à l'étranger à la condition expresse d'y rencontrer des compatriotes et de bénéficier des mêmes facilités que chez-lui. Il y a tout un ascétisme de la route : il faut en baver pour entrer dans la confrérie ; les douillets, les rechigneurs de la belle étoile, les amateurs de palaces à air climatisé, les inconditionnels du drap propre, les explorateurs de folklore en boîte (de nuit) seront impitoyablement rejetés. Il fait la chasse aux contrefaçons, il excommunie tous les tricheurs. [...] Nul, en fait, ne trouve grâce à ses yeux. Il est le membre unique de la secte des voyageurs, il est l'habitant solitaire d'un château imprenable du haut duquel il contemple la masse indistincte des peureux, des minables, des rancis et des pépères. [...]

Le *voyageur initié* revient ravi de son séjour aux « States ». Il a fait du jogging à Frisco, il s'est éclaté à L.A., et c'est dans les lofts de Soho ou du Village qu'il a aimé New York. Raconter son périple pour lui c'est aligner des noms de

___
1. Trimardeurs : sorte de vagabonds (expression populaire).

code, et se livrer aux joies gratifiantes d'un langage chiffré. Manière de tutoyer l'Amérique, de l'appeler par son prénom, et de nous faire savoir, nous son auditoire, qu'il a sur les touristes l'insigne supériorité du familier, voire de l'autochtone : il a traversé le miroir, il est entré en profondeur dans ce pays que la multitude des visiteurs ne fait qu'effleurer distraitement. Au temps des voyages migratoires on allait en Amérique ; à l'époque des transhumances touristiques, on revient des States. Le désir d'exclusivité l'emporte sur la mythologie collective : ce n'est pas une utopie, c'est un rêve de distinction qu'on projette sur le Nouveau Monde. L'Amérique était un fantasme d'enfant ; l'américanisation est une arrogance de grande personne : on s'intègre à la minorité des connaisseurs, des gens au parfum ; on était parti français aux États-Unis, on revient ambassadeur des États-Unis en France.

Pascal Bruckner, Alain Finkielkraut,
Au coin de la rue, l'aventure,
coll. Fiction et Cie, © Le Seuil, 1979.

Repérages

● Retrouvez dans le texte la formulation exacte des idées suivantes :
– Le portrait du routard est paradoxal.
– Le routard refuse de se plier au rythme habituel du travail et des vacances.
– Il revendique sa liberté totale.
– À l'inverse du routard, le touriste obéit aux normes sociales.
– Le touriste, selon le routard, recherche toujours sa propre culture à l'étranger.
– Les routards méprisent le côté petit bourgeois des touristes.
– Ce qui caractérise le voyageur initié c'est son plaisir à montrer qu'il connaît parfaitement le pays visité.
– Le voyageur initié ne part pas pour partir.
– Les voyages du voyageur initié sont comparables à la migration estivale des troupeaux de moutons.
● Donnez un titre à chaque paragraphe.

éclater : to explore to shatter to shine to break

Analyse

- Après avoir lu le texte, notez la définition la plus synthétique qui caractérise les trois catégories de personnages :
  - Le routard : ......
  - Le touriste : ......
  - Le voyageur initié : ......

- Dans le premier paragraphe, le portrait du routard est construit par antithèse. Relevez sur deux colonnes les termes qui s'opposent diamétralement :

......	......
......	......
......	......

- Relevez dans le deuxième paragraphe les caractéristiques du touriste. Dites, par opposition, ce qu'est le routard :

Le touriste	Le routard
......	......
......	......

- Dans le troisième paragraphe, notez ce qui oppose le voyageur initié aux touristes :

Le voyageur initié	Les touristes
......	......
......	......
......	......

Pour fixer le vocabulaire

Associez les mots ou expressions des deux colonnes :

balk hesitate, hinder, disappoint, miss

Se dit de quelqu'un dont les vêtements sont déchirés. *torn*
Se dit de quelqu'un qui n'a pas de domicile fixe. *un vagabond*
L'état d'être sans biens ni argent. *le dénuement residence*
L'état de non entretien, presque de ruine. *le délabrement*
Se dit de quelqu'un qui aime rester chez soi. *casanier*
Se dit de quelqu'un qui habite le même pays que soi. *un compatriote*
Quelqu'un de sensible à la moindre douleur ou au moindre inconfort.
Mettre de la mauvaise humeur à faire quelque chose.
S'amuser à faire quelque chose.
Se donner beaucoup de mal.
Le circuit touristique.
Toucher doucement, ne pas entrer en profondeur.
Se dit des animaux qui se déplacent en troupeaux l'été pour trouver de nouveaux pâturages.
Se dit de quelqu'un qui est au courant de tout.

un compatriote
douillet *cosy, soft*
dépenaillé
« s'éclater » *to have a great time*
le périple *voyage*
un vagabond
effleurer *to brush to touch on to cross stimul*
« au parfum »
rechigner *to balk at*
la transhumance
casanier *stay at home*
« en baver » *to have a hard time*
le dénuement *destitution*
le délabrement

Expression orale

Jeu de rôles :
Imaginez une rencontre entre un touriste et un routard. Faites-les dialoguer. Jouez la scène devant le groupe.

Expression écrite

« Êtes-vous touriste ou routard ? »
Écrivez un petit texte pour défendre votre manière de voyager. Montrez-en les avantages.

Le Club Med

Au Club Méditerranée.

Toute l'ambiance du village baigne dans l'univers édénique d'une nature gratifiante. Ce don prend deux ou trois formes :

d'abord l'emplacement même du Club est parfait : « les plus beaux sites près des eaux les plus bleues et les plus chaudes du monde » ; « la mer est bleue, les plages éblouissantes, la végétation luxuriante, les criques tranquilles ». Le soleil y est garanti sur le modèle d'une assurance ; toute la gamme des climats se trouve annulée, au profit d'un système violent qui ne fait pas de détails. La lumière, la chaleur sont tout entières positives, riantes, sources de beauté, d'euphorie opposées au « non-soleil » absolument négatif, hostile. En fonctionnant toute l'année, le Club fait sortir les vacances du cadre étroit de l'été (« au Club après l'été c'est encore l'été ») [...]

Et puis, il sait toujours fournir la matière nécessaire à point nommé : aux fameuses cases polynésiennes en bambou tressé répondent les « buffets d'abondance » où l'on se sert et ressert à volonté. [...]

Enfin l'argent, lui-même, non pas signe d'infamie mais de sueur et d'effort, est aussi remplacé par le collier-bar de boules multicolores ; exotisme suprême tant il est vrai qu'on est invité à clochardiser avec magnificence, à devenir des indigènes luxueux.

Bref, nourriture, sexe, chaleur, activités sportives, culturelles, artisanales, facultatives bien sûr, tout est parfait, tout est facile, c'est la publicité qui le dit et cette perfection euphorise ; le village réalise, dans un décor tropical, le rêve baudelairien d'une île voluptueuse. [...]

« Le Club prend en charge tout ce que vous n'aimez pas : les détails pratiques, les fatigues de l'organisation, tout ce qui vous rend soucieux » : il s'agit de ne pas perdre une seconde pour connaître tout de suite le luxe de perdre son temps au sens plein du terme, de son temps comme capital somptuaire et richesse. Mais le découpage hebdomadaire du séjour permet un usage malicieux de la durée, car la brièveté déchirante de chaque semaine évite à l'estivant de s'ennuyer et ne lui donne que des regrets de déjà partir. (L'ironie de cet état de fait c'est qu'on s'y doit de rentabiliser chaque minute, de vivre dans un forcing du plaisir et de la joie de vivre qui contredit la nonchalance propre aux vacances ; il faut se défoncer avec la même application que l'on s'astreint au travail pendant l'année : comme quoi même le loisir n'échappe pas à l'éthique productiviste du rendement).

Enfin, c'est tout le village qui ruisselle de gentillesse, d'amabilité, d'effusion, d'où le tutoiement obligatoire, le style copain : le chef de Club n'a qu'un prénom facile à retenir, il n'y a plus ni étiquette ni politesse, il faut reprendre impérieusement tous les signes de la spontanéité. Et si, par hasard, l'ambiance fléchissait, car elle est un produit bizarre qui échappe à toute description, le GO[1] est là qui se chargera d'injecter, dans l'apathie générale, du contact, de la bonne humeur, du rire car il est inconcevable de flipper ou d'être triste en vacances.

Pascal Bruckner, Alain Finkielkraut,
Au coin de la rue, l'aventure,
coll. Fiction et Cie, © Le Seuil,1979.

---

1. GO : *Gentil Organisateur.*

Repérages

Retrouvez dans le texte les formules exactes qui correspondent aux idées suivantes :

– Le village est situé dans une nature splendide et généreuse.
– Le village est décrit de façon superlative.
– Le Club détraque le métronome des saisons.
– Au Club, on ne manque jamais de rien.
– Au Club tout signe de la vie de travail est transformé.
– Le village offre tout ce à quoi rêvait Baudelaire dans l'*Invitation au voyage.*
– Mais une semaine de vacances, c'est très court.
– Il faut donc faire autant d'efforts pour se reposer que pour travailler.
– Ces efforts sont pourtant totalement opposés à l'esprit des vacances.
– Au Club « tout le monde il est beau, tout le monde il est gentil ».
– Quand ça ne va pas bien, le gentil organisateur vous oblige à être de bonne humeur.
– Parce que pendant les vacances, il est impensable d'aller mal.

Analyse

Observez l'argumentation du texte :
1) • La première partie du texte est organisée en trois points.
Relevez les trois **indicateurs chronologiques** qui signalent cette organisation.

• Cette première partie se termine par un court résumé. Quel est le mot qui signale le début du résumé ?
2) • La seconde partie du texte est construite autour d'une **opposition**. Quelle est la conjonction qui marque cette opposition ?

• Le dernier paragraphe de cette partie est annoncé par un terme conclusif. Quel est-il ?

• Relevez dans cette conclusion :
– un terme marquant la **conséquence**,
– une expression introduisant une **hypothèse**,
– un terme (répété) indiquant la **cause**.

3) • Donnez un titre à chacune des deux parties et justifiez votre choix.

Expression orale

Mettez-vous en équipes. Dans chaque équipes, distribuez-vous les rôles suivants :
– un routard,
– un touriste ordinaire,
– un habitué des Clubs Med.
Chacun des rôles doit vanter son mode de vacances en l'opposant à celui des autres.
Préparez soigneusement vos arguments. Jouez la scène devant la classe.

Expression écrite

Rédigez une publicité pour un voyage dans un pays extraordinaire.
Composez votre texte en l'organisant sur trois points qui seront introduits par les indicateurs chronologiques : *d'abord, et puis, enfin.*
Concluez votre texte en utilisant le terme : *bref.*

Airport

whisper

buzzing

Le susurrement des hôtesses dans les bas-parleurs des halls, le vrombissement des réacteurs sur la piste d'envol, c'est d'abord cela un aéroport, ces octaves extrêmes que surprend notre ouïe. Je dis aéroport et non aérodrome, car ce dernier mot ne s'emploie plus que pour les terrains militaires et les terrains civils limités au trafic intérieur.

Le susurrement des hôtesses dans les bas-parleurs des halls, le vrombissement des réacteurs sur la piste d'envol, c'est d'abord cela un aéroport, des voix qui parlent de New York, Bombay et Santiago, des voix qui énumèrent si doucement le monde que chaque ville de destination devient une terre promise.

Avant guerre, les voix annonçant le départ et l'arrivée des trains dans les gares étaient toujours – sont encore parfois aujourd'hui – des voix rocailleuses de mâles, le voyage étant alors une affaire d'hommes. Mais depuis la guerre, celui-ci a changé de sexe. Il est devenu féminin, surtout le voyage aérien, grâce aux voix enjôleuses – et quasi cajoleuses – des sirènes susurrant dans l'océane rumeur des halls. C'est donc aussi cela un aéroport : un lieu où le plus routinier des voyages se présente avec une part de rêve. D'ailleurs, entre le hall et les pistes d'envol s'étend la zone privilégiée des espaces en franchise, des magasins et des articles *duty free,* éden des ménagères cosmopolites.

Un aéroport, c'est une ville où nul n'habite, une ville où l'on va travailler sans y résider, où l'on se rend seulement pour la quitter. Bien plus que dans les ports et dans les gares, on s'y sent doublement passager : dans la ville elle-même et dans sa propre vie. Tout est d'ailleurs conçu pour adoucir, agrémenter ce sentiment du transitoire : les lumières tamisées, les sons filtrés, la voix des sirènes, l'aménagement des halls. Tout passage d'une ville à une autre, d'un continent à un autre, d'un élément à un autre implique une petite épreuve et de subtiles initiations. Jusqu'aux années récentes, il suffisait pour accéder aux zones d'embarquement de montrer ses papiers pour dire qui l'on était. Avec le terrorisme et les détournements, il faut dire et prouver aussi qui l'on n'est pas. Chaque fois que je franchis le portique d'un détecteur magnétique, je pense aux épreuves des anciens Égyptiens. Eux aussi devaient (après leur mort) franchir des portiques et prouver qu'ils n'étaient pas des terroristes de l'au-delà, en énumérant un à un les méfaits et les crimes *qu'ils n'avaient pas commis.* Mais pour l'instant, dans les aéroports, œil électrique et détecteur magnétique ne perçoivent, ne dénoncent que vos menus objets en fer, non vos méfaits ou vos mensonges...

Une ville presque complète avec ses boutiques, ses bars, ses restaurants, ses parkings, ses garderies, ses librairies, ses infirmeries... et ses commissariats. Sans compter tous les services et bâtiments spéciaux. Des milliers de personnes viennent chaque jour y travailler, des millions d'autres y passer chaque année. Et pourtant, on n'y perçoit pas sur-le-champ l'évidence ni la réalité du voyage. Dans une gare ou un port, trains et bateaux sont là, pratiquement sous vos yeux. Dans un aéroport moderne, disposant pour l'embarquement de passerelles télescopiques, on n'aperçoit l'avion qu'au moment d'y monter.

Une remarque encore : j'écris aéroport. Mais dans cette ville aux sirènes enjôleuses, aux ménagères cosmopolites, aux habitants chaque jour changeants, dans cette ville où nul n'habite mais qui reçoit le monde entier, dans cette Babel électronique et fourmillante, on ne parle pratiquement qu'une seule langue. Depuis la dernière guerre l'anglais est devenu la langue officielle des nuages quand ils parlent entre eux dans le ciel ou qu'ils conversent avec le sol. En babélien, décollage se dit donc *taking off,* atterrissage *landing,* embarquement *boarding,* boutiques hors taxe *duty free shops.* Et aéroport se dit évidemment *airport.*

Contrepoints

Pensez-vous au *Livre des morts* égyptien chaque fois que vous franchissez un portique magnétique dans un aéroport ? Sinon, à quel autre livre ou à quoi pensez-vous ?

Blaise Cendrars écrit qu'il aimait passer des heures à l'aéroport des Invalides pour le seul plaisir de voyager en regardant les voyageurs. Faites-vous de même à Orly ou Roissy, ou avez-vous envie de le faire ?

Trouvez-vous que tous les aéroports internationaux se ressemblent ? Qu'est-ce qui, selon vous, demeure toujours unique en chaque aéroport ?

Jacques Lacarrière, *Ce bel aujourd'hui,*
© J.-C. Lattès, 1989.

Repérages

● Après avoir lu le texte, comment expliquez-vous son titre anglais : « airport » ?
● La première impression de l'auteur est **sensorielle.** De quel sens s'agit-il ?
● Quels termes sont repris par : « ces octaves extrêmes »?
● Quelle différence l'auteur remarque-t-il entre les aéroports et les gares ?
● Quelles sont les qualités actuelles reconnues aux voix dans les haut-parleurs des aéroports ?
● Quels sont les personnages mythologiques auxquels sont comparées les hôtesses ?
● À quel lieu biblique l'aéroport est-il comparé dans le dernier paragraphe ?

Analyse

● « L'océane rumeur des halls » : pourquoi l'auteur peut-il se permettre cette image ?
● Comment expliquez-vous l'image paradoxale : « ménagères cosmopolites » ?
● Le sentiment éprouvé par l'auteur dans un aéroport est un « sentiment du transitoire ». Dans le texte, qu'est-ce qui explique ce sentiment ?
● Comment ce « sentiment du transitoire » est-il adouci ?
● Quelle est la différence entre les « épreuves mythiques des anciens Égyptiens » et celle d'un simple voyageur à l'aéroport ?
● Pourquoi dans un aéroport, ne perçoit-on pas immédiatement la réalité du voyage ?

Expression orale ou écrite

Répondez aux questions des *Contrepoints.*

Les timbres-poste de l'exotisme

Longtemps, j'ai confondu l'exotisme et les timbres-poste. Leurs baobabs et leurs oiseaux de paradis, leurs bariolures et leurs papillons m'exaltaient. Ils m'emportaient au désert de Gobi, vers des Guadeloupe et des Virginie, dans les chaleurs du sable ou l'ombre des palétuviers. Cet exotisme philatélique m'intriguait. Comparés au timbre, tous les autres modes de locomotion faisaient de pauvres véhicules. Les orchidées du douanier Rousseau, les dames tahitiennes de Gauguin, pourtant toutes nues, ou les femmes d'Alger de Delacroix ne tenaient pas la route. Le plus vilain timbre-poste du Sénégal m'emmenait plus loin que le plus beau des portulans[1].

Je flairais un mystère. Je m'interrogeais si la petite taille de la vignette ne jouait pas un rôle. Enclos dans sa fine dentelure, le timbre prélevait un objet lointain,

Gauguin (1848-1903), *La femme du roi.*

un seul, dans le décor chatoyant du monde, et cet objet infime se débrouillait pour contenir tout un pays, des milliers de routes et de caravanes, des tornades et des maelströms. Sa dimension lilliputienne me donnait la puissance et la gloire.

De posséder un timbre, je possédais tout un continent, des frontières et des seuils, des climats et toutes les senteurs de l'Arabie. Je me fabriquais des pays. Je les gérais. Je les organisais. Il suffisait que je tripote une dizaine ou une centaine de timbres pour me balader à une vitesse de foudre dans les régions les plus dissemblables.

Le mélange des timbres jouait un grand rôle, c'était le mélange du monde, la sortie de la rigoureuse géographie à laquelle les voyageurs même intrépides sont condamnés. C'est pourquoi je n'ai jamais imaginé de faire une collection de timbres-poste. Elle eût découpé le globe en compartiments, tracé des limites, respecté des distances, composé des continents, sacrifié à la notion d'États. Surtout, elle eût colmaté les vides entre les pays, démarche contraire, pensais-je alors, à la jouissance exotique qui réclame une planète truffée de *terrae incognitae* et dans laquelle l'Atlantique, avec un peu de bonne volonté, baigne les rivages du Sahara ou les vallées himalayennes.

Gilles Lapouge, *Pour une littérature voyageuse,*
© Édition Complexe, 1992

---

1. *Cartes de navigation de l'ancien temps.*

Après avoir lu le texte, répondez aux questions suivantes :
– Quels sont les différents termes qui évoquent l'exotisme ?
– À quels moyens d'évasion le timbre est-il comparé ?
– En quoi réside le mystère du timbre-poste ?
– Quelle puissance le timbre-poste donne-t-il au narrateur ?
– Pourquoi le narrateur n'aime-t-il pas les collections de timbres ?
– Comment le narrateur qualifie-t-il la « jouissance exotique » ?

Observez l'organisation du texte :

● Dans le premier paragraphe :
– Relevez les verbes qui prouvent le pouvoir d'exotisme des timbres.
– Relevez les verbes qui prouvent la curiosité du narrateur.
– Relevez les verbes qui prouvent la puissance du narrateur.
– Comment expliquez-vous ces emplois de l'imparfait ?
● Dans le dernier paragraphe :
– Relevez les verbes qui expliquent pourquoi le narrateur ne collectionne pas les timbres.
– Quels sont le temps et le mode utilisés ? Que signifient-ils ? Par quelle autre forme verbale peut-on les paraphraser ?

Retrouvez dans le texte les formulations exactes pour les expressions soulignées :
● – Je les ai pris l'un pour l'autre.
– Les timbres-poste m'enthousiasment.
– Les pays étrangers me rendent curieux.
– L'exotisme des œuvres d'art est moins sûr que celui des timbres.
– Avec un timbre-poste, on peut aller très loin, sans risque de se perdre en route.
– Je sens qu'il y a un mystère.
– Les timbres-poste permettent de se déplacer très vite.

● – En été, la nature est pleine de couleurs.
– Il n'avait pas d'appareil photo mais il a réussi à en emprunter un.
– Ne touche pas sans cesse à mon appareil photo, il est chargé.
– En été, beaucoup de jeunes se promènent à pieds dans la montagne.
– Ceux qui ne craignent pas le danger, escaladent le Mont-Blanc.
– Il faut remplir ces trous si vous voulez que le mur reste debout !
– Tout ce qu'il dit est souvent plein de mensonges.

to fill

Dites pourquoi vous aimez ou n'aimez pas les timbres-poste.

Entraînement

1 **Partir, c'est vivre un peu mieux** !

Complétez les énoncés suivants en employant les verbes proposés. Attention aux transformations grammaticales nécessaires :

1. Dominique n'aime pas partir. Elle dit : « L'idée de partir ne …. .. »

2. Marie-Françoise adore les îles. Elle …. .. bien.

3. Quand le médecin …. .. de la lassitude, il part au bord de la mer pour se reposer.

4. Certains interviewés pensent que partir est un moyen de …. .. soucis quotidiens.

5. Un commerçant avoue …. .. l'Amérique du Sud parce que les Sud-Américains ont de l'imagination.

6. Maria veut partir dans le sud de l'Europe parce que le mode de vie dans ces pays …. .. mieux.

séduire
convenir à
s'évader de
attirer
éprouver
se sentir

2 **Vous avez la parole**

Pour prendre la parole, lors d'une interview, voici des expressions utiles :

– Quand on n'est pas tout à fait d'accord avec le thème, on initie son intervention en utilisant : **a priori, en fait, à vrai dire.**

– Quand on est tout à fait d'accord avec le thème, on initie son intervention en utilisant : **effectivement, certainement, sans aucun doute.**

Mettez-vous en équipes de trois : un intervieweur et deux interviewés qui réagissent très différemment.
Exemple de thème : « Aimeriez-vous vivre ailleurs que dans votre pays ? »
Préparez votre interview puis jouez-la devant la classe.

Le temps du

week-end

(cf p.14)

Objectifs :
• Pour analyser une
situation et donner
son point de vue.

3 **Quelle est votre analyse de la situation ?**

A. *Faites parler directement des responsables d'agences touristiques sur des faits observés concernant des vacanciers, des touristes, etc. :*

Faits observés :	Verbes utiles :	
– vacances plus courtes	aspirer à	
– évasions périodiques	chercher à	sujet grammatical
– meilleure qualité de vacances	apprécier	humain
– style de vie moderne	s'orienter vers	
– séjours de « re-découverte » du pays		
– traditions anglaises	correspondre à	
– rapidité actuelle des transports	cadrer avec	sujet grammatical
– besoins actuels des vacanciers	répondre à	non humain

« Les évasions périodiques cadrent bien avec les besoins actuels des vacanciers.»

1. Gilbert Grand : « ...... »   **4.** ......
2. Marie Dumont : « ...... »   **5.** ......
3. ......   **6.** ......

• Pour rapporter les paroles des autres.

B. Vous voulez rapporter pour vos lecteurs le point de vue de ces responsables d'agences touristiques. Variez les verbes :

		Verbes utiles au discours rapporté :	
1.	**4.**	affirmer	faire remarquer
2.	**5.**	constater	souligner
3.	**6.**	ajouter	estimer
		expliquer	prétendre

Le routard et

les autres

(cf.p.17)

4   **C'est le jour et la nuit !**

Le routard a des goûts diamétralement opposés à ceux du touriste classique. Comparez leurs comportements et leurs attitudes, à propos des thèmes suivants :

Objectif :
Pour marquer l'opposition.

Thèmes :	Conjonctions :	Verbes utiles :
transports	... mais ...	refuser
confort	... si ...	choisir
organisation	... alors que ...	rejeter
clubs modernes	... tandis que ...	préférer
hôtels	......	fuir
camping sauvage	......	rechercher
découverte	......	être attiré par
aventure	......	hésiter à
tranquillité	......	décider de

Le routard recherche l'aventure alors que le touriste préfère la tranquillité.

1. ......   **3.** ......
2. ......   **4.** ......

Le Club Med

(cf p.20)

5   **Les règles du jeu**

Un chef du Club Med reçoit un futur GO. Il lui donne des conseils précis pour que les vacanciers soient ravis de leur séjour. Utilisez le futur ou l'impératif :

Objectif :
Pour donner des consignes.

Verbes utiles :

falloir	prendre en charge
devoir	éviter
avoir à	favoriser
ne pas manquer de	multiplier
s'astreindre à	forcer à
s'efforcer de	rentabiliser

« Il faudra ....
....
.... Bref, soyez le GO idéal pour vos clients».

Grammaire

(cf p.11)

Objectif :
Mise en relief et
extraction du thème.

6 **Des goûts et des couleurs ...**

Voici les commentaires que les Français ont faits à propos de leurs rêves. Transformez ces énoncés pour mettre le thème en évidence :

– Ma petite enfance, je l'ai passée sur une île.
– Une île, tu en fais vite le tour.
– Partir, je n'y pense pas et je ne le pourrai plus.

1. Je réfléchis souvent à une nouvelle existence. Je la vois loin du bruit des villes.
Une nouvelle existence, ...
2. Je vivrais tout le temps de nourritures spirituelles.
Des nourritures spirituelles, ...
3. J'ai parfois songer à changer de vie.
......
4. Je ne me lasse jamais de partir.
......
5. Je ne tiens pas à m'éloigner trop longtemps de mon travail.
......
6. J'ai besoin de redécouvrir les atouts culturels de la vraie France.
......
7. Depuis toujours, j'imagine le charme exotique de l' Inde.
......
8. Ah ! Retrouver la douceur de vivre de la province !
......
9. J'ai très souvent pensé à tout plaquer.
......
10. Je déteste m'astreindre aux périodes de vacances obligatoires.
......

Grammaire

(cf p.11)

Objectif :
Mise en relief et
extraction du prédicat.

7 **Tant qu'il y aura des touristes ...**

Voici des points de vue recueillis par un journaliste auprès de quelques touristes. Transformez ces énoncés en procédant à l'extraction des prédicats :

– Ce qui me convient, c'est ce mode de vie.
– Ce que j'aime, c'est partir à l'étranger en été.
– Ce dont j'ai envie, c'est de vacances sans fin.

1. Pendant mes vacances, j'ai besoin d'exotisme.
......
2. Je ne me lasse jamais de voyager.
......
3. La diversité des modes de vie m'intéresse.
......
4. J'apprécie l'hospitalité et la gentillesse des habitants.
......
5. J'aspire au calme et à la tranquillité. Je les trouve dans ce petit village.
......
6. En vacances, je tiens surtout à me distraire.
......
7. En tout cas, je déteste bronzer idiot sur une plage.
......

8. J'ai toujours envie de soleil et de mer bleue.
......

9. Les coutumes des autres pays me passionnent.
......

10. La diversité des langues et des cultures m'intrigue beaucoup.
......

Airport

(cf p.22)

Objectif :
Pour préciser l'emploi des articles définis et indéfinis.

8   Les portes de l'évasion

Utilisez les mots proposés pour montrer que vous avez bien compris les métaphores du texte. Faites attention à l'emploi correct des articles définis ou indéfinis.

1. À l'aéroport, grâce aux voix des hôtesses, chaque destination devient ......

2. Ces voix enjôleuses et cajoleuses font penser à celles ...... qui dans l'Odyssée, avaient essayé de séduire Ulysse et ses marins.

3. Ici, la « voix des sirènes » représente ......

4. Pour les ménagères cosmopolites, les magasins de l'aéroport sont ......

5. ...... devaient franchir des portiques et prouver qu'ils n'étaient pas des terroristes de l'au-delà.

6. Avec ses habitants chaque jour changeants, l'aéroport qui reçoit le monde entier, est comparable à ......

7. On n'y parle pratiquement qu'une seule langue que l'auteur appelle ......

8. Du temps de ...... , les hommes ne se comprenaient plus. Il régnait une confusion totale des langues.

En comparant l'anglais ...... , l'auteur de *Airport* ne fait donc pas un compliment réel à la langue de Shakespeare !

anciens
Égyptiens
Tour de Babel
hôtesses
terre promise
sirènes
éden
babélien

Les timbres-

poste de

l'exotisme

(cf p.24)

Objectif :
Pour enrichir sa culture générale.

9   Plein phare sur la culture générale

1. Relevez dans le texte de Gilles Lapouge tous les noms géographiques et préparez-vous à les situer avec précision sur une mappemonde. Cherchez quelques caractéristiques spécifiques à chacun de ces lieux :
......

2. Choisissez un de ces lieux géographiques qui vous attire le plus. Rédigez une publicité pour attirer les touristes vers cet « éden » :
......

3. Recherchez des informations sur les trois peintres français suivants et sur leur œuvre. Faites un bref résumé de leurs contributions artistiques :
Le douanier Rousseau ......
Gauguin ......
Delacroix ......

B. *Les rêves d'amour*

L'amour, c'est l'échange.

L'amour c'est déjà donner sans avoir l'intention de se sacrifier et sans exiger trop de l'autre.

Pour moi, c'est surtout l'amour filial et l'amour parental.

Pour moi l'amour… c'est aussi des engueulades…, c'est partager les problèmes, les bons moments, les vacances.

Penser à l'autre, avant de penser à soi-même… l'amour nous rapproche de ce qu'on appelle la divinité.

Pour moi, l'amour… c'est la souveraineté de chacun dans la relation.

L'amour, c'est rire ensemble. Quelle angoisse de passer sa vie à côté de quelqu'un avec qui on s'ennuie !

Repérages

Après avoir écouté les enregistrements, repérez quelques phrases qui correspondent aux idées suivantes :

– L'amour passe.
– L'amour, c'est échanger.
– L'amour, c'est partager.
– Aimer, c'est s'oublier.
– Aimer, c'est se dépasser.

Analyse

• Parmi les définitions de l'amour :
– Laquelle vous semble la plus générale ?
– Laquelle vous semble la plus originale ?
– Quelle est celle dont vous vous sentez le plus proche ?
• À votre avis, combien de différents types d'amour sont cités par les interviewés ?
• Faites un commentaire personnel sur l'ensemble des réponses et donnez votre propre définition de l'amour.

Pour fixer le vocabulaire

• Quelle définition vous semble la plus exacte ?

Quand on est amoureux, on « plane » :
❑ on ne sait plus ce qu'on fait
❑ on est dans un état de bien-être

Je suis incapable de le définir de but en blanc :
❑ brusquement
❑ dans l'instant

L'amour, c'est la complicité :
❑ une entente profonde
❑ une affinité

L'amour, c'est aussi des « engueulades » :
❑ des disputes plutôt légères
❑ des disputes plutôt violentes

Réparer les dégâts de l'éducation parentale :
❑ les résultats insuffisants
❑ les résultats très négatifs

Avoir accès à la divinité :
❑ s'approcher de
❑ être en contact avec

Le plus beau fleuron de l'humanité :
❑ ce qu'il y a de plus remarquable
❑ ce qu'il y a de plus parfait

• Pour chacun des mots ou expressions soulignés, trouvez un synonyme parmi les mots suivants :
la perle - voler - les dommages - participer de - immédiatement - la connivence - la querelle.

Expression orale

Faites parler Don Juan et Roméo sur l'amour. Vous pouvez aussi choisir deux personnages fictifs ou que vous connaissez, et qui ont ces deux types de comportement amoureux.

Expression écrite

Écrivez une lettre au courrier du cœur d'un journal : vous imaginez un problème amoureux et vous le décrivez à la conseillère du journal.

Le conditionnel passé

Il est d'un emploi très fréquent avec des verbes modaux et signifie que l'action envisagée n'a pas eu lieu.

Devoir	Vouloir	Pouvoir	Falloir
J'**aurais dû** vous prévenir. (= je ne vous ai pas prévenu.)	J'**aurais voulu** partir. (= je ne suis pas parti.)	J'**aurais pu** y aller. (= je n'y suis pas allé.)	Il **aurait fallu** poser cette question à un autre. (= c'est à moi que vous la posez et pas à un autre.)

NB : Le conditionnel passé a une **deuxième forme** que l'on rencontre souvent dans les textes littéraires mais que l'on n'emploie pas à l'oral :
La collection de timbres-poste **eût découpé** le globe en compartiments... elle **eût colmaté** les vides entre les pays. (*Les timbres-poste de l'exotisme*, p. 24).

Le subjonctif

Rappel : (cf. Libre échange 2, p. 70) le subjonctif renvoie à l'idée d'action possible, mais virtuelle, c'est-à-dire non réalisée. Il est utilisé dans des phrases complétives en « que ». On le trouve dans les trois sous-catégories sémantiques suivantes (les exemples sont extraits du micro-trottoir) :

La nécessité	Le souhait	Le doute
Il aurait fallu que vous **posiez** cette question à un autre.	Je souhaite qu'ils **rencontrent** l'amour. qu'ils y **croient.** qu'ils **vivent** un grand amour.	Je n'ai pas l'impression qu'on **puisse** toujours être amoureux.

NB : par la suite on retrouvera le subjonctif dans d'autres sous-catégories sémantiques.

À et DE après un verbe ou un adjectif

À	DE
prêt à avoir accès à s'astreindre à se mettre à tenir à	incapable de avoir l'intention de prendre le temps de rapprocher (quelqu'un) de (quelque chose) profiter de

Comment rendre une femme amoureuse

L'art de la séduire...

Qui avez-vous envie de séduire ? La femme de votre choix, bien entendu. Mais comment l'apprivoiser, détourner son regard, son attention vers vous ? Pas facile, d'autant plus qu'une fois que l'on croit tout possible, il suffit parfois de peu de chose pour qu'une femme batte en retraite. Un mot de trop, une petite maladresse, un détail insignifiant, et tout peut être à recommencer !

Bref, l'art de la séduction est un jeu subtil fait d'une multitude de petits détails. Mais qu'est, au juste, la séduction masculine ? Un homme séduit parce qu'il exerce un attrait particulier, souvent indéfinissable, un halo de séduction qui capte le regard, les sens et l'esprit.

Le physique est évidemment important mais ce n'est pas une affaire de beauté. Plutôt de charme et d'attitude.

Un homme séduit par des gestes, non pas par des cadeaux. Il attire l'attention par ce que suggère son attitude, par un regard complice et non parce qu'il a les yeux verts. Séduire est un jeu inépuisable où il faut d'abord se faire entendre pour ensuite se faire aimer. Des recettes ? Il n'y en a pas vraiment. C'est en fonction de chacun et de chacune. Cependant, la majorité des femmes sont sensibles à certains détails.

Voici donc les « cinq trucs » qui les font généralement craquer.

Maintenant à vous de jouer !

Montrez-vous vulnérable

(...) Une femme sera toujours sensible à une certaine fragilité avouée. Tablez donc sur l'émotion, la franchise, la sincérité. Montrez-vous émouvant, donc sincère. (...)

Écrivez-lui

Les hommes n'aiment pas écrire. À quoi bon, se disent la plupart d'entre eux. À vous d'être l'exception qui confirme la règle. (...) Quelques mots suffisent pour lui remémorer la soirée d'hier et lui en proposer d'autres dans le futur. Profitez-en pour l'inviter en lui donnant rendez-vous. (...)

Carte postale des années 30.

Envoyez-lui des fleurs

(...) Sachez qu'elles ont un langage propre. Ainsi, les roses rouges signifient « mon amour est ardent », la capucine, « je brûle d'amour », le jasmin, « vous enivrez mes sens », la jonquille, « je vous désire », le lilas, « mon amour s'éveille à vous », la pensée, « je ne pense qu'à vous ». Enfin le bouquet de tulipes annonce que votre amour est sincère.

Dépaysez-la

(...) Pour vos premières sorties en tête à tête, privilégiez les restaurants intimes. Dans ce registre, la cuisine exotique est parfaite. Un brin aphrodisiaque, elle aiguise l'imagination et la libido juste ce qu'il faut. Au choix, vous avez les libanais, antillais, marocains ou indiens. Ambiance sensuelle, position alanguie au fond des coussins, musique vibrante, etc. (...)

Proposez-lui une menthe à l'eau

(...) C'est la plus innocente des propositions car elle est moins suspecte que : « si on prenait un dernier verre chez vous... » mais tout aussi concluante si vous savez y faire !

Anne-Marie Furon,
Santé Magazine, avril 1992.

Notes grammaticales

D'autant plus que... = *c'est une raison de plus...*
Une femme est **d'autant plus** difficile à séduire **que** l'on croit tout possible.
C'est une certaine façon d'exprimer la causalité : c'est parce qu'on croit que tout est possible que cela sera difficile.
Autre exemple :
Je suis **d'autant plus** impressionnée par sa réussite **qu'**il n'avait pas eu le temps de se préparer.
→ c'est parce qu'il n'avait pas eu le temps de se préparer que je suis impressionnée.

Repérages

Les idées suivantes sont-elles vraies dans le texte ?
– Une femme est plus difficile à séduire qu'un homme.
– Un homme séduit par ses cadeaux.
– Un homme séduit par ses yeux.
– Un homme séduit parce qu'il est beau.
– Toutes les femmes sont sensibles à certains détails.

Analyse

● Relevez dans le texte les traits qui définissent l'image de la femme et l'image de l'homme dans notre société :
– Image de la femme : ......
– Image de l'homme : ......
● Ces images appartiennent-elles à votre société ? Vous paraissent-elles justes ?

Pour fixer le vocabulaire

Retrouvez dans le texte l'équivalent des mots ou expressions soulignés :

Comment la domestiquer ?
Il est particulièrement attirant.
Un bon conseil pour faire céder une femme.
Ne vous comportez pas comme tout le monde.
Rappelez-lui votre dernière soirée.
Il éprouve un amour très fort.
Choisissez de préférence une ambiance exotique.
Si vous êtes adroit.

Expression orale

Dans le texte, parmi ces cinq conseils pour séduire une femme, lesquels vous paraissent sérieux, lesquels vous paraissent ridicules ?
Commentez-les et dites ce que vous croyez vrai dans votre société.

Expression écrite

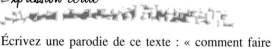

Écrivez une parodie de ce texte : « comment faire craquer un homme ».

La naissance de l'amour

Stendhal

Stendhal écrit De l'amour *en 1820. Dans cet essai de psychologie amoureuse, il présente ce qu'il appelle « la plus grande affaire ou plutôt la seule de l'existence ». Il nous fournit « une description détaillée et minutieuse de tous les sentiments qui composent la passion nommée amour ». Stendhal expose les sept stades de la naissance de l'amour, dont le phénomène de la cristallisation.*

Voici ce qui se passe dans l'âme :

1° L'admiration.

2° On se dit : Quel plaisir de lui donner des baisers, d'en recevoir, etc.!

3° L'espérance.

Même chez les femmes les plus réservées, les yeux rougissent au moment de l'espérance. La passion est si forte, le plaisir si vif qu'il se trahit par des signes frappants.

4° L'amour est né.

Aimer, c'est avoir du plaisir à voir, toucher, sentir par tous les sens, et d'aussi près que possible un objet aimable et qui nous aime.

5° La première cristallisation commence.

On se plaît à orner de mille perfections une femme de l'amour de laquelle on est sûr ; on se détaille tout son bonheur avec une complaisance infinie. Cela se réduit à s'exagérer une propriété superbe, qui vient de nous tomber du ciel, que l'on ne connaît pas, et de la possession de laquelle on est assuré.

Laissez travailler la tête d'un amant pendant vingt-quatre heures, *et* voici ce que vous trouverez :

Aux mines de sel de Salzbourg, on jette, dans les profondeurs abandonnées de la mine, un rameau d'arbre effeuillé par l'hiver ; deux ou trois mois après on le retire couvert de cristallisations brillantes : les plus petites branches, celles qui ne sont pas plus grosses que la patte d'une mésange, sont garnies d'une infinité de diamants, mobiles et éblouissants ; on ne peut plus reconnaître le rameau primitif.

Ce que j'appelle cristallisation, c'est l'opération de l'esprit, qui tire de tout ce qui se présente la découverte que l'objet aimé a de nouvelles perfections. (…) Un homme passionné voit toutes les perfections dans ce qu'il aime. (…)

Stendhal, *De l'amour.*

Paul Éluard

Man Ray, *Larmes*.

L'amoureuse

Elle est debout sur mes paupières
Et ses cheveux sont dans les miens,
Elle a la forme de mes mains,
Elle a la couleur de mes yeux,
Elle s'engloutit dans mon ombre
Comme une pierre sur le ciel.

Elle a toujours les yeux ouverts
Et ne me laisse pas dormir.
Ses rêves en pleine lumière
Font s'évaporer les soleils,
Me font rire, pleurer et rire,
Parler sans avoir rien à dire.

Paul Éluard,
in *Mourir de ne pas mourir*,
issu de *Oeuvres complètes I*,
Bibliothèque de La Pléiade,
© Gallimard.

Analyse

● Qu'est-ce qui indique que ce texte n'a pas pu être écrit à notre époque ?
● D'après ce texte, le processus de la naissance de l'amour est-il d'ordre physique ou intellectuel ?
● Que trouvez-vous d'original dans cette description ?
● Reprenez à votre compte les idées de Stendhal qui vous paraissent justes, et complétez-les en ajoutant des aspects qui, pour vous, sont essentiels mais dont Stendhal ne parle pas.
Utilisez les formulations suivantes :
– Je suis d'accord avec Stendhal lorsqu'il dit que …
– On pourrait ajouter que …
– Pour moi la cristallisation, c'est aussi …
– Il me semble que Stendhal ne tient pas compte de…
– Pour Stendhal, l'amour c'est… Pour moi, l'amour serait plutôt…
– Stendhal laisse entendre que… Mais il oublie que…
– Stendhal a raison de souligner que… Mais faut-il pour autant ignorer que… ?
– Bien que Stendhal le prétende, il est faux de dire que…
– Pour moi, une bonne définition de l'amour serait : …

Expression écrite

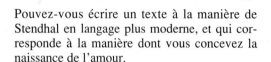

Pouvez-vous écrire un texte à la manière de Stendhal en langage plus moderne, et qui corresponde à la manière dont vous concevez la naissance de l'amour.

recette recipe

LA RECETTE DE L'AMOUR FOU

Dans un boudoir, introduisez un cœur bien tendre
Sur canapé laissez s'asseoir et se détendre
Versez une larme de porto
Et puis mettez-vous au piano
Jouez Chopin
Avec dédain
Égrenez vos accords
Et s'il s'endort
Alors là, jetez-le dehors !

Le second soir faites revenir ce cœur bien tendre
Faites mijoter trois bons quarts d'heure à vous attendre

Et s'il n'est pas encore parti
Soyez-en sûre, c'est qu'il est cuit
Sans vous trahir
Laissez frémir
Faites attendre encore
Et s'il s'endort
Alors là, jetez-le dehors !

Le lendemain il ne tient qu'à vous d'être tendre
Tamisez toutes les lumières et sans attendre
Jouez la farce du grand amour
Dites « jamais », dites « toujours »
Et consommez
Sur canapé
Mais après les transports
Ah s'il s'endort
Alors là ! Foutez-le dehors !

Paroles et musique de Serge Gainsbourg,
© Warner Chappell Music France.

Repérages

- À qui s'adresse ce texte ?
- Le texte met en parallèle les termes de la cuisine et ceux de l'amour. Classez les mots qui appartiennent seulement au domaine de la cuisine et seulement au domaine de l'amour :
  – Faire la cuisine : ......
  – Faire la cour : ......
- Quels mots à double sens sont utilisés ? C'est-à-dire des mots qui ont des sens différents selon qu'on les utilise dans l'un ou l'autre domaine (exemple : un bifteck tendre/un homme tendre).
- Quelles métaphores (mots transposés d'un domaine à l'autre) sont utilisées par l'auteur ?

Expression orale

Choisissez parmi les jeux de rôles suivants :

1. Une jeune fille très amoureuse, sa grand-mère, et un copain d'enfance discutent. La jeune fille a besoin de conseils pour séduire celui qu'elle aime.
2. Une femme de quarante ans discute avec sa meilleure amie des moyens de reconquérir un mari volage.
3. Deux séducteurs discutent entre eux. L'un veut séduire une « femme difficile ». L'autre donne des conseils.

En vous inspirant de tous les textes concernant l'amour, vous pouvez faire une mise en scène un peu théâtrale comportant plusieurs séquences.

Expression écrite

- Quelle recette écririez-vous pour séduire une femme ?

Sur ce modèle romantique, écrivez un texte à la manière de Gainsbourg mettant en scène des éléments de la vie moderne.

Juliette Gréco.

Mon rêve familier

Je fais souvent ce rêve étrange et pénétrant
D'une femme inconnue, et que j'aime, et qui m'aime
Et qui n'est, chaque fois, ni tout à fait la même
Ni tout à fait une autre, et m'aime et me comprend.

Car elle me comprend, et mon cœur, transparent
Pour elle seule, hélas ! cesse d'être un problème
Pour elle seule, et les moiteurs de mon front blême,
Elle seule les sait rafraîchir, en pleurant.

Est-elle brune, blonde ou rousse ? – Je l'ignore.
Son nom ? Je me souviens qu'il est doux et sonore
Comme ceux des aimés que la Vie exila.

Son regard est pareil au regard des statues,
Et, pour sa voix, lointaine, et calme, et grave, elle a
L'inflexion des voix chères qui se sont tues.

Paul Verlaine,
in *Poèmes saturniens*.

Micro-trottoir

(cf p.30)

Objectif :
Pour vérifier vos connaissances syntaxiques.

1 **Elle n'a jamais connu l'amour**

Complétez les énoncés suivants en employant les expressions proposées et en faisant les transformations syntaxiques nécessaires :

1. Je ...... on puisse vivre avec la même personne toute sa vie.

2. Pourtant, ... de la vie, c'est bien sûr l'amour !

3. Moi, malheureusement, je ...... croire à la vie à deux.

4. Certes, je ...... quelques personnes qui m'étaient chères.

5. Mais, je ...... partager mon intimité.

6. Jamais ces personnes ...... ma vie intime, jamais !

7. C'est étonnant, mais je ...... aimer.

8. Si vous me demandiez, ..., ce que c'est que l'amour, je ...... répondre !

avoir l'impression que

le plus beau fleuron

être incapable de

se rapprocher de

permettre à quelqu'un de

avoir accès à

prendre le temps de

de but en blanc

être dans l'impossibilité de

Comment rendre

une femme

amoureuse

(cf p. 34)

Objectif :
Pour utiliser des structures syntaxiques complexes.

2 **Modèles syntaxiques**

Rédigez une série de cinq phrases, en employant les structures suivantes :

1. ...... est particulièrement ......, d'autant plus que ......

2. Il suffit parfois de ...... pour que ......

3. ...... me séduit parce que ......, et non pas parce que ......

4. ...... suffit, pour que ......

5. ...... est moins ...... que ......, mais tout aussi ......

La recette de

l'amour fou

(cf p. 38)

Objectif :
Pour préciser son vocabulaire.

3 **Des mots à double sens**

Retrouvez dans la chanson de Gainsbourg, les expressions exactes pour les mots et expressions soulignés :

1. Elle l'a reçu dans son petit salon.

2. Il s'est assis sur le divan et elle lui a offert du caviar sur des petites tranches de pain et de petits biscuits allongés.

3. Il a pris très peu de porto.

4. Le pianiste a fait toute une série d'accords.

5. Pour faire une salade de fruits, il faut séparer les grains de raisins de la grappe.

6. Il faut laisser cuire à feu doux vos légumes.

7. L'opposition a préparé longuement et dans le plus grand secret son attaque contre le gouvernement.

8. Quand la police l'a arrêté, le voleur s'est écrié : « Je suis pris ! »

9. La musique romantique fait trembler d'émotion certains mélomanes.

10. Plongez ce poisson congelé dans l'eau bouillante, baissez le feu. L'eau doit continuer à chauffer sans bouillir pendant dix minutes. Servez chaud.

11. Faites passer votre farine dans un tamis pour qu'elle soit plus fine.

12. Une faible lumière donne une ambiance plus romantique qu'une lumière forte. Baissez les lumières !

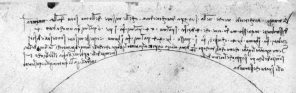

C. *Le culte du corps*

Moi, je suis plus dans le culte du corps de l'autre... il faut qu'il ait des proportions qui correspondent à l'image idéale.

Je fais moi-même, de mon côté, un effort pour être plus agréable, pour être plus attrayant. Je fais un régime.

Le culte du corps, je pense que c'est lié à des gens qui ont du temps et qui sont seuls... Le sport ? Non ! Je suis trop branchée par mon travail, par mes soucis.

Quand approche l'été, je fais un peu attention à ce que je mange.

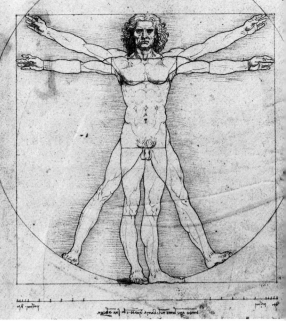

Léonard de Vinci, *Les proportions du corps humain d'après Vitruve.*

Jane Fonda.

J'adore les vêtements… surtout les grandes marques. Les belles choses, j'adore ça… Yves Saint Laurent, Cardin.

Moi, j'ai le culte du corps. Pas pour maigrir, pas pour être beau. Mais pour la santé. Manger des fruits, boire de l'eau.

C'est en fait une sorte de politesse pour les autres. Pour moi, ça signifie avant tout être impeccablement propre.

Une belle femme, c'est une femme bien faite, bien habillée… une belle femme, pour moi, c'est Catherine Deneuve. Ça c'est une belle femme !

Catherine Deneuve.

Derbré, *La terre*, à La Défense.

Repérages

● Repérez à quoi les interviewés sont particulièrement sensibles :
– Certains sont sensibles à …
– D'autres sont plus attentifs à …
– D'autres encore se préoccupent de …
– Tout le monde fait un effort pour …
– Les plus nombreux sont ceux qui font attention à …
● Le culte du corps semble préoccuper une majorité ou une minorité d'interviewés ?
● De quel point de vue vous sentez-vous le plus proche ?

Analyse

Les interviewés donnent-ils tous le même sens à la notion de culte du corps ?
Utilisez vos notes pour faire une analyse personnelle.

Pour fixer le vocabulaire

Trouvez un synonyme dans la colonne de droite pour les mots ou expressions soulignés :

Des gens qui sont un peu <u>ronds</u>.
Il fallait qu'elle ait un corps <u>svelte.</u>
Les grandes danseuses ne sont pas <u>boulottes</u>.
Ce n'est pas <u>ma tasse de thé</u>.
Je suis <u>bien dans ma peau</u>.
Je ne me <u>calque</u> pas sur les autres.
Ce sont des gens qui <u>s'embêtent</u>.
Je suis trop « <u>branchée</u> » par mon travail.
Je ne <u>me goinfre</u> pàs.

gros, grosse(s)
ce que je préfère
je suis à l'aise dans mon corps
s'ennuyer
imiter
aux formes arrondies
passionné
manger trop
élancé

« Ce n'est pas ma tasse de thé. »

Expression orale

Préparez par groupes cinq ou six questions sur le thème du culte du corps. Allez poser ces questions à des personnes de votre entourage. Rapportez les résultats en classe et faites un exposé devant votre groupe.

Imparfait et passé composé

Temps / Type de verbes	Imparfait Le déroulement est vu au passé comme un état **non limité** ou comme une série d'actions : - - - - - - - - - - - - - - - -▶	Passé composé Le procès est vu comme un état ou une action passés **limités** : c.à.d. ayant eu un commencement et une fin : [- - - - - - - - - - - -]
Verbes d'état et verbes modaux	Le mouvement du corps **était** plus ou moins beau. Autrefois le corps **était** hyper important. Il **fallait** qu'elle soit mince. Je me **sentais** bien dans ma peau.	La beauté ça **a été** très important pour moi. Un jour j'**ai décidé** de m'accepter... c'est comme ça que j'**ai maigri**.
Verbes d'action	Je m'**empêchais** de manger. Je **faisais** des régimes.	Autrefois j'**ai fait** de la danse.

Le subjonctif

Le subjonctif s'emploie après les expressions marquant un **sentiment** ou une **nécessité** :

Sentiment	Nécessité
J'étais contente qu'elle **soit** sur scène. J'étais heureuse que Carlson lui **ait** donné cette possibilité.	Il fallait que la personne **soit** mince. Il fallait qu'il **ait** des proportions idéales.

À et DE après un verbe ou un adjectif

À	DE
Je fais attention **à** mon alimentation. La société nous oblige **à** faire attention. Je suis sensible **à** la beauté. J'étais attentive **au** corps.	J'essaie **de** ne pas me faire mal. Il est important **de** nous occuper **de** notre corps. Je m'efforce **de** rester jeune. Je m'empêchais **de** manger.

La solitude en sueur

L'expression « être mal dans sa peau » traduit généralement le malaise psychique de la personne qui la reprend à son compte. Assez significativement, elle établit une relation entre le corps et l'esprit que considèrent avec beaucoup d'attention les personnes qui ont besoin de prendre soin et de leur forme et de leur ego. Parmi elles, et peut-être plus que toutes autres, les célibataires qui représentent les trois quarts de la clientèle des salles de gym. « *À partir de trente ans, il faut jouer serré avec son corps,* dit Joëlle (34 ans, étalagiste dans un grand magasin). *Si on l'oublie, on est fichue. On passe sans s'en rendre compte de l'état de célibataire à celui de vieille fille.* »

Ce souci esthétique est-il plus spécifiquement féminin que masculin ? Oui, si l'on considère que le culte de la beauté physique est plus important chez les femmes que chez les hommes. Non, si l'on tient compte que les hommes, et particulièrement les hommes célibataires, ont également et de plus en plus le souci d'avoir un corps attirant et harmonieux.

Du coup, les salles de gym s'emplissent. Elles connaissent un tel succès que, pour faire face à la demande, on a dû les multiplier, parfois en nombre pléthorique, et importer des États-Unis de nouvelles formes de gym (aérobic, body-building, stretching, gym-tonic…) (…)

Dans ces salles, la technique est au service du corps, et du corps seulement. Au départ, beaucoup adhéraient à ces clubs dans l'espoir d'y faire des rencontres. Il en demeure encore quelques-uns aujourd'hui qui caressent la même idée. Mais l'effort a toujours eu raison de ces secrètes ambitions qui ne trouvent pas généralement dans les salles de gym un cadre propice à leur réalisation. « *Pas d'échanges pendant le cours : chacun transpire pour soi (…). La drague n'est pas possible dans les salles de sport. Les hommes et les femmes sont en général séparés parce que les exercices sont différents. Les hommes font peu de stretching ou d'aérobic ; de la même façon que les femmes font peu de body-building.* » Ainsi, hommes et femmes célibataires suent solitairement dans les salles de gym.

Pourtant, ce culte du corps paraît mener ses fidèles à la communion. La salle de gym devient une église pour certains, comme la nature un temple pour d'autres. Soit qu'ils se lèvent un peu plus tôt le matin, soit qu'ils prennent sur le temps du déjeuner, soit enfin qu'ils rentrent un peu plus tard le soir : ils sont nombreux qui, à matines, vêpres ou complies,célèbrent leur dieu : le corps sportif. Ils sont de tous les âges et de toutes les conditions qui participent chaque dimanche matin à la grand-messe en plein air : nos campagnes environnantes et nos espaces verts urbains sont hebdomadairement investis de solitaires qui marchent, courent, soufflent, suent et parfois souffrent dans l'espoir de garder la forme.

À l'heure où le narcissisme bat son plein, la culture physique, ou plutôt le sport en général s'annonce comme cette religion triomphale du culte du moi. Naturellement, certains solitaires en sont des adeptes fervents. Plus narcissiques que les autres, ils ont davantage le souci de plaire. Et dans leur quête de séduction, ils oublient tout bonnement leur condition.

C'est donc la recherche d'une valorisation de soi que poursuivent certains solitaires. Mais c'est davantage à une quête de l'autre que songent bon nombre d'entre eux. Le hasard interviendra ou non dans cette quête selon qu'ils confient leur destin aux astres ou aux services d'une agence matrimoniale qui, au passage, rappellera qu'il y a, là encore, un prix à payer pour sa solitude.

Michel Hanoun,
Nos solitudes. Enquête sur un sentiment,
coll. L'Épreuve des faits, © Le Seuil, 1991.

Notes grammaticales

Soit que ... que ... ou que ...
(+ subjonctif)

Permet d'énumérer une série d'éventualités qui concourent à un même résultat :

La salle de gym devient une église pour certains [...] **soit qu'**ils se lèvent un peu plus tôt le matin, **soit qu'**ils prennent sur le temps du déjeuner, **soit qu'**ils rentrent un peu plus tard le soir : [...] ils célèbrent leur dieu : le corps sportif.

Quelques réflexions sur la beauté

Que cela nous convienne ou pas, *la beauté est au centre de nos préoccupations*, ici et maintenant, jadis et ailleurs. Quel en est donc l'enjeu ? L'élection ? Le désir ? En général, le compliment esthétique signale et inaugure le début de la cour : « T'as d'beaux yeux, tu sais. » Dans nos sociétés, l'homme l'adresse à la femme. Cet hommage est reçu par l'élue avec une exquise pudeur. [...]

Mais la beauté n'est-elle que l'objet du désir ? Les saints aussi sont beaux. D'autres beautés encore traversent le temps et l'espace, et les modèles varient selon les cultures. Y a-t-il autant de modèles que d'individus, que de sociétés ? « Prenez mes yeux et vous le trouverez beau », disait dans un village du Périgord la plus belle épousant le plus laid : l'aimé(e) est toujours le plus beau, la plus belle.[...]

Il y a des modèles plus modélisants que d'autres. Ainsi dans notre culture occidentale, le type *Dallas* : les hommes sont grands, bronzés, jeunes même, avec de beaux cheveux d'argent bleuté; ils sont minces, on ne voit pas d'obèses, de gros amoureux dans ce feuilleton emblématique. Quant aux femmes, elles ont toutes un petit nez, de grand yeux, une taille de guêpe, une bouche pulpeuse, une chevelure luxuriante. Les beaux se doivent d'être en bonne santé.

Aujourd'hui, l'apparence de la santé est un critère de beauté irréductible. Ce modèle envahit les écrans, les affiches, la vie politique et donc la vie quotidienne : la multiplication des régimes de toutes sortes et autres gymnastiques en témoignent.[...]

La beauté : une qualité ni nécessaire ni suffisante, une exigence tyrannique.

La beauté, énigmatique, ambiguë, éphémère; une quête, un esclavage, une évidence, un rêve.

Nicole Czechowski, Véronique Nahoum-Grappe,
Fatale Beauté, © Autrement, 1991.

ACTIVITÉ

Choisissez une ou deux idées qui vous paraissent intéressantes à développer et à discuter.

La solitude en sueur :

Repérages

Retrouvez dans le texte l'expression des idées suivantes :
– À partir de trente ans, il ne faut pas cesser de lutter pour garder un corps jeune.
– Cette préoccupation est plutôt celle des femmes que celle des hommes.
– Dans les salles de gymnastique on s'occupe uniquement du corps.
– Certains fréquentent la salle de gym comme on pratique une religion.
– Ils parcourent les campagnes et les parcs des villes chaque semaine.
– Les agences matrimoniales ne sont pas gratuites.

Analyse

Analyse des idées :

● Recherchez dans le texte les informations suivantes :
– Les activités par lesquelles se manifestent le culte du corps.
– Sont-elles plutôt féminines ou masculines ?
    • Ce qui est féminin : ......
    • Ce qui est masculin : ......

– Les caractéristiques des comportements dans les salles de gym.
– La métaphore qui synthétise ce comportement.
● Donnez votre point de vue personnel.
● Utilisez vos notes pour faire un compte rendu de ce texte et terminez par un jugement bref.

Analyse du texte :

● Observez l'argumentation du texte :
– 1er paragraphe :
Définition du problème : ──────▶ *Résumez le problème en une phrase.*
– 2e paragraphe :
Reprise de l'idée du 1er paragraphe : ──▶ *Quel groupe de mots reprend cette idée ?*
– 3e paragraphe :
Conséquence de la situation décrite
dans les deux premiers paragraphes : ──▶ *Elle est introduite par quel mot ? Quelle est cette conséquence ?*
– 4e paragraphe :
Il est construit sur une opposition : ──▶ *Laquelle ? Résumez-la en une phrase.*
– 5e paragraphe :
Il introduit une restriction par rapport
à l'idée précédente : ──────▶ *Quel mot introduit cette restriction ? Résumez-la en une phrase.*
– 6e et 7e paragraphes :
Conclusion par reprise de l'idée principale
du thème et de l'opposition des
deux types de solitaires : ──────▶ *Formulez cette conclusion en une phrase.*

Pour fixer le vocabulaire

Trouvez dans la colonne de droite l'équivalent des mots ou expressions soulignés :

Du coup.	la recherche
Jouer serré avec.	chercher à séduire
Le souci.	qui suscite
Pléthorique.	envahis
Propice à.	c'est pourquoi
« Draguer ».	surveiller de près
Investis.	très abondant
La quête.	préoccupation

Expression orale

● Quels conseils donneriez-vous à un ami qui veut « rompre sa solitude » ?
● Jeu de rôles : entretiens dans une agence matrimoniale.

Expression écrite

Rédigez un texte, qui pourrait paraître dans une revue, sur le culte du corps dans votre société.

SI TU T'IMAGINES

Si tu t'imagines
si tu t'imagines
fillette fillette
si tu t'imagines
xa va xa va xa
va durer toujours
la saison des za
la saison des za
saison des amours
ce que tu te goures
fillette fillette
ce que tu te goures

Si tu crois petite
si tu crois ah ah
que ton teint de rose
ta taille de guêpe
tes mignons biceps
tes ongles d'émail
ta cuisse de nymphe
et ton pied léger
si tu crois petite
xa va xa va xa
va durer toujours
ce que tu te goures

fillette fillette
ce que tu te goures
les beaux jours s'en vont
les beaux jours de fête
soleils et planètes
tournent tous en rond
mais toi ma petite
tu marches tout droit
vers sque tu vois pas
très sournois s'approchent
la ride véloce
la pesante graisse
le menton triplé
le muscle avachi
allons cueille cueille
les roses les roses
roses de la vie
et que leurs pétales
soient la mer étale
de tous les bonheurs
allons cueille cueille
si tu le fais pas
ce que tu te goures
fillette fillette
ce que tu te goures

Raymond Queneau,
L'instant fatal,
© Gallimard.

La Vénus de Milo.

Les canons de la beauté à travers les âges

*B*elle, sans ornements, dans le simple appareil d'une beauté qu'on vient d'arracher au sommeil.

Jean Racine,
Britannicus.

*L*a beauté est une contradiction voilée.

Jean-Paul Sartre.

*L*a vraie beauté est si particulière, si nouvelle qu'on ne la reconnaît pas pour la beauté.

Marcel Proust.

*D*e tous temps, la beauté a été ressentie par certains comme une secrète insulte.

Claude Debussy.

Botticelli, *La naissance de Vénus.*

Ingres (1780-1867), *La Grande Odalisque.*

*L*a beauté en art
n'est souvent que de
la laideur matée.

Jean Rostand.

*U*n soir j'ai assis la
beauté sur mes genoux
– et je l'ai trouvée amère.
– Et je l'ai injuriée.

Arthur Rimbaud.

ACTIVITÉS

● Pouvez-vous associer
une citation à une illus-
tration ?
● Lesquelles de ces cita-
tions vous paraissent les
plus justes ou les plus
étonnantes ?

Maillol (1861-1944), *La statue de l'été*, au jardin des Tuileries.

Une Vénus de la fécondité (paléolithique supérieur).

Micro-trottoir

(cf p.42)

Objectif :
Pour vérifier le fonctionnement des verbes régis par les prépositions « à » et « de ».

1 **Le culte du corps : ce qu'ils en pensent**

Dans les énoncés suivants, que remplacent les pronoms « en » et « y » ?
Reformulez les énoncés :

1. Jusqu'ici, je n'ai pas fait très attention au maquillage, je n'**en** sentais pas le besoin.
......

2. Je n'utilisais pas de crèmes antirides, mais avec l'âge, je m'**y** mets !
......

3. Bien m'habiller, si j'**en** avais la possibilité, j'aimerais bien ça.
......

4. La beauté des corps, j'**y** suis très attentive, j'**y** fais toujours très attention.
......

5. Le culte ? Moi, je ne m'**en** suis jamais préoccupé.
......

6. Les apparences physiques, c'est la société qui nous oblige à nous **en** occuper.
......

Micro-trottoir

(cf p. 42)

Objectif :
Pour réemployer les pronoms « en » et « y », compléments de verbes régis par les prépositions « à » et « de ».

2 **Parlez en votre propre nom**

Utilisez les deux listes suivantes pour dire votre position personnelle sur le culte du corps :

	A	B
1.	faire attention à	le corps
2.	être sensible à	le mode de vie
3.	essayer de	l'alimentation
4.	être attentif à	la façon dont on s'habille
5.	faire un effort pour	les apparences physiques
6.	s'efforcer de	les artifices vestimentaires
7.	s'empêcher de	le maquillage
8.	s'obliger à	les soins du visage

Micro-trottoir

(cf p. 42)

Objectif :
Pour donner son point de vue.

3 **Votre opinion, s'il vous plaît !**

Répondez aux questions en donnant votre point de vue personnel :

1. Est-ce que le corps a un rôle dans la présentation de soi ?
......

2. Dans le choix d'un petit ami ou d'une petite amie, est-ce que l'aspect physique vous importe ?
......

hyper important
déterminant
pas très convaincant
essentiel
incontournable

3. Est-ce que se priver de manger donne des résultats durables ?

......

4. Quel rôle joue l'apparence dans votre milieu social ?

......

5. Doit-on considérer la propreté comme une exigence ?

......

La solitude

en sueur

(cf p. 46)

Objectif :
Pour connaître les articulateurs du discours.

4   C'est une question de cohérence !

1. Numérotez les paragraphes et relevez les mots ou groupes de mots qui font la liaison entre chaque paragraphe :

......

2. Quels types de liaisons observez-vous ?

......

3. Rétablissez maintenant les liaisons qui manquent à l'intérieur du texte suivant :

Le nombre des célibataires qui attachent de l'importance à leur corps va en augmentant. ...... explique la multiplication des salles de gym. ...... le souci d'être en forme physique n'est pas la seule préoccupation des célibataires. Ils veulent ...... briser une solitude affective, ... ils sont très nombreux à fréquenter les clubs de rencontre. ...... plus la quête de l'autre que la valorisation de soi qui les motive.

La solitude

en sueur

(cf p. 46)

Objectif :
Pour connaître la fonction et la place des adverbes : adverbes de phrase et adverbes de mots.

5   Mettez-y des nuances

1. Comparez les exemples suivants :

a. Généralement, il faut surveiller son poids.
b. Elle ne surveille généralement pas son poids.
c. Pourtant elle plaît généralement beaucoup.
d. C'est un cas généralement bien connu.

« **a** » est un adverbe de phrase, « **b** » et « **c** » sont des adverbes de mots.

......

Adverbes :
généralement
assez significativement
particulièrement
également
en général
solitairement
hebdomadairement
naturellement
davantage
en principe
aisément
apparemment

2. Utilisez dans des phrases les adverbes ci-dessus comme adverbes de mots et comme adverbes de phrase quand c'est possible.

......

D. *Dis-moi quel est ton héros...*

Qui ça pourrait être ?
L'abbé Pierre, tiens ! Parce que je
trouve qu'il est très dévoué.

Mon héros, c'est mon copain
mon ami anglais... il est très
gentil. Je l'aime beaucoup,
pour moi, c'est un héros.

Solal dans *Belle du Seigneur*, c'est
un héros... le héros, c'est un
concept de littérature.

Je penserais éventuellement
à Gaston Lagaffe. C'est-à-
dire le niais qui traverse son
époque sans se rendre
compte de rien.

L'abbé Pierre.

Don Quichotte.

Gavroche.

Ce serait Don Quichotte parce qu'il a une recherche d'absolu.

En ce moment, mon héros, c'est un ami… il est en train de s'occuper des personnes qui ont été délogées.

Le héros est capable de donner sa vie pour les autres. Notre époque ne connaît pas de héros.

Peut-être Gandhi… c'est tellement difficile d'avoir un héros, là en ce moment.

Albert Cohen
Solal

folio

Texte intégral

Gandhi.

Repérages

Relevez dans le micro-trottoir l'expression des idées suivantes :
– Le héros n'existe pas dans la vie réelle.
– En ce moment il n'y a pas de héros.
– Le héros est celui qui se dévoue pour les autres.
– Le héros c'est l'idole.
– Les héros sont ceux qui aiment la vie.

Analyse

• À votre avis, dans le micro-trottoir, combien y-a-t-il de définitions différentes du héros et quelles sont-elles ?
Laquelle vous étonne le plus ? Laquelle trouvez-vous la plus juste ?
• Utilisez vos notes pour rédiger votre analyse en y incluant votre conception du héros.

Pour fixer le vocabulaire

• Associez chaque mot ou expression soulignés à un mot ou expression de la colonne de droite :

Vous me « coupez la chique », là.
Il est très dévoué.
Ah ! Est-ce que j'ai droit au joker, là ?
C'est une question très embarrassante.
Je n'ai jamais envisagé les choses sous cet angle là.
Il joue le rôle du niais.
Se battre contre les moulins à vent, c'est héroïque.

passer à une autre question
le naïf
voir les choses différemment
tout faire pour les autres
surprendre quelqu'un
difficile à résoudre
chercher à atteindre l'impossible

• À l'aide des expressions ci-dessus, mettez une légende à chacun des dessins suivants :

Le conditionnel, modalité de l'incertain

On emploie souvent le conditionnel au présent **pour atténuer** l'expression d'une idée dont on n'est pas sûr :

Qui ça **pourrait** être ?
L'anti-héros, j'**arriverais** peut-être mieux à le définir.
Mon héros, ce **serait** Don Quichotte.
C'est quelqu'un qui **ferait** des choses hors du commun.

Le subjonctif dans les propositions relatives

Il exprime une qualité recherchée dans une personne ou un objet :

Il n'y a aucun homme qui **soit** digne d'admiration.
Je cherche une maison qui **ait** de grands balcons.

Démonstratifs et relatifs

Leur forme varie selon qu'ils renvoient soit à un prédicat, soit à une personne ou un objet :

Prédicat	Personne/Objet
ce qui ce que ce dont ce à quoi	**celui-qui/que/dont/auquel** **celle qui/que/dont/à laquelle** **ceux qui/que/dont/auxquels** **celles qui/que/dont/auxquelles**
Il aime faire **ce qui** lui fait plaisir.	Pierre → **celui que** j'aime.
Il n'a pas peur de dire **ce qu'**il a à dire.	Les pierres → **celles qui** sont précieuses.
Il recherche **ce dont** il a besoin.	Le film → **celui dont** je t'ai parlé.
Il a deviné **ce à quoi** je pensais.	La femme → **celle à laquelle** je tiens.

À et DE après des verbes

À	DE
arriver à s'identifier à penser à plaire à appartenir à ressembler à	se rendre compte de se souvenir de se moquer de s'occuper de penser de

51% des Français n'ont pas de héros

Les héros : ce qu'on pourrait croire qu'ils sont

Un héros, ou une héroïne, si on en croit le dictionnaire, est un demi-dieu, un surhomme, une figure légendaire à laquelle on prête un courage et des exploits remarquables. Au sens large, la définition s'étendrait aux champions des faits d'armes, aux grands hommes de la science ou aux grandes femmes de l'Histoire, à tous ceux et celles jugés dignes de l'estime publique par leurs exploits ou leur génie... On s'attendrait donc à ce que nos contemporains élisent quelques figures du siècle comme Einstein ou Indira Gandhi, des gloires modernes comme les Beatles ou Dylan, des personnages de légende comme Kennedy, Bogart ou Garbo, des hommes qui ont fait bouger l'histoire comme Gorbatchev ou Frederick de Klerk. Ou encore les derniers des héros combattants, comme le général Schwartzkof ou la division Daguet. Eh bien, pas du tout. Les suffrages des Français vont d'abord, aux champions des causes humanitaires (mère Teresa, l'abbé Pierre et Bernard Kouchner) ou des causes planétaires (Cousteau, Haroun Tazieff, Brice Lalonde). Normal. Mais pour le reste, ils admirent (c'est à peine si on ose vous le dire) Alain Delon, Belmondo, Robin des Bois, Bruel, Jean-Marie Cavada, Alain Prost, Colombo, Papin ou Roch Voisine. Nous voilà bien loin des surhommes et de leurs exploits. (...) C'est à se demander si les sondés n'ont pas inconsciemment substitué la notion de star à celle de héros.

Arnold Schwarzenegger.

Ce qu'ils ne sont pas

Ce ne sont pas des personnages mythiques, ni des hommes politiques, ni des maîtres à penser. Le héros est une entité essentiellement masculine.

Mère Térésa.

Patrick Bruel.

Qui sont donc, en 92, ceux qui forcent notre admiration ? D'abord, en grande majorité, ils existent ou ont existé. À peine trouve-t-on 7 % d'adultes pour choisir un personnage imaginaire. C'est peu. Une comparaison révélatrice : 17 % élisent un chanteur ou un acteur alors que 4 % choisissent un personnage de film. C'est dire que la préférence des grandes personnes va plus aux êtres de chair qu'aux personnages mythiques qu'ils incarnent.

Ainsi, on ne s'étonnera pas qu'ils votent indifféremment pour Kevin Costner ou Robin des Bois, qu'ils évoquent Mel Gibson en oubliant Mad Max. À moins (hypothèse évidemment idiote) qu'ils n'aient perdu depuis longtemps les vertus de l'imaginaire et les repères de bon sens qui permettent habituellement de distinguer l'interprète de la création... Il n'y a guère que de Gaulle, pour incarner une suite entre l'enfance (7 %) et l'âge adulte (2 %), en raison, sans doute, de ses qualités spécifiques : un personnage historique, paternel, emblématique (et mort). Quant aux hommes politiques, mis à part Michel Rocard et Brice Lalonde pour récolter quelques suffrages, ils font un vrai flop.

Ce qu'ils sont

Au total, se dégage un portrait constitutif du héros d'aujourd'hui : il est proche par la géographie (plutôt dans l'actualité française), et par les sentiments (Coluche ou Yves Montand par exemple). Et contrairement à ce qu'on pourrait attendre, il n'est pas fort et musclé : on cite bien Schwarzenegger, mais pas Rambo, et Gaston Lagaffe a autant de succès que Superman. Le style Bruel, en quelque sorte.

D'autre part, il est sportif ou vainqueur sur lui-même, il est médiatique donc célèbre, mais fragile puisqu'il ne vit pas longtemps dans la mémoire des personnes interrogées.

C'est pourquoi il est susceptible d'être vite remplacé : il est à consommer immédiatement.

Malgré tout, quelques héros préférés des Français s'approchent de la conception officielle du héros, entendu au sens de brave. Il s'agit des gens d'action, de ceux qui ont fait leurs preuves, des conquérants de l'impossible. Soit dans le domaine humanitaire comme l'abbé Pierre ou mère Teresa, soit des champions de l'extrême, comme Cousteau, d'Aboville ou Florence Arthaud. On y verra la preuve d'un certain sens de la relativité dans l'admiration, une prise en compte de la faiblesse humaine, l'abandon de la version « demi dieu » pour celle, plus modeste, de l'individu qui va au bout de ses croyances. Un point de vue qui relativise la notion de héros, rejoignant la définition de Romain Rolland : « Un héros est celui qui fait ce qu'il peut. Les autres ne le font pas ».

Biba, mai 1992.

> Sondage exclusif Louis Harris pour *Biba* réalisé en janvier 92 auprès d'un échantillon représentatif de 1 008 personnes de 18 ans et plus.

Notes grammaticales

Les propositions complétives ou infinitives dans le discours rapporté :
Les verbes qui rapportent des paroles ou des opinions peuvent être suivis, soit d'une **complétive en « que »**, soit d'une **proposition infinitive** (à condition que les verbes aient le même sujet grammatical).

Il affirme **qu'**il l'a vue venir.
           l'**avoir vue** venir.

Autres exemples :
Je pense **que** je peux apporter la preuve de ce que j'affirme.
         pouvoir apporter la preuve de ce que j'affirme.

Il dit **qu'**il est de nationalité grecque.
         être de nationalité grecque.

Il prétend **qu'**il a respecté les consignes.
         avoir respecté les consignes.

Repérages

- Repérez dans le texte :
– Les catégories de personnes parmi lesquelles se trouvent les héros, selon le dictionnaire.
– Les catégories de personnes parmi lesquelles les Français trouvent leurs héros.
– La profession où le plus grand nombre de personnes choisissent leur héros.
– Le héros que les adultes et les enfants ont en commun.
- Repérez les traits du portrait actuel du héros :
– Ceux qui font exception et se rapprochent du héros traditionnel. Les hommes politiques en font-ils partie ?
– Dans le dernier paragraphe, la/les phrase(s) qui résume(nt) le point de vue de l'analyste du sondage, sur l'évolution de la notion de héros.

Analyse

- Faites la liste des verbes qui sont utilisés pour indiquer les choix des Français dans ce sondage.
- Quels mots ou expressions indiquent le point de vue de l'auteur sur ce sondage ?
- Classez-les dans les catégories suivantes :
– Conséquence logique ou opposition.
– Étonnement ou surprise.
– Jugement dépréciatif (négatif).
- Faites votre propre synthèse.

Expression orale

Individuellement faites un sondage pour savoir quels sont les héros de vos amis.
Rapportez en classe les résultats de ce sondage et faites-en un exposé devant votre groupe.

Expression écrite

Comparez et analysez l'ensemble de ces résultats.

APRÈS LA BATAILLE

Mon père, ce héros au sourire si doux,
Suivi d'un seul housard qu'il aimait entre tous
Pour sa grande bravoure et pour sa haute taille,
Parcourait à cheval, le soir d'une bataille,
Le champ couvert de morts sur qui tombait la nuit.
Il lui sembla dans l'ombre entendre un faible bruit.
C'était un Espagnol de l'armée en déroute
Qui se traînait sanglant sur le bord de la route,
Râlant, brisé, livide, et mort plus qu'à moitié,
Et qui disait : — « À boire, à boire par pitié ! » —
Mon père, ému, tendit à son housard fidèle
Une gourde de rhum qui pendait à sa selle,
Et dit : — « Tiens, donne à boire à ce pauvre blessé. » —
Tout à coup, au moment où le housard baissé
Se penchait vers lui, l'homme, une espèce de maure,
Saisit un pistolet qu'il étreignait encore,
Et vise au front mon père en criant : Caramba !
Le coup passa si près que le chapeau tomba
Et que le cheval fit un écart en arrière.
— « Donne-lui tout de même à boire, dit mon père ».

18 juin 1850.

Victor Hugo, *La légende des siècles.*

Analyse

• Résumez la raison pour laquelle l'auteur attribue à son père le terme de « héros ».
• D'après vous, quel terme conviendrait pour décrire cette attitude :
– L'abnégation.
– La générosité.
– La sainteté.
– La charité.
– Ou tout autre terme.
• Pouvez-vous rapprocher cette attitude d'un précepte de l'Évangile, de la Bible, du Coran, ou d'une autre religion ?

Expression orale

Voici des titres imaginaires. Inventez l'histoire du héros auquel il est fait allusion :
– Le héros aux pieds d'argile.
– Le héros malgré lui.
– Des héros et des hommes.
– Un héros nommé zéro.
– Le héros dans tous ses états.
– Héros - tissimo.
– Héros ou Éros ?

Expression écrite

Ce poème se situe au XIXe siècle.
Essayez de le transformer pour lui donner un air plus moderne. Les circonstances pourraient être, par exemple, un soir de fête populaire, d'une grande ville. « Mon père » pourrait, par exemple, être remplacé par « ma mère ».

Entraînement

51% des

Français n'ont

pas de héros

(cf p. 58)

Objectif :
Pour définir et carac-
tériser une personne.

1   **Pour faire le portrait d'un héros**

1. Définissez ce que doit être un héros en utilisant les mots et expressions des colonnes A et B :

A	B
être digne	impossible
être capable	croyances
être vainqueur	admiration
faire preuve	causes humanitaires
se consacrer	estime publique
forcer	courage
conquérir	exploits remarquables
aller au bout	

Un héros est quelqu'un qui va jusqu'au bout de l'impossible.

......

2. Maintenant caractérisez quelqu'un que vous jugez comme étant un héros. Utilisez les mots et expressions des colonnes C et D :

C	D
prêter	courage
juger	exploits extraordinaires
estimer	qualités surhumaines
attribuer	digne de l'estime publique
trouver	intrépide
apprécier	invincible

Le monde entier apprécie le courage de Gérard d'Aboville.

......

51% des

Français n'ont

pas de héros

(cf p. 58)

Objectif :
Pour utiliser des tour-
nures syntaxiques
complexes.

2   **Modèles syntaxiques**

Rédigez une série de quatre phrases en employant les structures suivantes :

1. un ......, si on en croit ......, est un ......
2. De nos jours, on s'attendrait à ce que ......, pourtant rares sont ......
3. 51% ...... affirment ......, d'autres prétendent ......
4. Il n'y a guère que 6% de ......, c'est dire que ......

Après la

bataille

(cf p. 61)

Objectif :
Pour réfléchir sur la place des adjectifs et des participes épithètes du nom.

| 3 | **Des qualificatifs subjectifs et objectifs** |

1. Relevez dans le poème de Victor Hugo des adjectifs ou des participes déterminant les noms :

......

2. Réfléchissez à leur place (avant ou après le nom ?).
a. Quels sont ceux qui sont toujours obligatoirement placés après le nom ?

......

b. Quels sont ceux dont la place peut varier sans changement de sens ?

......

c. Quels sont ceux dont le changement de place entraîne un changement de sens ?

......

Grammaire

(cf p. 57)

Objectif :
Pour utiliser les démonstratifs et les relatifs.

| 4 | **Dialogue** |

Complétez le dialogue suivant en utilisant les verbes qui sont dans la marge :

Thierry : Tiens hier j'ai revu Nadine.
Yves : La fille ......   parler
Thierry : Mais non ! Ce n'est pas celle-là ! Celle ......   penser
Christine.
Yves : Et alors ? Tu veux dire que tu vas encore tomber
amoureux ?
Thierry : Je ne tombe pas amoureux, ...   rêver
Yves : Et celle ...... il y a un mois ?   être amoureux
Thierry : Celle ...... ?   plaire
Yves : Je ne comprend pas ......   faire allusion
Thierry : Cherche un peu et tu comprendras ......   vouloir dire
Yves : ......

E. La passion qui dévore le corps

Le dépassement par l'exploit gratuit

Depuis une dizaine d'années on voit apparaître, surtout sous l'effet de la « révolution californienne », diverses techniques à la frontière des techniques de loisirs et des expéditions aventurières. Il s'agit des différentes « pratiques extrêmes » où l'objectif est la maîtrise des hauts risques conçus comme un « fun », un jeu avec soi-même, les éléments et au bout du compte, même si cela reste implicite, la mort. Celle-ci devient dès lors la compagne de route obligée de ces pratiques qu'on pourrait définir comme un « flirt permanent » avec la mort.

— Ainsi en ski extrême on recherche « la défonce absolue ». « Ils sont aujourd'hui des milliers à s'éclater dans la poudre blanche. Au menu : sauts périlleux, "hot dog" (champ de bosses) et ballets artistiques. (...) Certains en font trop et se retrouvent paralysés à vie. Mais tous sont "accros" et en redemandent. » (*Newlook,* février 1985)

— Le saut de la mort : « à cent kilomètres heure il s'élance sur sa machine dans le gouffre où dévale le Verdon, 635 mètres plus bas. Alain Prieur détient depuis 11 ans le record du monde de saut en longueur à moto avec un bond de 42, 25 m. Mais à 36 ans, il rêvait de plongeons plus audacieux. En 1983, il s'était élancé des falaises du Cap Canaille à 362 mètres au-dessus des calanques de la Méditerranée. » (*Paris-Match* du 5. 7. 1985)

— La frénésie du kilomètre lancé (KL) ou le défi à la chute : « c'est comme un puits dans lequel on tombe. On ne pense plus, on n'entend plus. Il ne reste que le corps qui accélère comme une particule d'atome lorsqu'une bombe H explose, disent Cathy et Annie, qui ont déjà dépassé 190 km/h et qui espèrent être les premières femmes à franchir la barrière des 200 km/h. Elles toucheront alors un chèque de 50 000 dollars. » (*Le Monde* du 3. 3. 1984)

— « La montagne tueuse d'hommes. L'ogre de granit. L'Eiger. Les alpinistes détestent voir dresser l'autel de leurs exploits au-dessus des tombes de leurs camarades. Il n'empêche ! Cette face nord de l'Eiger qui attire les tempêtes comme l'aimant la limaille a tué plus de "chevaliers du vide" qu'aucune des quatre autres grandes parois d'ubac des Alpes. » (*Le Monde* des 17 et 18. 3. 1985)

— « Défi à la pesanteur. Drôle de défi tout de même : l'araignée déroule son fil, une corde grosse comme le petit doigt, qui glisse dans les mousquetons. Elle sert à quoi cette corde ? Gros plan interrogatif sur cette gueule d'ange. Et l'ange lâche tout. Saut dans le vide. Chute d'un corps ! Une, deux secondes d'éternité "gazeuse", de surréalisme fou. Sans le moindre trucage ; le plus beau spécimen de l'escalade moderne commet-il un "geste suicidaire" sous l'œil glauque d'une caméra pour le seul besoin d'en faire plus ? Toujours plus ? » (*Le Monde* des 30 et 31.10.1983)

— Le dernier passage d'Arnaud de Rosnay ou le voyage sans retour. Le 24 novembre 1984 Arnaud de Rosnay décide de partir seul pour les 160 km de traversée du détroit de Formose en planche à voile. « Arnaud est un professionnel du risque, dit son frère Joël, comme Sylvain Saudant, Niki Lauda ou Marc Pajot. Il prend des risques calculés en fonction de sa condition physique et de sa résistance. Personne n'est mieux placé que lui pour décider de prendre ou non ce risque. » (*Le Monde* des 20 et 21.1.1985). On ne le reverra plus jamais...

— Sur le toit du monde : « les nouveaux alpinistes accumulent les difficultés. Le "tremplin de la mort", c'est la glace (…) Ils sont des dizaines de "candidats au suicide" à grimper comme lui sur des parois lisses comme des miroirs (…) Les plus fous d'entre eux s'attaquent à de vertigineuses cascades de glace.

La quête des sommets appartient à la nature de l'homme (…) elle est tout bonnement un jeu, semblable à l'amour, une passion qui dévore.

La montagne, la haute, celle dont les racines se nourrissent de glaciers est une terre de drame. (…) L'ivresse, la folie, la volonté débridée, le goût du risque, la quête de l'absolu, du satori, sont les balises de l'alpinisme. Un exploit archaïque où l'homme (mâle) met en jeu des termes très simples de l'aventure humaine : vie et mort. » (*Newlook,* mars 1985).

Repérages

• Placez les expressions suivantes sous les vignettes des pp. 64 et 65 :
a. La défonce absolue.
b. Un défi à la pesanteur.
c. Un risque calculé.
d. Le saut de la mort.
e. La frénésie du KL (kilomètre lancé).
f. La montagne tueuse d'hommes.
g. Le tremplin de la mort.
• Repérez les différents sports « extrêmes » que cite le texte.

Analyse

• Lequel de ces sports vous semble personnellement capable de procurer les sensations les plus fortes ?
Lequel vous semble le plus difficile, le plus risqué ?
Justifiez vos réponses.
• Êtes-vous d'accord avec la phrase : « La quête des sommets appartient à la nature de l'homme (…) elle est tout bonnement un jeu, semblable à l'amour, une passion qui dévore » ?
Si vous n'êtes pas d'accord, comment qualifieriez-vous ce genre d'exploit ?
• Que pensez-vous de la dernière phrase : « Un exploit archaïque ou l'homme (mâle) met en jeu des termes très simples de l'aventure humaine : vie et mort » ?
Est-ce le propre de l'homme ? Et si oui, pourquoi ?

Expression orale

• Organisez une discussion sur ces types de sport : lesquels vous paraissent les plus extrêmes, risqués, ridicules, dangereux ou exaltants ?
• Jeu de rôles à trois personnages :
– A veut pratiquer un sport extrême et explique pourquoi.
– B préfère un autre sport et le compare à celui de A.
– C n'aime pas ces sports et intervient dans la discussion.
Avant de préparer votre jeu, essayez de réfléchir à la psychologie des personnages : pourquoi C est-il contre ce genre de sports ? Il aime la lecture ?
Il est artiste ? Il est trop protégé par ses parents ? etc.

Salut à d'Aboville !

133 jours de combat solitaire contre les flots du Pacifique... Plus d'un million de coups de rame pour franchir les 6 290 miles qui séparent Soshi (Japon) d'Ilwaco (USA)... pour une victoire sur soi et sur l'Océan.

Gérard d'Aboville.

« *Homme requis pour voyage périlleux, bas salaire, froid intense, longs mois de ténèbres, dangers constants, retour incertain. Honneur et célébrité en cas de succès* ». Voici le texte, que j'aime tant, de la petite annonce parue dans la presse anglaise de l'époque, par laquelle l'explorateur polaire Shackleton (depuis Sir Ernest Shackleton) avait cherché à recruter son équipage il y a soixante-dix-sept ans ! Aujourd'hui, pour d'Aboville, il n'y aurait pas un mot à changer.

L'énergie sans limite, la volonté de se dépasser, la lutte contre les éléments, la passion de faire mieux que les autres, d'aller plus haut, plus vite, plus loin ou simplement ailleurs, bref, l'esprit d'aventure, n'a jamais été mieux défini que par ces quelques lignes qui restent pour nous tous l'invitation permanente au courage. Extraordinaire exploit physique que celui d'avoir traversé le Pacifique à l'aviron en plus de quatre mois, effort

quotidien à la limite du drame. Jean-Michel Barrault avec toute son expérience de vieux marin transocéanique vous le racontera en détail. Les maladies, le froid, les ténèbres, les chavirages en série. Et le canot qui recule, la mer qui refuse. Et le gros temps qui n'en finit pas, l'aube qui paraît ne jamais venir.

D'Aboville a connu toutes les épreuves. Mais plus encore qu'un exploit ou record olympique, il s'agit d'un fantastique exercice de caractère. Déjà, quand il avait traversé l'Atlantique en soixante-douze jours en ramant, chacun, à l'arrivée, s'était écrié d'admiration. En s'attaquant au Pacifique, plus de 5 000 miles, l'équivalent de *deux Atlantiques,* il s'agissait comme le disait très bien l'*Équipe,* d'un défi athlétique, mais aussi *mental.* « Yogi de l'océan », « vagabond des mers », « dernier galérien », « le Pacifique à bout de bras », la presse n'a pas manqué de titres spectaculaires pour saluer le pari solitaire d'un homme qui a doublé la mise pour battre un record qui n'existe pas et s'engager dans une compétition où il n'y avait que lui-même.

Oui, athlète de l'esprit. Les cyniques ricaneront, les matérialistes s'étonneront, les braves gens diront leur incompréhension. D'habitude, on fait les titres dans les journaux avec un prototype et en essayant d'aller plus vite. Pas en prenant les moyens les plus primitifs, les plus lents et les plus durs : ses seules mains. Quel est ce défi non seulement aux océans, mais à cette déesse du siècle qui est la vitesse, à laquelle sacrifie même la voile ? Et à cette reine absolue qu'est la technique ? Et pourquoi, Seigneur, pourquoi ? Il y a tant d'autres choses plus utiles à faire. Tant de malheurs à secourir. Tant d'horreurs à dénoncer. Tant de lâchetés à combattre. Et justement si la meilleure réponse, c'était d'Aboville ?

Un homme seul qui d'abord dit non. Non à la facilité, à la mode, au confort moral et physique. Un homme qui se lance dans l'impossible, précisément parce que c'est impossible et que le propre de l'homme est toujours, partout, d'essayer de faire mieux ou plus que ce qu'il est appelé normalement à faire. Inutile, la fantastique traversée à l'aviron du Pacifique ? Oui, bien sûr. Sauf si c'est aujourd'hui non seulement ce qu'il y a de plus utile, mais ce qui est même devenu indispensable. Il y a quelques années, on parlait encore de « *baroud d'honneur[1]* ». Voilà deux mots que l'on n'emploie plus beaucoup et encore moins ensemble. On disait aussi « *pour l'honneur*, » pour expliquer un geste qui n'était motivé ni par l'appât du gain ni par aucune cause matérielle précise, mais seulement d'ordre personnel et moral. Autrement dit qui était « gratuite ». Il y a peut-être aujourd'hui trop de gens qui veulent aller trop vite, et trop de clans intéressés au seul profit. Il y a des moments, je le reconnais, où je n'aime pas beaucoup mon époque. Permettez-moi, pour le courage, bien sûr, et aussi pour l'honneur, de saluer d'Aboville.

Jean-François Deniau,
Le Figaro Magazine, 23. 11. 1991.

---

1. *Combat soutenu seulement pour l'honneur.*

« Commentaires »

En se référant aux premières lignes du quatrième paragraphe du texte, imaginez les commentaires des « cyniques », des « matérialistes » et des « braves gens » (vous les repérerez dans le dessin).

Repérages-Analyse

• Quel titre donneriez-vous à la petite annonce de Sir Ernest Shackleton ?
• Retrouvez dans le texte :
– Les traits qui, pour J.–F. Deniau, caractérisent l'esprit d'aventure.
– Les épreuves que d'Aboville a subies pendant la traversée.
– Pour J.–F. Deniau, il ne s'agit pas seulement d'un exploit physique. Quelle formule concise utilise-t-il pour caractériser d'Aboville ?
– Comment la presse a-t-elle nommé d'Aboville ?
– Le premier exploit de d'Aboville et la réaction générale à cet exploit.
– Au second exploit, d'Aboville a « doublé la mise ». Comment cela s'explique-t-il ?
• Repérez dans le texte les mots ou expressions qui servent à caractériser :
– La traversée de d'Aboville.
– Les traversées des champions de la vitesse.
• À quelle occasion utilise-t-on l'expression « pour l'honneur » ?
• Pourquoi J.–F. Deniau dit-il : « Il y a des moments (…) où je n'aime pas beaucoup mon époque » ?
• Quel est pour lui le sens profond de l'exploit de d'Aboville ?

Pour fixer le vocabulaire

Trouvez dans la colonne de droite un synonyme pour chaque mot ou expression soulignés :

Homme <u>requis</u> pour voyage <u>périlleux</u>.	engager
<u>Recruter</u> son équipage.	un groupe social fermé
Les <u>ténèbres</u>.	dangereux
L'<u>aube</u>.	l'attrait pour l'argent
Un <u>défi</u> athlétique.	jouer une somme deux fois plus grande
<u>Doubler la mise</u>.	l'obscurité
L'<u>appât du gain</u>.	le début du jour
Le <u>clan</u>.	demandé
	l'appel à réaliser l'impossible

Expression orale

• Discussion :
– Si vous aviez lu dans le journal la petite annonce de sir Ernest Shackleton, comment auriez-vous réagi ?
– L'exploit de d'Aboville vous paraît-il vraiment inutile ?
• Jeu de rôles à trois personnages :
– Un cynique qui se moque de d'Aboville. Ce personnage peut utiliser le titre qui a servi au journal *Libération* pour annoncer l'arrivée de d'Aboville : « le galérien nouveau est arrivé ». Ce titre est calqué sur le slogan « Le Beaujolais nouveau est arrivé », qui apparaît chaque année dans les journaux au mois de novembre.
– Un matérialiste qui s'étonne d'une telle traversée de l'océan.
– Un admirateur de d'Aboville (J.–F. Deniau, par exemple).

Expression écrite

Rédigez collectivement un texte qui pourrait paraître dans un journal français, dans lequel vous saluerez un de vos héros nationaux.

Seul dans le Pacifique

Gérard d'Aboville « prince de la rame », répond aux questions du Nouvel Observateur.

N.O.– *(...) Vous ne donnez jamais le sentiment d'avoir conscience que vous avez accompli un exploit mythique, comme Ulysse ?*

G. d'Aboville. – Comment savoir ce qu'en pensait Ulysse lui-même ? Je ne crois franchement pas que j'ai fait dans le mythe. Ou alors, en ce sens que je suis allé au bout de ma quête personnelle : le dépassement de soi, qui m'intéresse plus que tout. C'est

un grand plaisir que je m'offre tous les dix ans et qui me reste pour la vie. Et puis, je suis satisfait, profondément, parce que la traversée d'un océan à la rame, c'est un exercice beaucoup plus compliqué qu'il n'y paraît. Il faut résoudre tant et tant de problèmes techniques que la mise au point d'un bateau ressemble à celle d'un mouton à cinq pattes ! Cela tient du chef-d'œuvre comme ce que faisaient les Compagnons du Tour de France, un chef-d'œuvre dans lequel entrent l'expérience, l'acharnement et le don. Comment ne pas être heureux d'avoir réussi ça ?

N.O. – *Vous considérez-vous comme un guerrier ?*

G. d'Aboville. – Oui. Et d'abord contre moi-même. Mon ennemi, c'est moi, si je craque. Je suis dans mon bateau comme un soldat de 14 qui doit sortir sans arrêt de la tranchée

pour y aller. J'y ai beaucoup pensé justement, à ceux de la Grande Guerre ! En termes de stress, c'était pareil : presque tout le temps, je me disais : « Demain je serai peut-être mort ». Et, bien sûr, il n'en était pas question. Si je n'avais pas eu cet état d'esprit, j'y serais resté ou j'aurais abandonné. Je parle dans mon livre de deux Anglais qui avaient tenté la traversée et qui ont péri en mer. On a retrouvé leurs bateaux. Intacts. On sait donc qu'ils se sont laissés aller une seconde, une seconde où il ne fallait pas. Il y a un moment où c'est plus facile d'arrêter de lutter que de continuer. Se dire : « Ça va encore durer... », c'est presque impossible à supporter physiquement. L'instinct de survie a ses limites, qui sont aggravées par la solitude, le froid. J'avais à me défendre surtout contre l'apitoiement sur moi-même. À la radio, je ne disais jamais qu'il faisait mauvais, même si le temps était épouvantable. Même chose à propos de mes bobos. En parler, c'était entrer dans ce processus diabolique où à un instant donné on risque de se laisser aller. Alors, il est plus facile de mourir, sans aucun doute. (...)

J'ai des enfants en bas âge, je ne suis pas là pour mourir, je ne suis pas prêt à mourir. Et c'est ce qui m'a fait tenir. Mes enfants, je leur donne un exemple de l'accomplissement de soi-même. Une raison de ne jamais baisser les bras. Mais le jour où mon fils me dira : « Je roule à moto », je ne vais pas dormir tranquille.

N.O. – *Et votre passion, alors, puisque vous n'aimez pas vraiment la mer ?*

G. d'Aboville. – Ah, les bateaux, les bateaux. Follement !

Propos recueillis par Élisabeth Schemla,
Le Nouvel Observateur,
11–17 juin 1992.

Repérages

Les idées suivantes sont-elles vraies dans le texte ?
– Pour réussir un exploit, il faut de l'expérience, de l'obstination et du sacrifice.
– Être capable de résoudre les problèmes techniques de la traversée de l'océan à la rame est aussi rare que de rencontrer un mouton à cinq pattes.
– C'est plus facile de lutter que d'abandonner.
– La solitude stimule l'instinct de survie.
– Le plus grand ennemi, c'est l'épuisement (la fatigue).
– G. d'Aboville avait l'état d'esprit des soldats des tranchées en 1914.

Expression orale ou écrite

Analysez ce qui fait de G. d'Aboville un héros très humain.

Pour fixer le vocabulaire

Les listes suivantes sont constituées de mots extraits des textes « Salut à d'Aboville ! » et « Seul dans le Pacifique ». Si vous avez oublié le sens de certains mots, recherchez-les dans le contexte.

Le dépassement	L'effort	L'abandon
Aller au bout de	Lutter	Baisser les bras
Le dépassement de soi	Tenir	Se laisser aller
La volonté de se dépasser	Se défendre contre	S'apitoyer sur soi-même
La passion de faire mieux	Supporter	
Aller plus haut, plus vite, plus loin	Lancer un défi	

• Complétez les listes ci-dessus à partir des mots suivants : l'endurance - l'instinct de survie - l'acharnement - le découragement - l'énergie - l'exploit - l'épreuve - le confort moral - la facilité - l'audace - la témérité - le pari.
• Après avoir complété les listes, essayez d'associer des substantifs pris dans les trois colonnes à chacun des verbes suivants : lutter (contre) - tenir - se défendre (contre) - supporter.

• Les thèmes du dépassement, de l'effort et de l'abandon sont ici appliqués au domaine du sport. À quels autres domaines pourrait-on les appliquer ?
• Choisissez un domaine qui vous tient à cœur et trouvez dans l'histoire de votre pays ou de votre société, l'illustration de ces thèmes.
Vous écrirez par petits groupes un texte qui sera ensuite lu et discuté en classe.

Samivel

Les brillantes montagnes

À 8 heures, une bonne heure d'avance sur l'horaire prévu, ils culbutaient leurs sacs côte à côte au sommet.

Merveilleusement seuls.

Au loin tournait une chevauchée de cimes.

Merveilleusement en paix avec eux-mêmes et l'univers. Seuls au centre d'un carrousel de lumière et de silence.

Quatre mille trois cent quinze mètres d'altitude.

« Quatre-mille-trois-cent-quinze mètres d'altitude », disait la carte, disaient les chiffres.

Le reste, personne ne pourrait jamais rien en dire de réel.

À la fin, tout de même, il fallut se décider, refaire les sacs, vérifier les nœuds, s'apprêter à la descente. C'est alors que Jacob eut l'idée. À bout de corde, avec précaution, il s'en fut renifler l'abîme ouest. Un long moment. Puis ils échangèrent un regard complice. Pourquoi pas, après tout ?

Sûr, une autre affaire que la voie classique par laquelle ils projetaient d'abord de regagner la vallée. Mais tout était si beau, si bon... Cet azur intact !... Tant de forces fraîches en eux... (...)

Alors, il n'avaient pas hésité davantage. Et cinq minutes plus tard la corde de rappel se balançait au-dessus du terrible gouffre ouest (2 500 mètres environ).
(...)

Un premier rappel de quarante mètres les posa sur une plate-forme étroite où ils plantèrent un piton et se confièrent derechef au vide. La vision de ces proies vulnérables, narguant au bout d'un filin presque invisible les cent gueules de la mort, eût sans doute ému jusqu'aux sueurs, jusqu'à l'angoisse, le public d'une salle de quartier. Mais les sensations qu'ils éprouvaient alors étaient justement aussi éloignées que possible de toute angoisse. En fait, ils goûtaient les voluptés d'un certain angélisme, ayant cessé pour un temps de percevoir la terrible malédiction de pesanteur. Oui, sans poids, sans péchés, sans crainte – la crainte de l'Abîme n'est-elle pas la Mère des Craintes ? –, glissant au sein d'une dimension royale, baignés de soleil et de pur espace et le manteau bleu des horizons balancé en cadence par-dessus l'épaule.

(...) Jacob descendit sans histoire, resta un moment tête baissée à examiner le décor autour de lui, puis leva une face brune, radieuse :
« Arrive ! criait-il. C'est tout bon ! »
Dampierre démarra. La hauteur était faible et, pour gagner du temps, il s'était contenté d'empoigner le double câble, descendant à force de poignets. Ses muscles travaillaient paisiblement, puissamment en lui, comme les organes baignant dans l'huile d'une machine bien réglée. Une seconde il s'immobilisa, savourant avec orgueil le fruit mûr de sa force. De la vallée s'élevait en cet instant une bulle de rumeurs légères, chansons d'eaux, sonnailles de clarines, qui s'évanouit dans l'espace. Un cumulus unique dérivait à l'horizon, toutes voiles dehors, gonflé de lumière. La paix, la Paix, régnait enfin sur la terre pour les hommes de bonne volonté.

Samivel, *Contes des brillantes montagnes avant la nuit,*
© Arthaud-Flammarion, 1980.

Analyse

• Comment comprenez-vous les expressions suivantes ? Faites des paraphrases pour les expliquer :
– Cet azur intact !
– La crainte de l'Abîme n'est-elle pas la Mère des Craintes ?
– Le manteau bleu des horizons balancé en cadence par-dessus l'épaule.
– La paix régnait enfin sur la terre pour les hommes de bonne volonté.
• Relevez à la fin du troisième paragraphe les termes qui permettent de comparer les alpinistes à des êtres célestes, ceux qui signalent leur puissance physique et, par opposition, les termes qui évoquent la légèreté.
• Ces extraits du texte de Samivel comportent trois moments d'une randonnée d'alpinistes. Pouvez-vous les identifier, leur donner un titre et les résumer brièvement ?
• Dans cette narration, deux temps du récit sont utilisés : le passé simple et l'imparfait. Relevez tous les passés simples et tous les imparfaits.
Dites si tous les imparfaits ont la même valeur.

1 Modèles syntaxiques

Rédigez une série de cinq phrases en employant les structures suivantes :

1. Aujourd'hui, c'est non seulement ...., mais encore ......
2. Il y a tant de ...... à ......, alors pourquoi ......
3. Plus encore que de ......, il s'agit de ......
4. ...... n'a pas manqué de ......
5. ......, sauf si ......

Salut à d'Aboville ! (cf p. 66)

Objectif : Pour utiliser des tournures syntaxiques complexes.

2 Des faits-divers catastrophiques

Pour un journal à sensation, vous écrivez quatre moments dramatiques concernant des accidents, crimes, suicides, morts violentes, catastrophes naturelles, etc.

Vous racontez ce qui s'est passé :

1. À 8 heures précises, ...
2. Cinq minutes plus tard, ...
3. Le soir même, ...
4. Dès le lendemain, ...

Vous le montrez au ralenti :
(comme étant en train de se passer)

1. À 8 heures précises, ...
2. Cinq minutes plus tard, ...
3. Le soir même, ...
4. Dès le lendemain, ...

Les brillantes montagnes (cf p. 71)

Objectif : Pour montrer l'action sous deux jours différents : passé simple, imparfait.

3 Des faits catastrophiques annoncés

Vous reprenez les quatre moments dramatiques en ajoutant un détail important qui a précédé la catastrophe.

Vous racontez ce qui s'est passé :

1. À 8 heures précises, ...
Quelques minutes plus tôt, ...
2. Cinq minutes plus tard, ...
La veille, ...
3. Le soir même, ...
Avant, ...
4. Dès le lendemain, ...
Quelques secondes avant, ...

Vous le montrez au ralenti :
(comme étant en train de se passer)

1. À 8 heures précises, ...
Quelques minutes plus tôt, ...
2. Cinq minutes plus tard, ...
La veille, ...
3. Le soir même, ...
Avant, ...
4. Dès le lendemain, ...
Quelques secondes avant, ...

Les brillantes montagnes (cf p. 71)

Objectif : Pour utiliser le passé simple, l'imparfait et le plus-que-parfait.

F. Le retour de la morale ?

micro-trottoir

Pour moi, je sais qu'il y a un truc qui me tient très très à cœur : c'est tout ce qui touche aux enfants.

Pour moi, il n'y a que les idées humanitaires qui comptent.

Pour moi, le rêve ou l'espoir le plus grand, c'est la paix.

Moi, je crois encore aux idées de gauche… il y a certaines valeurs de gauche que j'admire.

Une réunion au parti socialiste.

Repérages

Repérez dans le micro-trottoir l'expression des idées suivantes :
– Ne voir aucune solution à un problème.
– Attacher beaucoup d'importance à quelque chose.
– Avoir envie de pleurer.
– Faire du mal à quelqu'un.
– Fréquenter, rencontrer beaucoup de gens.
– Supporter une conséquence injuste.
– Se mettre en colère.
– Être obligé de supporter quelque chose.
– S'occuper avant tout de son entourage immédiat.

Analyse

● Parmi les valeurs suivantes, indiquez celle à laquelle chaque interviewé est le plus attaché : le pardon – la générosité – la justice – la paix – l'amour du prochain – l'égalité – la fraternité – la tolérance.
● À votre avis quelles valeurs manquent ? Rajoutez celles qui vous paraissent importantes et qui n'ont pas été mentionnées.

Expression orale

● **Discussion :**
— « Plus d'armes, plus de guerre », dit une interviewée. Pensez-vous que cette solution soit réaliste ? Sélectionnez les arguments pour ou contre ce point de vue.
— Pensez-vous que le dernier interviewé a vraiment une idée importante ? Sélectionnez vos arguments et organisez un débat selon que vous pensez que ses idées sont intéressantes ou non.

● **Qu'en pensez-vous ?**
Réagissez aux textes suivants et essayez de trouver une expression qui, à votre avis, les caractérise bien :

**Si vous votez pour le parti de « la vie naturelle »,
vous éliminerez les problèmes majeurs de la société :
le chômage diminuera de 50 % par an,
la criminalité de 30 à 40 % et
les maladies de 80 %.
De plus, les résultats scolaires seront
améliorés et la créativité augmentera.**

LIGUE DES DROITS DE L'HOMME

Le but de toute association politique est la conservation des droits naturels et imprescriptibles de l'homme; ces droits sont la liberté, la propriété, la sûreté et la résistance à l'oppression.

Déclaration des droits de l'homme et du citoyen de 1789, article 2.

Si vous utilisez notre système anti-âge vous serez jeune pour longtemps.

Dès la première application votre peau sera lisse, lumineuse, aérienne.

Vous serez éblouissante !

Français, à quoi croyez-vous ?

Les dix valeurs qui comptent le plus...

Aujourd'hui quelles sont les valeurs qui comptent le plus pour vous, celles que vous estimez le plus fondamentales et que vous souhaitez le plus transmettre à vos enfants ?

1	L'honnêteté	43 %
2	La tolérance, le respect des autres	40 %
3	Le goût de l'effort et du travail	38 %
	La politesse, les bonnes manières	38 %
5	Le sens de la famille	28 %
6	Le respect de l'environnement et de la nature	25 %
7	La générosité	23 %
8	La réussite sociale, l'esprit de compétition	22 %
9	Le courage	20 %
	La fidélité, la loyauté	20 %

WaG

Viennent ensuite : 11 La solidarité : 19 %. **12** Le sens de la justice : 17 %. **13** L'obéissance : 14 %. **14** La patience : 12 %. **15** Le sens du devoir : 11 %. **16** Le civisme et le respect du bien commun : 8 %. **17** Le respect de la propriété, de la tradition : 7 %. **18** La recherche spirituelle, la foi : 6 %. **19** Le sens du commandement, l'attachement à la patrie : 4 %.

Cette enquête a été réalisée du 13 au 18 juin 1992 auprès d'un échantillon national représentatif de 1 016 personnes âgées de 15 ans et plus.

Expression écrite ou orale

- Lisez et analysez les résultats de ces sondages.
- Interrogez votre entourage pour savoir si les pourcentages seraient globalement les mêmes dans votre société. Rapportez les résultats en classe et discutez-en entre vous.

D'une génération à l'autre

EN HAUSSE		
La tolérance, le respect des autres	33 %	45 %	46 %
Le respect de l'environnement et de la nature	19 %	28 %	32 %
La générosité	20 %	24 %	25 %
La solidarité avec les gens, avec les peuples	16 %	21 %	19 %

	Plus de 50 ans	21-49 ans	15-20 ans
Le goût de l'effort et du travail	47 %	34 %	21 %
Le sens de la famille	29 %	30 %	17 %
Le courage	21 %	20 %	15 %
La fidélité, la loyauté	20 %	20 %	13 %
Le sens du devoir	18 %	7 %	7 %
Le sens de la justice	16 %	18 %	10 %
Le civisme, le respect du bien commun	9 %	8 %	3 %
L'attachement à la patrie	7 %	2 %	4 %

EN BAISSE		

Infographie WaG

Les chiffres correspondent au pourcentage de ceux qui, dans chaque génération, estiment « fondamentale » chacune des valeurs citées. En hausse donc, les valeurs qui sont plus prisées par les jeunes que par leurs aînés ; en baisse, celles auxquelles les jeunes sont moins attachés. Par exemple : 33 % des plus de 50 ans tiennent la tolérance pour une valeur « fondamentale » ; ils sont 46 % chez les 15-20 ans.

Le Nouvel Observateur, 26 nov. – 2 déc. 1992.

Les valeurs des jeunes

Étudiants ou déjà dans la vie active, angoissés ou optimistes, révoltés ou satisfaits, voilà ce qu'ils racontent.

« Il faut goûter à tout pour s'en souvenir tout au long de sa vie. Plus on a de souvenirs, plus on vit. On se souvient des belles choses, alors on essaie d'en avoir plus et ainsi de suite. »

« Politique et religion c'est un peu pareil, chacun croit ce qu'il veut. Moi, j'en prends et j'en laisse : je me fais ma propre religion, mes propres opinions. »

« La religion c'est très important. Ça fait 2 000 ans que l'homme vit avec la religion. L'homme est d'essence divine. Si on ne croit pas en Dieu, on croit en quoi ? À la société de marché ? À la consommation ? »

« Je crois en Dieu, j'y pense souvent. Le principal c'est de prier, c'est d'être bon avec autrui tous les jours. Il faudrait ressembler le maximum à un enfant dans son cœur. J'aimerais croire en quelque chose de pur, mais ça n'existe pas. »

« J'ai besoin de voir des amis. Je viens ici tout le temps, parce qu'il y a une âme dans ce bar. Si je viens ici, c'est parce qu'il se passe toujours quelque chose. J'ai besoin d'avoir des gens autour de moi. »

« Je pense qu'on vit dans un monde où tout s'achète, tout se paie : c'est un monde de capitalisme. On se valorise beaucoup par rapport à l'argent, à ce qu'on gagne. On ne peut pas sortir sans avoir de l'argent sur soi. Maintenant les jeunes ils ne voient que par l'argent. »

« Mon espoir, c'est peut-être idéaliste, c'est la fraternité entre les peuples. Je redoute la dégradation de la planète, une nouvelle guerre mondiale. Apparemment ça s'arrange, il n'y a plus de guerre froide, mais ça pourrait éclater au Moyen-Orient. J'espère qu'on trouvera des solutions. »

« L'atomique me fait peur : la bombe mais aussi les centrales. Je sais qu'il faut faire fonctionner une centrale pour éclairer une salle de concerts... je préfèrerais que la salle soit éclairée avec des bougies. Pour la cire, on a besoin d'abeilles. Moi je voudrais plus d'abeilles et moins de centrales. »

« J'ai l'impression qu'on accumule et qu'on ne vit pas réellement. Il y a des millions de choses à découvrir et on est trop dans le système de consommation, on ne peut plus vivre, on ne vit que pour l'apparence. »

« Je suis croyant, mais pas pratiquant. Je suis catholique. Quand je réfléchis à ce que je vais devenir plus tard, je me dis : de toute façon il y a "quelqu'un" pour décider. Il ne faut pas croire que l'homme peut tout changer. Il y a le hasard ou il y a Dieu pour les vrais croyants. »

D'après *L'Étudiant*, mai 1992.

Analyse

• Classez les valeurs mentionnées par les jeunes en valeurs sociales, morales, religieuses.
• Recherchez l'expression linguistique de la crainte, de l'espoir, du souhait.
• Que répondriez-vous si on vous posait les questions suivantes :
– La religion, c'est important ?
– Parmi les valeurs mentionnées par les jeunes, laquelle vous paraît la plus importante ou la plus nécessaire à l'heure actuelle ?
– Duquel des points de vue exprimés vous sentez-vous le plus proche ?
• Si vous le pouvez, organisez une mini-enquête pour sonder les jeunes de votre entourage.

La régression française

La France,
une nation post-moderne
guettée par le retour de l'archaïsme ?

La France est en train de rater sa modernisation. [...] L'histoire de cette décennie est bien celle d'une adaptation de la France à la norme occidentale. Mais c'est une adaptation manquée. Nous avons heureusement délaissé l'ancien modèle étatique et idéologique qui avait jusque-là prévalu [...] mais nous n'avons pas su inventer un nouveau projet. Le vieux modèle français est mort. Le nouveau tarde à naître. [...] La France s'abandonne à la nostalgie sous nos yeux.

À côté de cette nation post-moderne qu'on décrit partout, celle des micro-ordinateurs, du jogging, du zapping, du body-building, de l'Airbus, du TGV, du saut à l'élastique, du rap, des chébrans, du parler vrai, de Patrick Bruel et de Vanessa Paradis, il y a une autre France, qui a perdu ses repères et se raccroche comme elle peut à des valeurs, à des mentalités, à des comportements du passé. Il n'est pas dit que la première l'emporte sur la seconde. Et surtout, nombre de ces phénomènes nouveaux dont nous pensons qu'ils expriment la tendance dominante, celle de la modernisation, nous ramènent en arrière. Dans notre enthousiasme, nous avons commis un grave contresens. Nous avons qualifié de moderne tout ce qui était nouveau. L'expérience montre pourtant que les nouveautés ne portent pas avec elles leur brevet de progressisme. On pense célébrer la dernière mode et on se fait refiler des vieilleries mal repeintes aux couleurs du jour. Aussi spectaculaires soient-ils, le développement des sciences et des techniques et la croissance de l'économie ne sont pas une assurance de progrès social et culturel. Depuis le siècle des Lumières, on croit qu'au présent succède toujours l'avenir. Il va bien falloir reconnaître que, dans la France d'aujourd'hui, c'est le passé qui pourrait bien succéder au présent. En un mot, ce n'est pas cette république « post-moderne » individualiste et créative, qui triomphe sous nos yeux.

La société française en crise

On voyait la société française conduite, grâce à la conjugaison de la croissance économique et des réformes sociales, vers un rapprochement progressif des conditions qui donnerait une base sociale solide à la démocratie politique. Ce sont trois ordres d'Ancien Régime qui naissent lentement sous nos yeux. Au sommet, une « super-élite » prospère et médiatisée, habitant les quartiers centraux de la capitale, qui gouverne avec les sondages, s'étourdit de raids financiers et de « bons coups » de communication, amuse le bon peuple en lui dispensant concerts au Zénith et variétés à vingt heures trente, jouit avec frénésie des plaisirs forts que procure l'occupation des places, sans s'apercevoir que le reste de la population la rejette progressivement, vaquant à ses affaires que menacent le chômage et la crise urbaine, choisissant en politique le vote Front national, les Verts ou bien l'abstention.

Au milieu, une vaste classe moyenne calme ses angoisses en consommant, se protège de la délinquance en fuyant les pauvres et en installant des « digicodes » à la porte des immeubles, pratique le culte antique du corps et des religions domestiques, « New Age » ou astrologie. Une classe moyenne qui exige de l'État privilèges et protections tout en se rebellant contre l'impôt, remplace le prêtre et le militant par le psychanalyste ou le moniteur de golf, se presse dans les expositions sponsorisées par IBM, fait un chèque pour le Téléthon et donne un billet de 200 francs à ses enfants qui vont au concert pour l'Éthiopie.

Et tout en bas, les nouvelles « classes dangereuses » rejetées hors les murs se débattent dans la violence et la frustration. Les survivants épars de la classe ouvrière française supportent de plus en plus mal la cohabitation avec cette nouvelle classe laborieuse venue du Maghreb ou d'Afrique que nous avons installée dans les cités HLM.

Faut-il désespérer ?

Dans une société qui va mal, beaucoup de citoyens – il en reste ! – pensent de mieux en mieux. Ils voient bien que la libération des forces de l'argent a besoin d'un correctif, que la concurrence de tous contre tous ne peut pas servir de seule loi collective, et qu'après une décennie consacrée à l'économie et à la séduction médiatique, sur fond de dissolution des valeurs, les années 90 seront celles de la morale et de la politique retrouvée.

On le voit dans la demande de droit qui se manifeste de plus en plus dans tous les secteurs de la vie sociale. On le voit dans les débats intellectuels, qui laissent de nouveau leur place aux questions philosophiques et éthiques. On le voit dans l'intérêt renaissant du public pour les débats d'idées, pour les grands intellectuels et pour les livres difficiles. On le voit dans l'interrogation déontologique qui traverse des professions de plus en plus nombreuses, qu'il s'agisse des médecins confrontés aux avancées vertigineuses de la biologie, des hauts-fonctionnaires contraints d'inventer une nouvelle définition du service public, de certains patrons que le triomphe de l'économie de marché laisse sans ennemis ni contradicteurs, des producteurs de télévision inquiets des dérives du spectacle audiovisuel, ou des journalistes placés devant une crise sans précédent du crédit de l'information.

Peu à peu, la question économique laisse place à la question morale, peu à peu le pouvoir des médias et de l'argent devra en rabattre devant la renaissance de la critique sociale.

Laurent Joffrin, *La régression française*, coll. L'Histoire immédiate, © Le Seuil, 1992.

Notes grammaticales

• *Il est difficile de faire / C'est difficile à faire*
Trois constructions sont possibles :
– Phrase de base : Écrire ce roman est difficile.
– Première transformation : **Il est** difficile **d'**écrire ce roman.
– Deuxième transformation : **C'est** difficile **à** écrire (c' = cela = ce roman).

• *Une expression de la concession : AUSSI + adjectif + subjonctif*
Aussi spectaculaires soient-ils, le développement des sciences et des techniques et la croissance de l'économie ne sont pas une assurance de progrès social et culturel.
Cette phrase est l'équivalent de :
Bien que le développement des sciences et des techniques et la croissance de l'économie **soient spectaculaires,** ils ne sont pas une assurance de progrès social et culturel.

• *Les propositions participiales au passé*
Lorsque la proposition complétive rapporte un fait passé, elle peut n'être composée que du sujet suivi du participe passé :
On voyait **que** la société française **était conduite** vers…
    la société française **conduite** vers…
Autres exemples :
Je savais **que** la situation **était perdue** d'avance.
    la situation **perdue** d'avance.
Je croyais **que** vous **étiez partie.**
Je vous croyais **partie*.**
* Dans ce cas le sujet de la participiale devient objet de la principale.
On pourrait dire aussi pour :
Je savais la situation **perdue** d'avance.
Je la savais **perdue** d'avance.

N.B. : Les propositions participiales ne peuvent se construire qu'avec des verbes conjugués avec l'auxiliaire « être » ou des verbes à la voix passive.

Repérages

- Dans la première partie du texte :
– Quels sont les traits de la modernité ?
– Quelle phrase évoque la conclusion de la troisième partie ?
– Quelle(s) phrase(s) explique(nt) le retour de l'archaïsme ?
– Comment sont décrits les traits de ce retour ?
– Quel aspect positif est mentionné parmi les changements récents ?
- Dans la deuxième partie du texte :
– Relevez les contradictions de la classe moyenne.
– Comment se manifeste l'inconscience de la super-élite ?
– Les nouvelles classes sont l'indice d'une régression sociale. Montrez-le.
- Dans la troisième partie du texte, citez :
– Les raisons d'espérer.
– Les professions où on s'interroge.
- Quelles idées, quels jugements de ce texte vous frappent, vous étonnent ? Avec lesquels êtes-vous d'accord ?

Pour fixer le vocabulaire

Trouvez dans la colonne de droite un synonyme pour chaque mot ou expression soulignés :

Rater sa modernisation.	dispersés
Le modèle lui avait prévalu.	se révolter
Il n'est pas dit que.	excès
S'étourdir de raids financiers.	réduire ses prétentions
Dispenser quelque chose à quelqu'un.	donner
Vaquer à ses affaires.	il n'est pas sûr que
Se rebeller contre l'impôt.	manquer
Les survivants épars.	être utilisé de préférence
Une interrogation déontologique.	pratiquer avec excès
Les dérives du spectacle audiovisuel.	morale
Le pouvoir devra en rabattre.	s'occuper de

Expression orale

Choisissez un des trois paragraphes et faites-en une synthèse orale. Vous pouvez utiliser vos notes et rédiger rapidement votre synthèse, mais vous devez être capable de la faire oralement.

Expression écrite

- Par petits groupes, rédigez un questionnaire sur ce qui ne va pas bien dans votre pays et sur les raisons d'espérer.
- Interrogez votre entourage et rapportez les résultats à la classe.
- Analysez les résultats de vos interviews et faites une synthèse écrite.

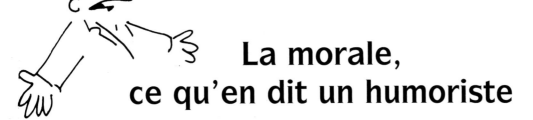

La morale,
ce qu'en dit un humoriste

"

« La morale, ça consiste à ne jamais faire ce qu'on a envie de faire. »

« Le bien, c'est ce que je ferais si j'en avais le courage, le mal, c'est tout ce que j'ai envie de faire et que je ne ferai jamais. »

« Le vrai désordre, c'est celui de l'esprit. »

« C'est une folie de croire qu'on peut rendre une société meilleure que les hommes qui l'habitent. »

« La France est un tandem sur lequel pédalent deux cyclistes prêts au premier croisement à tourner, l'un à droite, l'autre à gauche. »

« Un pays qui n'a plus de morale, n'a plus le moral. »

« Être un vieux, c'est savoir que la vie n'est pas un rêve, que tout est dérisoire. Que ce qu'on connaît vaut beaucoup mieux que ce qu'on ne connaît pas. Que le manque d'énergie apporte plus de satisfaction que la stupide fierté d'avoir vaincu les éléments déchaînés, la paroi vertigineuse, le désert aride et les foules en délire. »

"

Wolinski, *La morale,*
© Le Cherche-Midi Éditeur, 1992.

Expression orale

Parmi ces aphorismes, lequel vous intéresse ? Dites pourquoi. Lequel trouvez-vous faux ou inintéressant ?

Antigone et Créon

Antigone vient de perdre ses deux frères qui se sont entre-tués pour régner sur Thèbes. Elle se heurte à l'autorité de son oncle Créon. Celui-ci, pour des raisons d'État, interdit qu'un des deux frères soit enterré. Révoltée par l'inhumanité de cette décision, Antigone va s'opposer à son oncle et refuse tout compromis, même au prix de la vie.

CRÉON

Un matin, je me suis réveillé roi de Thèbes. Et Dieu sait si j'aimais autre chose dans la vie que d'être puissant…

ANTIGONE

Il fallait dire non, alors !

CRÉON

Je le pouvais. Seulement, je me suis senti tout d'un coup comme un ouvrier qui refusait un ouvrage. Cela ne m'a pas paru honnête. J'ai dit oui.

ANTIGONE

Et bien, tant pis pour vous. Moi, je n'ai pas dit « oui » ! Qu'est-ce que vous voulez que cela me fasse, à moi, votre politique, votre nécessité, vos pauvres histoires ? Moi, je peux dire « non » encore à tout ce que je n'aime pas et je suis seul juge. Et vous, avec votre couronne, avec vos gardes, avec votre attirail, vous pouvez seulement me faire mourir parce que vous avez dit « oui ».

CRÉON

Écoute-moi.

ANTIGONE

Si je veux, moi, je peux ne pas vous écouter. Vous avez dit « oui ». Je n'ai plus rien à apprendre de vous. Pas vous. Vous êtes là à boire mes paroles. Et si vous n'appelez pas vos gardes, c'est pour m'écouter jusqu'au bout.

CRÉON

Tu m'amuses !

ANTIGONE

Non. Je vous fais peur. C'est pour cela que vous essayez de me sauver. Ce serait tout de même plus commode de garder une petite Antigone vivante et muette dans ce palais. Vous êtes trop sensible pour faire un bon tyran, voilà tout. Mais vous allez tout de même me faire mourir tout à l'heure, vous le savez, et c'est pour cela que vous avez peur. C'est laid un homme qui a peur.

CRÉON, *sourdement.*

Eh bien, oui, j'ai peur d'être obligé de te faire tuer si tu t'obstines. Et je ne le voudrais pas.

ANTIGONE

Moi, je ne suis pas obligée de faire ce que je ne voudrais pas ! Vous n'auriez pas voulu non plus, peut-être, refuser une tombe à mon frère ? Dites-le donc, que vous ne l'auriez pas voulu ?

CRÉON

Je te l'ai dit.

ANTIGONE

Et vous l'avez fait tout de même. Et maintenant, vous allez me faire tuer sans le vouloir. Et c'est cela, être roi !

CRÉON

Oui, c'est cela !

ANTIGONE

Pauvre Créon ! Avec mes ongles cassés et pleins de terre et les bleus que tes gardes m'ont faits au bras, avec ma peur qui me tord le ventre, moi je suis reine.

CRÉON

Alors, aie pitié de moi, vis. Le cadavre de ton frère qui pourrit sous mes fenêtres, c'est assez payé pour que l'ordre règne dans Thèbes. Mon fils t'aime. Ne m'oblige pas à payer avec toi encore. J'ai assez payé.

ANTIGONE

Non. Vous avez dit « oui ». Vous ne vous arrêterez jamais de payer maintenant !

CRÉON, *la secoue soudain, hors de lui.*

Mais, bon Dieu ! Essaie de comprendre une minute, toi aussi, petite idiote ! J'ai bien essayé de te comprendre, moi. Il faut pourtant qu'il y en ait qui disent oui. Il faut pourtant qu'il y en ait qui mènent la barque. Cela prend l'eau de toutes parts, c'est plein de crimes, de bêtise, de misère... Et le gouvernail est là qui ballotte. L'équipage ne veut plus rien faire, il ne pense qu'à piller la cale et les officiers sont déjà en train de se construire un petit radeau confortable, rien que pour eux, avec toute la provision d'eau douce pour tirer au moins leurs os de là. Et le mât craque, et le vent siffle, et les voiles vont se déchirer, et toutes ces brutes vont crever toutes ensemble, parce qu'elles ne pensent qu'à leur peau, à leur précieuse peau et à leurs petites affaires. Crois-tu, alors, qu'on a le temps de faire le raffiné, de savoir s'il faut dire « oui » ou « non », de se demander s'il ne faudra pas payer trop cher un jour et si on pourra encore être un homme après ? On prend le bout de bois, on redresse devant la montagne d'eau, on gueule un ordre et on tire dans le tas, sur le premier qui s'avance. Dans le tas ! Cela n'a pas de nom. C'est comme la vague qui vient de s'abattre sur le pont devant vous ; le vent qui vous gifle, et la chose qui tombe dans le groupe n'a pas de nom. C'était peut-être celui qui t'avait donné du feu en souriant la veille. Il n'a plus de nom. Et toi non plus, tu n'as plus de nom, cramponné à la barre. Il n'y a plus que le bateau qui ait un nom et la tempête. Est-ce que tu le comprends, cela ?

ANTIGONE, *secoue la tête.*

Je ne veux pas comprendre. C'est bon pour vous. Moi je suis là pour autre chose que pour comprendre. Je suis là pour vous dire non et pour mourir.

CRÉON

C'est facile de dire non !

ANTIGONE

Pas toujours.

CRÉON

Pour dire oui, il faut suer et retrousser ses manches, empoigner la vie à pleines mains et s'en mettre jusqu'aux coudes. C'est facile de dire non, même si on doit mourir. Il n'y a qu'à ne pas bouger et attendre. Attendre pour vivre, attendre même pour qu'on vous tue. C'est trop lâche. C'est une invention des hommes. Tu imagines un monde où les arbres aussi auraient dit non contre la sève, où les bêtes auraient dit non contre l'instinct de la chasse ou de l'amour ? Les bêtes, elles au moins, sont bonnes et simples et dures. Elles vont, se poussant les unes après les autres, courageusement, sur le même chemin. Et si elles tombent, les autres passent et il peut s'en perdre autant que l'on veut, il en restera toujours une de chaque espèce prête à refaire des petits et à reprendre le même chemin avec le même courage, toute pareille à celles qui sont passées avant.

ANTIGONE

Quel rêve, hein, pour un roi, des bêtes ! Ce serait si simple.

Un silence, Créon la regarde.

J. Anouilh, *Antigone,*
© Éditions de La table ronde, 1946.

Analyse

Résumez les points de vue d'Antigone et de Créon :
– Le point de vue d'Antigone : pourquoi elle dit « non » et pourquoi cela lui est possible ?
– Le point de vue de Créon : pourquoi et à quoi dit-il « oui » ?

Expression orale

Organisez un débat : les « pro-Antigone » contre les « pro-Créon ». Pour vous aider à le préparer, réfléchissez auparavant aux questions suivantes :
– Que pensez-vous de la morale de Créon ? Tous les hommes qui avaient des responsabilités ont-ils toujours dit « oui » ? Connaissez-vous au moins un personnage célèbre, en France ou dans le monde, qui a dit « non » ?
– Voyez-vous des arguments à opposer à la morale d'Antigone ?
– L'individu doit-il toujours être juge du bien et du mal ?

Entraînement

Micro-trottoir

(cf p.74)

Objectif :
Pour mettre ses idées
en valeur.

1 **Gros plan sur l'humanité**

Donnez votre sentiment personnel à propos d'une grande idée. Pour frapper le lecteur, vous mettrez cette idée en relief en utilisant tous les procédés d'extraction possibles (cf grammaire p.11) :

Il y a une cause **qui** me touche particulièrement, **c'est** celle des enfants dans le monde.

Se passionner pour la liberté, **c'est ce que** je trouve le plus beau.

Pour vous aider

1.	admirer	intéresser
2.	toucher	révolter
3.	plaire	détester
4.	passionner	militer contre
5.	trouver	se battre contre
6.	impressionner	s'opposer à
7.	attirer	
8.		
9.		

Micro-trottoir

(cf p. 74)

Objectif :
Pour employer le
subjonctif ou l'indica-
tif.

2 **Je pense donc je suis**

Complétez les phrases en choisissant un prédicat dans la colonne de droite :

1. Je n'aimerais pas qu'on	gagner une médaille d'or
2. Je suis sûr que cela	savoir la vérité
3. Je serais heureux qu'elle	rater son entraînement
4. Je doute que vous	mériter son succès
5. Il faudrait que	plaire à tout le monde
6. Je pense que d'Aboville	aimer
7. Je croyais que	faire des exercices
8. Je ne pense pas qu'on	dire toujours la vérité
9. J'aurais voulu que	pouvoir remporter une médaille de bronze
10. Il est regrettable que	réussir un exploit

Micro-trottoir

(cf p. 74)

Objectif :
Pour employer les pré-
positions « à » et « de »
et les pronoms « en »
et « y ».

3 **On en parle encore...**

Voici un certain nombre de verbes. Essayez de vous souvenir de quelle préposition ils sont suivis, et avec quel pronom (« en » ou « y ») on les emploie :

1. Quand on ne fait pas attention ...... son alimentation, on grossit. Il faut ...... faire attention.

2. Je mange toute la journée, je ne peux pas m'...... empêcher.

3. Je ne réussis pas toujours ...... rester mince, mais je m'...... efforce.

4. Cela ne me sert ...... rien de faire un régime. Je n'arrive pas ...... maigrir.

5. Je ne peux pas m'empêcher ...... penser ...... cela, bien que j'essaye ...... ne pas ...... penser.

6. Chaque fois que je m'occupe ...... mon poids, j'ai des angoisses. Je ne m'...... occuperai plus.

Dossier 2

Les Français et l'argent

A. *Dis-moi ce*
je te dira

micro-trottoir

Je suis une grosse consomma-
trice de magazines : Express,
Nouvel Observateur,
Événement du Jeudi.

Qu'est-ce que je
consomme le plus ?
De la nourriture !

Je fais une grosse
consommation de
temps perdu.

Des vêtements, essentiellement
pour ma fille. Des robes, des
maillots de bain, des choses très
inutiles.

que tu consommes, qui tu es

Ce que j'ai tendance à consommer le plus ? Allez, disons des…, disons des… nourritures terrestres.

Qu'est-ce qui me fait le plus plaisir à acheter ?... Aller dans les fripes dénicher des petites choses pas chères.

Quatre ou cinq bouquins dans leur édition originale… et de temps en temps, champagne, caviar et saumon fumé !

Repérages

● Notez les produits consommés par les interviewés :
– Produits de consommation courante : ......
– Produits de luxe : ......
– Produits liés à la culture et aux loisirs : ......
● Attribuez les idées suivantes aux interlocuteurs :
– Je perds le temps libre dont je dispose.
– Je consomme surtout des magazines et des vêtements.
– Je dépense beaucoup sans me rendre compte.
– J'achète beaucoup pour ma fille.
– Je dépense beaucoup pour mon fils.
– Mes plus grosses dépenses sont d'ordre culturel.
– J'achète à peu près de tout en quantité modérée.
– J'achète surtout dans les marchés aux Puces.
– Je consomme des choses rares : livres et nourriture.

Analyse

● D'après les produits consommés, faites des hypothèses sur les origines sociales des interviewés.

Analyse linguistique :

● Relevez les verbes ou expressions qui indiquent le point de vue du consommateur sur sa consommation (exemple : J'adore – Je pense que).
● Relevez les termes qui servent à quantifier un verbe et ceux qui quantifient un nom :
– Quantifiants de verbes : ......
– Quantifiants de noms : ......

Pour fixer le vocabulaire

Trouvez dans la colonne de droite un synonyme pour chaque mot ou expression soulignés :

C'est mon « dada ».	immédiatement
« Les fripes ».	vêtements
« Les fringues ».	l'apparence
« Le look ».	découvrir
Dénicher.	vêtements d'occasion
J'y vais de ce pas.	occupation favorite

« C'est mon dada. »

Expression orale

Allez interviewer une dizaine de personnes de votre entourage sur leur consommation courante.
Rapportez les résultats en classe et discutez-en ensemble.
Établissez une liste préférentielle des produits les plus consommés par les interviewés.

Expression écrite

À partir de la liste préférentielle précédemment établie, faites une analyse sur les habitudes de consommation de votre entourage (utilisez des expressions telles que : l'ensemble – la majorité – la plupart – certains – d'autres – les uns – les autres – une faible proportion).

L'expression de la quantité non précisée (une certaine quantité)

● Quantité **discontinue** (on peut compter les objets) :

DES / QUELQUES

> J'achète **des** revues.
>> **des** petites choses pas chères.
>> **des** nourritures terrestres.
> J'ai **quelques** vêtements, ça me suffit.

● Quantité **continue** (on ne peut pas compter l'objet) :

DU / DE L' / DE LA / UN PEU DE

> Ça me donne **du** plaisir.
> Le temps c'est **de l'**argent.
> J'écoute **de la** musique.
> J'ai **un peu de** temps libre.

● La quantité au **négatif** :

PAS DE / PAS D' / PAS DU TOUT DE / PRESQUE PAS DE / TRÈS PEU DE

> Je n'achète **pas de** vêtements.
> Ça ne me donne **pas de** plaisir.
> Je n'ai **pas de** temps libre.
> Je n'ai **pas d'**argent.
> Je n'ai **pas du tout de** monnaie.
> Je ne lis **presque pas de** romans.
> Je lis **très peu de** romans policiers.

L'appréciation de la quantité

● Avec un **verbe** :

PEU / BEAUCOUP / PAS BEAUCOUP / ASSEZ / PAS ASSEZ / TROP / TROP PEU / BEAUCOUP TROP /
BEAUCOUP TROP PEU

> Je dépense **peu** pour les vêtements.
> Tu dépenses **beaucoup** pour les livres.
> Il n'économise **pas beaucoup** pour les sorties.
> Vous économisez **assez** pour votre retraite ?
> Nous ne pensons **pas assez** aux nourritures terrestres.
> Elle aime **trop** les vêtements.
> Elles dépensent **trop peu** pour la nourriture.
> Ils pensent **beaucoup trop** aux voyages.
> Je mange **beaucoup trop peu**.

● Avec un **nom** :

PEU DE / BEAUCOUP DE / PAS BEAUCOUP DE / ASSEZ DE / PAS ASSEZ DE / TROP DE / TROP PEU DE /
BEAUCOUP TROP DE / BEAUCOUP TROP PEU DE

> J'ai **peu de** temps à consacrer aux loisirs.
> Tu dépenses **beaucoup trop d'**argent en produits de beauté.
> Ils achètent **beaucoup trop peu de** livres.

● **Autres moyens** d'appréciation :

> Je suis une **grosse** consommatrice de magazines.
> ⟶ Je consomme **beaucoup** de magazines.
> C'est un **gros** buveur.
> ⟶ Il boit **beaucoup**.
> Ça me fait **très** plaisir.
> Vous me donnez **très très** envie d'aller voir ce film.

Les dilemmes d'une consommatrice type

Des sous plein la tête

Quand je me regarde vivre au quotidien, je m'aperçois que j'ai constamment des sous plein la tête. Des sous pas sonnants mais trébuchants que je manipule, en pensées ou en actes, à tout bout de temps.

Des menus de la journée aux vitrines de magasins, des projets de vacances aux assurances sur la vie, je passe mon temps à répartir mes gains et mes avoirs au moins mal de mes charges et de mes désirs – étant entendu que je me sens tout à fait incapable de les gérer au mieux.

Comme vous, je tente d'adapter mes sous à mes envies, de les défendre contre mes impulsions, de les protéger des exigences de mes enfants, de les jeter mentalement par la fenêtre et de les rattraper *in extremis* – par les cordons de la bourse... – dans un sursaut de raison ou de peur panique des ennuis d'argent. [...]

Une consommatrice piégée

Surtout, je me désole de retomber sans cesse dans les mêmes pièges à sous qui s'organisent et se multiplient autour de moi pour me faire succomber, tentations matérielles qui me sautent aux yeux dès que je les ouvre. Il me suffit de feuilleter un magazine, d'allumer la télévision, de lécher les vitrines' ou de faire mon marché pour sentir monter en moi mille envies aussi peu indispensables qu'un appareil à raclette ou une paire de chaussettes vert pomme pas mûre. Les impulsions d'achat ne m'attaquent pas seulement par les yeux : dès la radio du petit matin, elles m'envahissent par les oreilles avec une efficacité répétitive.

Les stylistes, les responsables-marketing, les publicitaires, les commerçants du monde entier dépensent des trésors d'énergie et de créativité pour me faire craquer. Ils y parviennent trop souvent à mon gré, pas encore assez au leur.

Ma vie de consommatrice internationale s'envenime de jour en jour. Il ne me suffit plus, pour tenir en équilibre sur mes finances, de résister à mes habitudes de vie hexagonale qui me font préférer l'eau minérale à celle du robinet, le beurre des Charentes à la qualité ordinaire, le bon Bordeaux au vin de table 12°, un chemisier bien coupé à une blouse-tablier. Désormais, je dois également me défendre des industriels japonais, des confectionneurs taïwanais, des fromagers hollandais et des hôteliers grecs. Plus les progrès de l'économie mondiale rapprochent les quatre coins de la planète, plus j'ai du mal à joindre les deux bouts. […]

L'éternelle grogne monétaire

Et voilà : je ne résiste pas à vous parler de mes soucis d'argent ! Comme tout le monde, je voudrais me faire plaindre. Je préférerais faire pitié plutôt qu'envie. Je cède à la grogne monétaire, en parfaite harmonie avec mes contemporains dont les soucis financiers croissent encore plus vite que le revenu personnel brut.

Je dis bien « brut », car déjà, entre le « brut » et le « net », les occasions de maugréer commencent ! Il y a trente ans, la différence entre ce que l'on gagnait et ce que l'on touchait semblait supportable. On énonçait toujours son salaire brut avec une certaine fierté d'être rémunéré à sa juste valeur. Aujourd'hui, les prélèvements obligatoires sont tels qu'on aurait plutôt tendance à considérer avec morosité son salaire net. La grogne sourd dès les retenues à la base.

Mais les conditions objectives n'expliquent pas tout. Depuis que les Phéniciens ont inventé la monnaie, elle sert non seulement à régler la vie économique et la survie matérielle des humains, mais aussi à véhiculer leurs conflits, à exprimer les sentiments, à suggérer leurs désirs, à manifester leur pouvoir, à hiérarchiser leurs relations.

Christiane Collange, *Nos sous,*
© Librairie Arthème Fayard, 1989.

Repérages

Des sous plein la tête :
- Quels sont les pensées et les actes économiques qui préoccupent l'auteur ?
- Cette première partie est marquée par des traits d'humour. Retrouvez ces marques d'humour à partir des expressions suivantes qui sont habituellement figées :
  – « Des soucis plein la tête ».
  – « Des espèces sonnantes et trébuchantes » (c'est-à-dire « de l'argent liquide »).
  – « Répartir son argent au mieux ».
  – « Jeter son argent par la fenêtre » (c'est-à-dire « dépenser sans faire attention »).
  – « Serrer les cordons de la bourse » (c'est-à-dire « faire des économies »).

Une consommatrice piégée :
- Par qui et par quoi la consommatrice est-elle piégée ?
- En tant que consommatrice française et internationale, quelles sont ses tentations ?

• Cette seconde partie du texte est également marquée de traits d'humour.
Retrouvez-les à partir des expressions suivantes habituellement figées :
– « Faire du lèche-vitrines » (c'est-à-dire « aller regarder les vitrines des magasins »).
– « Déployer un trésor d'énergie ».
– « Tenir en équilibre sur ses jambes ».
– « Partir aux quatre coins du monde ».

L'éternelle grogne monétaire :
– Quel est le principal sujet de mécontentement des contemporains de Christiane Collange ?
– Pour elle, quel est le sujet essentiel de grogne ?
– Pourquoi peut-on parler de « grogne monétaire éternelle » ?

Analyse

• Le texte de Christiane Collange a trait aux difficultés économiques actuelles. Chacune des trois parties mentionne un ennemi principal de notre argent. Nommez-les.
• Relevez les termes qui montrent bien qu'il s'agit d'une lutte.

Pour fixer le vocabulaire

Retrouvez dans la colonne de droite l'équivalent des mots ou expressions soulignés :

Je passe mon temps à répartir mes gains et mes avoirs.	essayer de
Je tente d'adapter mes sous à mes envies.	occuper de force
Dans un sursaut de raison.	se détériorer/se dégrader
Les impulsions d'achat m'envahissent.	distribuer équitablement
Pour me « faire craquer ».	avoir de la difficulté à
Ma vie de consommatrice s'envenime de jour en jour.	augmenter
J'ai du mal à « joindre les deux bouts ».	manifester sa mauvaise humeur
Les soucis financiers croissent encore plus vite.	une brusque réaction
Les occasions de maugréer commencent.	tristesse
Être rémunéré à sa juste valeur.	payé
Considérer avec morosité son salaire net.	jaillir
La grogne sourd dès les retenues à la base.	succomber / ne pas pouvoir résister

Expression orale

• Pensez-vous qu'il est possible de résister plus facilement à certains « ennemis » de l'argent qu'à d'autres ? Discutez en petits groupes. Mettez vos points de vue en commun et dressez le portrait du consommateur type de votre classe.
• Le système actuel de « revenu brut/revenu net » est-il pour vous une sorte de vol honteux ou est-ce au contraire quelque chose de tout à fait normal ?
Formez deux équipes : l'une « pour », l'autre « contre » les prélèvements obligatoires. Préparez vos arguments. Faites un débat public.

Expression écrite

• Écrivez à Christiane Collange pour lui proposer quelques moyens de lutter efficacement contre au moins deux des ennemis de son argent.
• D'après le texte de Christiane Collange, faites le portrait d'un consommateur (ou d'une consommatrice) type du monde occidental. Ajoutez-y vos commentaires.

Avis au consommateur !

En lisant ces lignes, vous êtes en train d'accomplir un acte de consommation. Le premier choc dans l'étude de la consommation est la prise de conscience de son ubiquité. Nous sommes pratiquement toujours en train de consommer quelque chose, la plupart du temps à la suite d'achats préalablement effectués. Dès la plus tendre enfance jusqu'à l'heure de notre mort, nous sommes impliqués dans l'acquisition et l'utilisation de multiples biens et services, depuis le plus banal (une feuille de papier, un verre d'eau minérale) jusqu'au plus conséquent (une résidence principale, la voiture de ses rêves...).

Le second choc a trait aux enjeux. Dans un supermarché, une ménagère prend machinalement un paquet de lessive qu'elle place dans son caddie. De cet acte, répété des millions de fois, en d'autres temps et d'autres lieux, et des choix de marques qui en résultent, dépendent le succès ou l'échec d'un produit, la construction ou l'abandon d'une usine, l'essor ou le déclin d'une entreprise.

Qu'il s'agisse d'un produit, d'un service, d'une idée, nous vivons tous comme aimait à le dire Robert Louis Stevenson, de la vente de quelque chose. L'ouvrier vit du produit qu'il fabrique, l'auteur de la publication de ses œuvres, l'artiste de l'accueil de son public. Toute production n'acquiert de la valeur qu'à condition d'être échangée, en réponse à des besoins.

Il n'est guère nécessaire de justifier à quelqu'un dont la prospérité dépend de relations d'échange réussies, la nécessité d'étudier le consommateur. Qu'il travaille pour une entreprise, un organisme public ou simplement pour lui-même, le responsable ne peut éviter d'émettre implicitement ou explicitement, consciemment ou non, des idées relatives au comportement du marché auquel il s'adresse. Il en a besoin pour effectuer ses choix : lorsqu'une entreprise réduit ses prix, elle en attend un accroissement de demande.

Bernard Dubois,
Comprendre le consommateur,
coll. Dalloz gestion-marketing,
© Dalloz, 1990.

Repérages

Pour résumer rapidement le texte de Bernard Dubois, retrouvez les phrases clés qui correspondent aux idées suivantes :
– Nous sommes tous des consommateurs.
– Le comportement du consommateur est une question de vie ou de mort pour les entreprises.
– Nous sommes aussi tous des vendeurs.
– Il y a une condition essentielle pour que nos productions aient de la valeur.
– Cette condition intéresse au plus haut point les responsables d'entreprises.
– Le désir des responsables d'agir sur le comportement des consommateurs.
– Un exemple de stratégie pour agir sur le marché.

Analyse

• Pour convaincre le lecteur de l'importance de l'étude de la consommation, Bernard Dubois utilise différents procédés rhétoriques. Retrouvez-les dans le texte :
– Des indications de temps et d'espace qui universalisent le consommateur.
– Des verbes qui indiquent une relation de cause/conséquence entre consommation et production.
– Une tournure qui généralise et universalise le fait de vendre quelque chose.
– Une formule soulignant la condition nécessaire et indispensable entre production et besoins.
– Une formule qui introduit la conséquence logique touchant directement les responsables d'entreprise.
• Pour prouver au lecteur que nous sommes tous actifs dans la consommation, Bernard Dubois utilise des verbes et des noms de verbe signifiant « faire quelque chose » (exemple : verbe = consommer ; nom de verbe = consommation).
Relevez ces noms et dites sur quels verbes ils sont formés.

Pour fixer le vocabulaire

Retrouvez dans le texte les termes qui ont le même sens que les mots ou expressions soulignés :
– Vous avez le don d'être partout à la fois !
– Vous désirez vendre un nouveau produit ? Faites auparavant une étude de marché !
– Tout le monde est engagé dans l'acte de consommer.
– La première partie de cet ouvrage concerne la consommation.
– Ce produit ne peut gagner/obtenir de valeur que s'il y a une réelle demande !
– Le marché européen va permettre le plein développement de certaines industries.
– Au conseil d'administration, le responsable des ventes a exprimé des idées de restructuration qui ont été jugées révolutionnaires.
– Il s'agit désormais de diminuer les prix pour augmenter la demande.

Expression orale

• **Jeu de rôles à quatre ou cinq :**
Le groupe constitue le conseil d'administration d'une entreprise. Choisissez le nom et le produit de votre entreprise. Cherchez des moyens pour agir sur le comportement du marché. Discutez entre vous le pour et le contre de ces stratégies. Une fois votre préparation terminée, jouez ce jeu de rôles devant la classe.

• **Jeu de rôles à deux :**
Vous accompagnez quelqu'un dans un supermarché. Cette personne achète n'importe quel produit, sans en regarder ni le prix, ni la marque. Vous essayez de la convaincre de changer de comportement en lui expliquant les enjeux de la consommation.

Expression écrite

Faites une publicité pour un produit de consommation de votre choix. Choisissez le support visuel. Rédigez le slogan et le texte publicitaires.

Jerôme et Sylvie ou l'argent-obsession

Ils auraient aimé être riches. Ils croyaient qu'ils auraient su l'être. Ils auraient su s'habiller, regarder, sourire comme des gens riches. Ils auraient eu le tact, la discrétion nécessaires. Ils auraient oublié leur richesse, auraient su ne pas l'étaler. Ils ne s'en seraient pas glorifiés. Ils l'auraient respirée. Leurs plaisirs auraient été intenses. Ils auraient aimé marcher, flâner, choisir, apprécier. Ils auraient aimé vivre. Leur vie aurait été un art de vivre.

Ces choses-là ne sont pas faciles, au contraire. Pour ce jeune couple, qui n'était pas riche, mais qui désirait l'être, simplement parce qu'il n'était pas pauvre, il n'existait pas de situation plus inconfortable. Ils n'avaient que ce qu'ils méritaient d'avoir. Ils étaient renvoyés, alors que déjà ils rêvaient d'espace, de lumière, de silence, à la réalité, même pas sinistre, mais simplement rétrécie – et c'était peut-être pire – de leur logement exigu, de leurs repas quotidiens, de leurs vacances chétives. C'était ce qui correspondait à leur situation économique, à leur position sociale. C'était leur réalité, et ils n'en avaient pas d'autre.

Mais il existait, à côté d'eux, tout autour d'eux, tout au long des rues où ils ne pouvaient pas ne pas marcher, les offres fallacieuses, et si chaleureuses pourtant, des antiquaires, des épiciers, des papetiers. Du Palais-Royal à Saint-Germain, du Champ-de-Mars à l'Étoile, du Luxembourg à Montparnasse, de l'île Saint-Louis au Marais, des Ternes à l'Opéra, de la Madeleine au parc Monceau, Paris entier était une perpétuelle tentation. Ils brûlaient d'y succomber, avec ivresse, tout de suite et à jamais. Mais l'horizon de leurs désirs était impitoyablement bouché ; leurs grandes rêveries impossibles n'appartenaient qu'à l'utopie. [...]

L'économique, parfois, les dévorait tout entiers. Ils ne cessaient pas d'y penser. Leur vie affective même, dans une large mesure, en dépendait étroitement.

Tout donnait à penser que, quand ils étaient un peu riches, quand ils avaient un peu d'avance, leur bonheur commun était indestructible ; nulle contrainte ne semblait limiter leur amour. Leurs goûts, leur fantaisie, leur invention, leurs appétits se confondaient dans une liberté identique. Mais ces moments étaient privilégiés ; il leur fallait plus souvent lutter : aux premiers signes de déficit, il n'était pas rare qu'ils se dressent l'un contre l'autre. Ils s'affrontaient pour un rien, pour cent francs gaspillés, pour une paire de bas, pour une vaisselle pas faite. Alors, pendant de longues heures, pendant des journées entières, ils ne se parlaient plus. Ils mangeaient l'un en face de l'autre, rapidement, chacun pour soi, sans se regarder. Ils s'asseyaient chacun dans un coin du divan, se tournant à moitié le dos. L'un ou l'autre faisait d'interminables réussites.

Entre eux se dressait l'argent. C'était un mur, une espèce de butoir qu'ils venaient heurter à chaque instant. C'était quelque chose de pire que la misère : la gêne, l'étroitesse, la minceur. Ils vivaient le monde clos, de leur vie close, sans avenir, sans autres ouvertures que des miracles impossibles, des rêves imbéciles, qui ne tenaient pas debout. Ils étouffaient. Ils se sentaient sombrer.

Ils pouvaient certes parler d'autre chose, d'un livre récemment paru, d'un metteur en scène, de la guerre, ou des autres, mais il leur semblait parfois que leurs seules *vraies* conversations concernaient l'argent, le confort, le bonheur. Alors le ton montait, la tension devenait plus grande. Ils parlaient, et, tout en parlant, ils ressentaient tout ce qu'il y avait en eux d'impossible, d'inaccessible, de misérable. Ils s'énervaient ; ils étaient trop concernés.

Georges Perec, *Les choses*,
© Julliard, 1965.

Repérages

● Dans la première partie du texte :
– Quelle est la phrase clé du premier paragraphe ?
– Le second paragraphe comporte trois mouvements. Repérez-les et relevez-en l'idée principale.
● Dans la seconde partie du texte :
– Quelle est la phrase clé du premier paragraphe ?
– Le second paragraphe suggère le thème de l'enfermement ou de la prison. Relevez les termes qui contribuent à donner cette impression.
– Le dernier paragraphe confirme l'obsession du jeune couple. Comment se manifeste cette obsession ?

Analyse

● Pensez-vous que l'attitude de Jérôme et Sylvie soit typique de notre époque ? Justifiez votre point de vue.
● Quels seraient les passages du texte qui pourraient concerner n'importe quel consommateur adulte moyen ?
● Vous sentez-vous personnellement touché par la vie de Jérôme et Sylvie ? Justifiez votre réponse.
● Peut-on comparer l'obsession de l'argent à une drogue ? Justifiez votre point de vue.
● À votre avis, l'auteur prend-il parti dans cette description ? Justifiez votre réponse.

Retrouvez dans la colonne de droite l'équivalent des mots ou expressions soulignés :

Ils auraient eu du tact.	se promener sans but précis
Ils auraient su ne pas étaler leur richesse.	jeu de cartes solitaire
Ils auraient aimé flâner.	couler
Un logement exigu.	consumer
Des vacances chétives.	montrer
Les offres fallacieuses.	modeste/de faible qualité
L'horizon était bouché.	qu'on ne peut pas atteindre
L'économique les dévorait.	de petite dimension
Ils se sentaient sombrer.	faux/trompeur
Ils ressentaient tout ce qu'il y avait en eux d'inaccessible.	fermé/sans issue
L'un ou l'autre faisait d'interminables réussites.	délicatesse

Expression orale

Jeu de rôles à deux personnages : un rêveur plein d'illusions et un réaliste qui a bien les pieds sur terre. Préparez votre sketch en précisant la situation et les circonstances. Jouez votre scène devant la classe.

Expression écrite

● Décrivez le comportement de quelqu'un qui, comme Jérôme et Sylvie, a une obsession (dans le domaine de l'art, du sport, de l'alimentation...)
● Comparez la manière dont est traitée la consommation chez Christiane Collange et chez Georges Perec. Comment expliquez-vous la différence ?

Entraînement

Micro-trottoir

(cf p.88)

Objectif :
Pour réemployer
l'article défini
(vision générique)
et le partitif (vision
quantitative).

1   Production et consommation

Répondez au questionnaire suivant :

1. Quelles sont les productions agricoles de votre pays ?
......

2. Que produisent les industries de votre pays ?
......

3. Quels sont les principaux produits d'exportation de votre pays ?
......

4. Qu'importez-vous des autres pays du monde ?
......

5. Quelles sont les principales dépenses de votre groupe d'âge ?
......

6. Qu'achètent les touristes qui séjournent dans votre pays ?
......

Les dilemmes

d'une

consommatrice

type (cf p.92)

Objectif :
Pour donner une
explication ou une
définition.

2   À quoi sert l'argent ?

Voici cinq citations du texte de Christiane Collange.
Expliquez-les par des paraphrases :

1. L'argent sert à exprimer nos sentiments.
......

2. L'argent sert à véhiculer les conflits des humains.
......

3. L'argent sert à suggérer nos désirs.
......

4. L'argent sert à manifester notre pouvoir.
......

5. L'argent sert à hiérarchiser nos relations.
......

Les dilemmes

d'une

consommatrice

type (cf p.92)

Objectif :
Pour réemployer les
relations d'intensité.

3   L'éternelle grogne monétaire

Exprimez vos soucis économiques ou vos folies de
consommation, mais respectez la structure imposée :

1. Plus ......, plus j'ai du mal à ......
2. Plus ......, moins je parviens à ......
3. Moins ......, plus je cède à ......
4. Moins ......, moins je résiste à ......
5. Les ...... sont tels (telles) que j'ai tendance à ......

Avis au

consommateur !

(cf p. 95)

Objectif :
Pour employer des
structures syn-
taxiques complexes.

4   Modèles syntaxiques

Rédigez une série de phrases en employant les struc-
tures suivantes :

1. Le premier choc dans ...... est la prise de conscience ......
2. Dès ...... jusqu'à ......, nous sommes impliqués dans ......
3. Le/la ...... dépend de ......
4. Le/la ...... résulte de ......
5. Qu'il s'agisse de ...... ou de ...... nous sommes tous ......
6. Qu'elle ...... ou qu'elle ......, la femme ne peut éviter de ......

Jérôme et Sylvie

ou l'argent-

obsession

(cf p.97)

Objectif :
Pour exprimer ses
souhaits non réalisés :
l'emploi du condition-
nel passé (aimer/vou-
loir/souhaiter).

5 Les grandes illusions

*Vous, vos amis, les membres de votre famille vous avez
certainement souhaité un jour être ou faire quelque
chose d'autre que ce que vous êtes et faites actuellement. Dites vos rêves et la raison pour laquelle ils ne se
sont pas réalisés :*

1. a. Vos propres rêves ?

......

b. Pourquoi ne se sont-ils pas réalisés ?

......

2. a. Les rêves d'un(e) ami(e) :

......

b. Pourquoi ne se sont-ils pas réalisés ?

......

3. a. Les rêves de vos parents :

......

b. Pourquoi ne se sont-ils pas réalisés ?

......

Jérôme et Sylvie

ou l'argent-

obsession

(cf p.97)

Objectif :
Pour utiliser l'irréel du
présent (« si » + im-
parfait, conditionnel
présent) ou l'irréel du
passé (« si » + plus-
que-parfait, condi-
tionnel passé).

6 Les tentations de Paris

*Jérôme et Sylvie se promènent. Ils font les vitrines des
grands magasins. Ils sont tentés par tout ce qui s'offre
à leurs yeux. Mais ils doivent toujours y renoncer.
Faites-les dialoguer :*

1. – Sylvie : «...»
   – Jérôme : «...»
2. – Sylvie : «...»
   – Jérôme : «...»
3. – Sylvie : «...»
   – Jérôme : «...»

B. *Les cordons de la bourse*

strings

purse

L'argent ne fait pas le bonheur !

Il en faudrait beaucoup, pour ne pas y penser… s'il faut réfléchir deux jours avant de s'acheter un truc, ça « prend la tête », quoi.

Si je gagnais tous les mois 10 000 francs net – entre 10 et 13 000 – pour moi, ce serait bien.

Ne pas avoir de soucis financiers et puis peut-être, peut-être, aider ceux qui en ont besoin.

Dans ma conception à moi, je pense que je pourrais vivre bien avec 30 000 francs par mois.

Pour vivre bien, il faut assez d'argent. Assez d'argent, ça veut dire ne pas être « smicard ».

Repérages

• Les idées suivantes sont-elles fidèles aux propos des interviewés ?
– Voyager en auto-stop, c'est difficile.
– On peut vivre dans une grande ville avec moins de 10 000 francs par mois.
– Il faut beaucoup d'argent parce que ça permet de ne plus penser à l'argent.
– Avoir une grande maison remplie d'amis où on fait ce qu'on veut, c'est ça vivre bien.
– L'intérêt d'avoir de l'argent c'est de pouvoir se faire plaisir.
– Un « smicard » a assez d'argent.
• Quelles sont les justifications données :
– Par les interviewés qui ont besoin de « beaucoup d'argent » ?
– Par ceux qui ont besoin d'« assez d'argent » ?
• Notez les différentes conceptions du « bien vivre ».

Pour fixer le vocabulaire

Trouvez dans la colonne de droite un synonyme pour chaque mot ou expression soulignés :

Comment ils font pour s'en sortir. | se priver
De l'argent, il en faut pas mal. | celui qui gagne le salaire minimum
« Ça prend la tête ». | excepté
Sans avoir besoin de se frustrer. | ça ne vaut pas la peine
Un « smicard » (le SMIC). | se tirer d'affaire
Hormis les besoins pour mes loisirs. | s'amuser
Aller « s'éclater » au Sénégal. | en assez grande quantité
« Le jeu n'en vaut pas la chandelle ». | c'est fatigant

Analyse

• Classez les interviewés selon leur probable niveau de vie :
– Ils sont plutôt aisés : ......
– Ils sont moyennement aisés : ......
– Autres : ......

Expression orale et écrite

Si vous aviez dû répondre à la question posée dans le micro-trottoir, qu'auriez-vous dit ?
Développez votre réponse en justifiant votre point de vue.

GRAMMAIRE

Le pronom EN a deux emplois

• Il renvoie à la **notion de quantité** souvent exprimée par un partitif :
Il faut **de l'**argent. ⟶ De l'argent, il **en** faut.
J'ai **du** temps libre. ⟶ Du temps libre, j'**en** ai.
Vous avez **des** cigarettes ? ⟶ Je n'**en** ai pas.

• Il renvoie à la **préposition « de »** employée avec un verbe :
J'ai **envie d'**avoir cette belle maison. ⟶ Cette belle maison, j'**en** ai envie.
Nous **dépendons du** travail pour vivre. ⟶ Le travail, nous **en** dépendons pour vivre.
Elle a **besoin d'**un train de vie élevé. ⟶ Ce train de vie élevé, elle **en** a besoin.

N.B : « **En** » peut se rencontrer dans des expressions verbales figées :
Je me demande comment ils font pour s'**en** sortir. (= se sortir de cette situation).
Le jeu n'**en** vaut pas la chandelle.

Le pronom Y a aussi deux emplois

• Il renvoie à la **notion de déplacement** ou de **lieu** :
Je vais à Paris. ⟶ J'**y** vais.
J'**y** suis, j'**y** reste.
• Il renvoie à la **préposition « à »** employée avec un verbe :
Il **pense** toujours **à** l'argent. ⟶ Il **y** pense toujours.
Il faut avoir assez d'argent pour ne plus **y** penser.

Le pronom relatif DONT

• DONT = de qui/duquel, de laquelle, desquels, desquelles

Le film **duquel** je t'ai parlé. ——▶ Le film **dont** je t'ai parlé.
L'ami **duquel/de qui** je t'ai parlé. ——▶ L'ami **dont** je t'ai parlé.
10 000 francs, c'est la somme **de laquelle** je dispose. ——▶ C'est la somme **dont** je dispose.

N.B : « **De qui** » n'est utilisé que si l'antécédent est un humain.
« **En face de** », « **près de** », etc. donnent « **en face duquel** », « **près de laquelle** », etc.
L'arrêt du bus **en face duquel** il y a une boulangerie...
La ville **près de laquelle** j'habite.

• CE DONT + verbe

On emploie « ce dont » avant un verbe régi par la préposition « de ». Dans ce cas, « dont » est le substitut soit d'un verbe, soit d'un nom :

J'ai envie d'acheter une maison. ——▶ C'est **ce dont** j'ai envie.
Je dispose d'une certaine somme d'argent. ——▶ C'est **ce dont** je dispose.

• CE À QUOI + verbe

On emploie « ce à quoi » avant un verbe régi par la préposition « à ». Dans ce cas, « ce à quoi » est le substitut soit d'un verbe, soit d'un nom :

Je tiens à gagner ma vie correctement. ——▶ C'est **ce à quoi** je tiens.
Je suis attaché(e) à mes biens. ——▶ C'est **ce à quoi** je suis attaché(e).

N.B : Lorsqu'il s'agit d'autres prépositions la structure est la même :
C'est ce pour quoi je lutte.
C'est ce sur quoi je compte.

Le subjonctif

• Expression de la finalité

On le trouve ici dans la sous-catégorie sémantique de **finalité** :
De l'argent il en faut **pour que je puisse** acheter ce que je veux immédiatement.

• Le subjonctif dans les relatives (cf. p. 57)

Introduit par une proposition relative, il indique la qualité recherchée dans un objet, dont l'existence est envisagée comme éventuelle :
J'économise avec l'espoir d'acheter un jour un logement qui **m'appartienne**, qui **soit** à moi.
On peut voir aussi cette existence comme réelle :
J'économise pour acheter un logement qui **m'appartiendra**, qui **sera** enfin à moi.
Donc le subjonctif dans les propositions relatives dépend du point de vue du locuteur.

La cause

• PUISQUE et PARCE QUE

Puisque = cause supposée connue de tous (modalité d'évidence) :
De l'argent, à Paris, il en faut **puisque** les loyers sont très chers.
Parce que = simple expression de la cause :
Avoir beaucoup d'argent, c'est plus facile **parce qu'**on peut acheter sans regarder à la dépense.

• SI... C'EST QUE...

Si j'épargne, **c'est que** « j'angoisse » pour l'avenir.
Dans cet énoncé « si » n'est ni une hypothèse ni une condition, mais il introduit un fait réel (« J'épargne »).
La cause est introduite par « c'est que », qui signifie « parce que ».

Les nouveaux fauchés

Ils sont cadres, enseignants, médecins, avocats, techniciens. Ils gagnent entre 12 000 et 30 000 francs par mois. Même plus. Pourtant, comme presque tous les autres Français, ils sont en pleine déprime. En dix ans, ils ont perdu beaucoup de leur pouvoir d'achat sous la pression du fisc et surtout des cotisations sociales. Leur statut lui aussi en a pris un coup. Ils jonglent entre le découvert bancaire permanent et les coupes claires dans leur budget. Le chômage les concerne comme tout le monde. Ils entrent à leur tour dans l'ère de la précarité. Ce sont les nouveaux fauchés.

Laurent, un célibataire endurci, la quarantaine volontaire, occupe un poste de responsabilité dans une maison d'édition. Son luxe nécessaire : un bel appartement. Quand il parle de son salaire de 30 000 francs, il emploie le mot « humiliation ». Pourquoi ? *« Parce que je suis obligé avec ça de me livrer à des acrobaties pour maintenir mon rang social ».* Il a l'impression de le faire de plus en plus médiocrement. Le fisc le prend pour un vrai riche, si bien qu'il reverse pratiquement le tiers de son salaire aux fonctionnaires de Bercy[1]. À quoi

s'ajoutent les cotisations sociales, les impôts locaux et les diverses contributions à la solidarité nationale qui amputent ses revenus d'un autre quart. *« Sans avoir le temps de dire ouf, je n'ai plus que 14 000 francs pour payer ma voiture, mon loyer dans le Marais – 9 000 francs pour 88 m^2 – et... vivre ».* Il lui reste les petites combines : pour s'habiller le supermarché Leclerc tout près de sa résidence secondaire, ou les voyages professionnels dans les pays du tiers monde. Laurent a rogné depuis belle lurette sur les vacances. [...]

Jeanne, 41 ans, qui dirige sa société de communication en entreprise, résume la situation à sa façon : *« Depuis la fin des années 70, nous avons beaucoup travaillé pour acquérir un haut niveau professionnel et une vie confortable. [...] On s'est crus invincibles et voilà qu'aujourd'hui on ne s'en sort plus. La vie devient difficile, et l'avenir sombre. Bref, on tire le diable par la queue... »* Depuis qu'elle dirige sa société, elle travaille encore plus qu'avant, sans bénéficier des retombées. *« Je gagne plus de 30 000 francs par mois mais je suis essorée par le fisc, asphyxiée par les charges, il n'y a plus de juste rémunération. »...* Jeanne ne comprend pas pourquoi aujourd'hui elle doit se sentir moins forte, en proie à l'impré-

---

1. *Ministère des Finances, situé sur les quais de Bercy, à Paris.*

visible et aux incertitudes de la vie. [...]

« Finies les orgies insouciantes dans les rayons de supermarchés. J'achetais tout et n'importe quoi, je transformais frénétiquement mon chariot en camion de livraison. C'est terminé. Cela m'a pris dix ans, mais maintenant, je regarde ce que je mets dans mon chariot ! », raconte Bernard, cadre dans une société de bureautique.[...]

Désormais, les cadres devront apprendre une certaine discipline et se restreindre. C'est la fin annoncée des « petits riens » qui faisaient tout. *« Il va falloir ajuster notre consommation à notre revenu »*, dit Jeanne, avec la voix de quelqu'un qui dort mal. *« Notre standing va en prendre un coup ! On est obligés de faire des choix ! »*, ajoute Bernard. À chacun ses sacrifices. Pour lui, c'est la voiture qu'il vient de vendre, ce sont des courses très strictes au supermarché – avec *« obligation de rédiger une liste, pour ne pas déborder »*. Pour Jeanne encore, *« l'avenir est au triomphe du petit plat mijoté devant la télé. Finies les sorties trop fréquentes au resto ! Quand à recevoir en faisant ses emplettes chez le traiteur du coin, il n'en est plus question »*. Et puis il y a ceux qui rognent sur les petits plaisirs de la vie, les fringues ou les produits de beauté ; ceux qui sont obligés de mettre au chômage leur femme de ménage qu'ils ne peuvent plus payer...

« Finalement, conclut Laurent, *après dix ans de socialisme, les riches ont toujours le gras, les pauvres commencent à en avoir un peu et nous plus du tout. On s'est fait plumer »*.

Laurent Bigard et Odile Cuaz,
extraits du *Nouvel Observateur,*
24-30 octobre 1991.

Repérages

• Après avoir lu le chapeau de l'article du *Nouvel Observateur*, répondez aux questions suivantes sur les « nouveaux fauchés »:
– Qui sont-ils ?
– Combien gagnent-ils ?
– Qu'est-ce qui leur arrive ?
– Pourquoi et à qui la faute ?
• Établissez le plus objectivement possible la fiche signalétique de Laurent.
• Laurent ne gagne réellement que 14 000 F par mois. Pourtant son salaire est de 30 000 F. Où passent les 16 000 F qui manquent ?
• Jeanne se plaint elle aussi. Quelle image utilise-t-elle pour dire que la vie est devenue difficile pour les cadres supérieurs ?
• Pourquoi dit-elle : « il n'y a plus de juste rémunération » ?
• En quoi la vie de Bernard a-t-elle changé ?
• Quels sacrifices doivent faire Laurent, Jeanne et Bernard ?
• Que reproche Laurent au gouvernement français ?

Analyse

• Pensez-vous que les « nouveaux fauchés » soient à plaindre ? Justifiez votre point de vue.
• La conclusion de Laurent sur la politique économique française vous semble-t-elle objective ou subjective ? Justifiez votre réponse en donnant des exemples.

Pour fixer le vocabulaire

Retrouvez dans la colonne de droite l'équivalent des mots ou expressions soulignés :

Ils sont <u>en pleine déprime</u>.	des moyens pour se débrouiller
Ils ont perdu de leur pouvoir d'achat <u>sous la pression</u> du fisc.	se limiter/se priver
Leur statut « <u>en a pris un coup</u> ».	se dégrader/se détériorer
Il lui reste <u>les petites combines</u> pour s'habiller moins cher.	ça fait déjà longtemps
Depuis « <u>belle lurette</u> », il a <u>rogné</u> sur ses vacances.	à cause de
« <u>On tire le diable par la queue</u> ».	démoralisé
Les riches ont toujours « <u>le gras</u> ».	la meilleure part des choses
On s'est fait « <u>plumer</u> ».	couper / diminuer
Les cadres devront apprendre à <u>se restreindre</u>.	voler/dépouiller
	avoir des problèmes d'argent

Expression orale

Jeux de rôles :

● Laurent a un découvert bancaire. Son banquier l'appelle pour lui demander des explications. Le banquier accepte ou refuse de comprendre Laurent. Imaginez la scène.

● Imaginez une discussion entre trois personnages qui viennent de lire l'article du *Nouvel Observateur* :

– Une personné qui croit que le mérite de l'individu doit être essentiellement récompensé par l'argent et le statut social.

– Une personne qui croit qu'il peut y avoir d'autres gratifications que l'argent, pourvu qu'on ait de quoi vivre.

– Une personne (« type abbé Pierre ») qui croit qu'il faut surtout penser aux pauvres et que la baisse du niveau de vie des gens aisés est de peu d'importance.

Préparez vos arguments et organisez votre discussion.

● Faites discuter les personnages suivants tels que vous les imaginez dans votre pays :

– Un cadre supérieur en activité.

– Un membre d'un parti politique que vous choisirez.

– Un cadre de cinquante cinq ans, chômeur depuis deux ans et qui a peu de chances de retrouver du travail à son niveau.

Expression écrite

Le courrier des lecteurs du *Nouvel Observateur* :

Après avoir lu « Les nouveaux fauchés », vous écrivez au courrier des lecteurs. Selon votre opinion, vous choisissez de **défendre** ou d'**accuser** le système fiscal qui consiste à « plumer » les cadres supérieurs. Utilisez le plan suivant :

a. Vous décrivez la position économique actuelle des cadres supérieurs.

b. Vous attaquez ou vous défendez la politique fiscale qui les « plume ».

c. Vous concluez en fonction de votre opinion.

L'argent-roi

Le dernier tabou

La révolution sexuelle accomplie, la France s'accrochait désespérément à son dernier tabou : l'argent. Celui-ci vient, il est vrai, de loin. Le catholicisme cloue l'argent au pilori depuis des siècles, le marxisme le voue aux gémonies, et les « valeurs laïques et républicaines », cette alchimie bizarre propre aux Français, enseignent son mépris. Barrès et Jaurès, Lamennais et Blum, Péguy et Clemenceau : les discours se croisent et se recroisent ; les mots s'échangent ; mais les ressentiments se ressemblent. L'argent qui corrompt ; l'argent qui avilit ; l'argent qui tue… « L'éthique protestante du capitalisme » demeure un greffon bien isolé. Dans ce pays perclus de divisions idéologiques, le mépris de l'argent est longtemps apparu comme une des rares passions politiques réellement consensuelles. Peu importent ses origines : la peur de le voir corrompre l'âme, la conscience des conflits de classe, la quête de l'intérêt général. [...]
Étrange pays où la bourgeoisie accumulait en catimini, où la haine des droits de succession a suscité une alliance sacrée, depuis les ouvriers inquiets pour la dévolution de leur pavillon de banlieue jusqu'aux grandes dynasties capitalistes peu soucieuses [...] de léguer leurs biens à une fondation ! Étrange pays dont l'immense richesse, souvent cachée, a servi si longtemps de ballon d'oxygène à des politiques économiques laxistes ! Étrange pays où l'argent demeurait un péché, mais où l'ouverture de comptes en Suisse s'apparentait à un sport national ! Étrange pays où les salariés continuent à se cacher les uns aux autres leurs rémunérations, où les propriétaires fonciers jouent les modestes, où les patrimoines industriels essaient de se fondre dans le paysage, où le fisc est honni, l'impôt haï, la dépense occultée et l'épargne cachée !
Occulter, ignorer, camoufler : tels furent, pendant des siècles, les principes cardinaux de la société française face à l'argent. [...] La France vivait, en un mot, dans la religion du péché !
La religion du péché, le poids de la méritocratie, l'importance des critères intellectuels ont longtemps fait de la France un pays à la fois hypocrite et vertueux. Hypocrite parce qu'une économie de marché ne saurait faire abstraction de l'argent. Vertueux car des centaines de hauts fonctionnaires, des millions de fonctionnaires subalternes, de même que des millions de salariés du secteur privé se sont dévoués pendant des décennies au nom d'objectifs immatériels. Intérêt général pour les uns, passion de l'entreprise pour les autres : ni les efforts, ni les sacrifices ne se mesuraient par des avantages pécuniaires.

De l'argent-tabou à l'argent-roi, quelle révolution !

La France est passée directement du tabou au culte de l'argent, autrement dit du « fric ». Ce n'est pas une mue ; c'est une révolution. Et une révolution, au premier chef, dans le système de valeurs. La réévaluation de l'argent est allée de pair avec l'irrésistible ascension de l'individualisme. Pour l'individu-roi isolé et égoïste, existe-t-il meilleur lien social ? En existe-t-il d'ailleurs d'autres, dès lors que l'on sort de sa niche familiale ou affective ? En cinq ans, l'individu a pris le pas sur toutes les autres figures sociales. Le moi triomphe.

N'y résistent ni les partis, ni les syndicats, ni les associations, ni les formes les plus variées de vie collective. Les seules solidarités qui subsistent relèvent du bon vieux corporatisme, cette forme exacerbée de militantisme davantage destinée à assister l'individu qu'à exprimer une solidarité sans arrière-pensées. À société émiettée, individu anomique ; à individu anomique, argent triomphant.

Le raz de marée n'a certes pas emporté la société entière. L'ancienne France subsiste, insensible à la nouvelle culture. Le vieux mythe collectif contre l'argent ; l'immense monde de la fonction publique contre le marché ; le public contre le privé ; l'imposante armée des secteurs protégés contre les nouvelles classes moyennes ; des rémunérations stagnantes et bloquées contre des salaires dont les hausses vont de pair avec la productivité. En réalité deux sociétés semblent cohabiter, l'une prise par le démon de l'argent, l'autre rétive et hostile. [...]

Les nouvelles stars

Révolution, aussi, dans les mythes. L'entrepreneur devient une figure emblématique, au même titre que l'instituteur il y a cinquante ans ou l'intellectuel de l'après-guerre. C'est moins l'entreprise qui est désormais adulée que l'entrepreneur, cet étrange surhomme des affaires. Raccourci qui en dit long sur notre immaturité économique. Le respect de l'entreprise va de pair avec le marché ; le culte de l'entrepreneur exprime, lui, l'irrésistible ascension de l'argent. Le marché traduit un système économique avec ses règles, ses contraintes, ses contre-pouvoirs ; l'argent manifeste à sa façon le vide social : Bernard Tapie à la place de Camus ? Les hommes politiques n'incarnent plus le moindre fantasme collectif : ils sont devenus des syndics de bonne gestion. Les grands intellectuels ont disparu avec Sartre et Aron, qui s'estimaient en droit de juger de tout. Les syndicalistes, avec le départ d'Edmond Maire, se fondent dans la grisaille. Seuls surnagent divas des médias et entrepreneurs. Les premières se sont substituées aux stars du cinéma ; les seconds ont désormais tous les droits. Leurs combats prennent des allures d'épopées ; les OPA et autres prises de contrôle miment la guerre ; l'insolence financière attire la considération. [...]

Derrière les mentalités qui explosent, les habitudes qui craquent, les fantasmes en pleine métamorphose, derrière l'argent-roi et ses sortilèges, se mettent en place de nouvelles pesanteurs qui touchent au fonctionnement même de la société. Elles ont pour noms : le totalitarisme du marché, l'argent-parasite, le retour des classes sociales. Ce sont des phénomènes de longue portée : ils dessinent à grands traits la société de l'an 2000.

Alain Minc, *L'argent fou,*
© Grasset, 1990.

● **Le dernier tabou :**
– Dans cette partie, un certain nombre d'idées importantes sont exprimées. Lesquelles ?
Cochez « oui » ou « non » et justifiez votre réponse par des références au texte :

	Oui	Non
1. Le mépris de l'argent.	❏	❏
2. Les contradictions de la société face à l'argent.	❏	❏
3. Le manque d'éthique concernant l'argent.	❏	❏
4. Les différences fondamentales de comportement entre le monde ouvrier et la bourgeoisie.	❏	❏
5. L'absence de vertu.	❏	❏

– Quelles raisons sont évoquées pour expliquer le tabou de l'argent ?
– Pouvez-vous situer dans le temps l'énoncé : « La révolution sexuelle accomplie » ?

● **De l'argent-tabou à l'argent-roi, quelle révolution ! :**
– La révolution de l'argent a-t-elle affecté toutes les couches de la société ?
Citez la phrase qui résume la réponse à cette question.
– Comment cette révolution est-elle expliquée ? Citez une ou deux phrases.
– Pouvez-vous situer dans le temps le début de cette révolution ?

● **Les nouvelles stars :**
– Énumérez les professions qui ont perdu leur prestige et celles qui surpassent les autres.
– Quels changements sont prévus pour le prochain siècle ? Expliquez ce que recouvre chacun de ces changements.

● Pour synthétiser l'évolution, relisez le texte et mettez dans le tableau suivant les caractéristiques qui correspondent à la France de jadis et à celle de maintenant :

	La France de jadis	La France de maintenant
Les idées sur l'argent		
La place de l'individu et du social		
Les professions vedettes		

● L'écriture d'Alain Minc est une écriture « rapide » où les **phrases** et **propositions** sont souvent employées sans verbe conjugué :
– Les propositions participiales : nom + participe passé.
– Les propositions infinitives : verbe à l'infinitif.
– Les propositions nominales : la base est un nom.
– Les propositions adjectivales : la base est un adjectif.
Relevez ces différentes propositions et leur ponctuation.
● Relevez les procédés répétitifs.
● Relevez les formules expressives (comme : « clouer au pilori »), les images concises qui frappent (comme : « l'individu-roi ») et les métaphores.

Pour fixer le vocabulaire

Trouvez dans la colonne de droite un synonyme pour chaque
mot ou expression soulignés :

« clouer au pilori ».
« Vouer aux gémonies ».
La dévolution.
La quête.
Le ressentiment.
Faire abstraction de.
Des avantages pécuniaires.
Une mue.
Exacerbé.
Se remettre de.
Des rémunérations stagnantes.
Aller de pair avec.
Relever de.
Se substituer à.
Susciter.

transmission aux héritiers
condamner
une transformation
poussé au maximum
la recherche
qui ne bouge pas
ne pas tenir compte de
guérir
appartenir à
accabler de mépris
financiers
accompagner/aller avec
faire naître quelque chose
prendre la place de
la rancœur

Expression écrite et orale

• Résumez chacune des trois parties.
• Organisez ces trois résumés en établissant des liens entre chacune des parties.
• Par équipes, et oralement, analysez le rôle de l'argent dans votre pays, autrefois et aujourd'hui. Notez les idées consensuelles et les exemples historiques sur lesquels vous êtes d'accord. Faites un résumé que vous présenterez à la classe.
Pour vous aider, répondez aux questions suivantes :
– À plusieurs reprises A. Minc qualifie la France « d'étrange pays ». Les comportements dont il parle vous semblent-ils tous étranges ? Quelles contradictions révèle ce texte ? Existent-elles chez vous ?
– « Occulter, camoufler son argent » est un principe de la société française. Qu'en est-il dans votre pays ?
– Comment A. Minc qualifie-t-il le corporatisme actuel ? Existe-t-il chez vous et sous quelles formes ?
– Le pouvoir n'est plus entre les mains des hommes politiques. Comment A. Minc les décrit-il ? Et chez vous, quel est leur rôle ?
– « L'individu-roi », est-ce un concept qui a un sens chez vous ?
• Après la discussion écrivez un texte destiné à faire comprendre à des Français l'évolution du rôle de l'argent dans votre pays, ainsi que ses conséquences économiques, sociales et morales. Vous pouvez faire allusion au texte d'A. Minc pour faire des comparaisons. Utilisez certains de ses procédés d'écriture.

L'argent dans la vie d'une romancière célèbre

Que représente l'argent pour vous ?

C'est difficile de répondre, parce que je n'en ai jamais manqué. *Bonjour tristesse* est sorti alors que j'avais dix-huit ans : le pactole est arrivé à dix-neuf ans. Ce serait indécent de dire que l'argent n'a pas d'importance, c'est une chose nécessaire et commode pour être libre, pour pouvoir être seul. Le manque d'argent est terrible par la promiscuité qu'il implique. On est cinq dans une seule pièce, on est cinquante dans une rame de métro, on est quarante dans un bureau, on n'est jamais seul ! Et pouvoir être souvent seul, c'est là une des clés du bonheur.

J'ai toujours pensé que l'argent est un très bon valet et un très mauvais maître. Un moyen, pas un but. Or, bien des gens le laissent être un maître. Pourquoi ? Parce qu'il les rassure. Diderot disait : « L'or mène à tout. L'or qui mène à tout est devenu le Dieu de la nation ». Il écrivait ça au Siècle des Lumières, et le siècle de l'atome le répète de plus en plus grossièrement à chaque génération.

Lorsque j'étais petite, on ne pouvait parler à table ni de l'argent, ni des biens, ni de la santé, ni des mœurs. Je ne vois pas un dîner maintenant où l'on parle d'autre chose.

On vous a accusée d'être dépensière, est-ce vrai ?

J'ai gagné de l'argent, j'en ai dépensé sans compter, ou en comptant trop tard. Je ne l'ai jamais gagné sur le dos d'autrui et je l'ai toujours dépensé avec d'autres.

Vous n'aimez guère les gens qui possèdent...

Je ne pense pas qu'on puisse devenir très riche et le rester sans une certaine dureté de cœur. Tous les gens extrêmement riches que je connais sont des gens qui, à un moment ou à un autre, ont dû refuser de prêter ou de donner. La richesse, cela revient à dire non. Alors, les riches sont des hommes un peu sujets à caution. Les gens qui se plaignent de leurs ennuis d'impôts m'exaspèrent : avoir à donner beaucoup d'argent à son percepteur veut dire que l'on en gagne beaucoup. Les pauvres ne se plaignent pas de leurs impôts, ils en ont moins à payer et ils n'ont pas le temps de s'en plaindre.

Pourquoi aimez-vous le jeu ?

Ce qui m'attire dans le jeu, c'est que les participants ne sont ni méchants ni radins, et que l'argent retrouve là sa fonction exacte : quelque chose qui circule, qui n'a plus ce caractère solennel, sacralisé, qu'on lui prête ordinairement.

Françoise Sagan.

Jouez-vous au poker ?

Très peu. Pour moi, le poker est un jeu d'hommes. Je ne connais pas de femmes qui jouent bien au poker. Il faut vouloir la mort de l'autre, et c'est un sentiment que je ne connais pas.

Françoise Sagan, *Répliques,*
© Quai-Voltaire, 1992.

Repérages

• Relevez les informations concernant directement Françoise Sagan et l'argent.
• Relevez les pensées personnelles de Françoise Sagan sur l'argent.
• Relevez un passage qui prouve bien que l'argent était autrefois un tabou. Relevez un passage qui prouve que maintenant l'argent est roi.
• Relevez un passage qui donne à l'argent sa véritable fonction.

Analyse

• Montrez que l'interviewer connaît assez bien l'écrivain.
• Quoique riche, Françoise Sagan critique les riches. Quelles différences y a-t-il entre elle et eux ?
• Françoise Sagan dit « le manque d'argent est terrible » parce qu'« on n'est jamais seul ». Que pensez-vous de cette réflexion ?

Expression orale

En équipes de deux, préparez une interview sur le thème de l'argent. L'interviewé est, à l'opposé de Françoise Sagan, excessivement « radin » (= économe). Jouez la scène devant la classe.

Expression écrite

Françoise Sagan dit : « l'argent est un très bon valet et un très mauvais maître ».
Développez l'idée en donnant des exemples précis.
Suivez ce plan :
a. l'argent = un bon valet ;
b. l'argent = un mauvais maître ;
c. votre sentiment personnel à propos de ce dicton populaire.

Le nœud de vipères

F. Mauriac

Au moment de mourir, Louis, riche avocat bordelais écrit à sa femme, Isa Fondaudège, pour lui exprimer la rancœur accumulée tout au long de sa vie.

Si aujourd'hui ma fortune est nettement séparée de la tienne, si vous avez si peu de prise sur moi, je le dois à ma mère qui exigea le régime dotal le plus rigoureux, comme si j'eusse été une fille résolue à épouser un débauché.

Du moment que les Fondaudège ne rompaient pas devant ces exigences, je pouvais dormir tranquille : ils tenaient à moi, croyais-je, parce que tu tenais à moi.

Maman ne voulait pas entendre parler d'une rente ; elle exigeait que ta dot fût versée en espèces.

François Mauriac.

— Ils me donnent en exemple le baron Philipot, disait-elle, qui a pris l'aînée sans un sou… Je le pense bien ! Pour avoir livré cette pauvre petite à ce vieux, il fallait qu'ils eussent quelque avantage ! Mais nous, c'est une autre affaire : ils croyaient que je serais éblouie par leur alliance : ils ne me connaissent pas…

Nous affections, nous, les « tourtereaux », de nous désintéresser du débat. J'imagine que tu avais autant de confiance dans le génie de ton père que moi dans celui de ma mère. Et après tout, peut-être ne savions-nous, ni l'un ni l'autre, à quel point nous aimions l'argent…

Non, je suis injuste. Tu ne l'as jamais aimé qu'à cause des enfants. Tu m'assassinerais, peut-être, afin de les enrichir, mais tu t'enlèverais pour eux le pain de la bouche.

Tandis que moi… j'aime l'argent, je l'avoue, il me rassure. Aussi longtemps que je demeure le maître de la fortune, vous ne pouvez rien contre moi. « Il en faut si peu à notre âge », me répètes-tu. Quelle erreur ! Un vieillard n'existe que par ce qu'il possède. Dès qu'il n'a plus rien, on le jette au rebut. Nous n'avons pas le choix entre la maison de retraite, l'asile et la fortune. Les histoires de paysans qui laissent mourir leurs vieux de faim après qu'ils les ont dépouillés, que de fois en ai-je surpris l'équivalent, avec un peu plus de formes et de manières, dans les familles bourgeoises ! Et bien ! oui, j'ai peur de m'appauvrir. Il me semble que je n'accumulerai jamais assez d'or. Il vous attire, mais il me protège. […]

Voilà ce qui me reste : ce que j'ai gagné, au long de ces années affreuses, cet argent dont vous avez la folie de vouloir que je me dépouille. Ah ! l'idée même m'est insupportable que vous en jouissiez après ma mort. Je t'ai dit en commençant que mes dispositions avaient d'abord été prises pour qu'il ne vous en restât rien. Je t'ai laissé entendre que j'avais renoncé à cette vengeance… Mais c'était méconnaître ce mouvement de marée qui est celui de la haine dans mon cœur. Et tantôt elle s'éloigne, et je m'attendris… Puis elle revient, et ce flot bourbeux me recouvre.

Depuis aujourd'hui, depuis cette journée de Pâques, après cette offensive pour me dépouiller, […] et lorsque j'ai revu, au complet, cette meute familiale assise en rond devant la porte et m'épiant, je suis obsédé par la vision des partages, — de ces partages qui vous jetteront les uns contre les autres : car vous vous

La lecture du testament.

battrez comme des chiens autour de mes terres, autour de mes titres. Les terres seront à vous, mais les titres n'existent plus. Ceux dont je te parlais, à la première page de cette lettre, je les ai vendus, la semaine dernière, au plus haut : depuis, ils baissent chaque jour. Tous les bateaux sombrent, dès que je les abandonne ; je ne me trompe jamais. Les millions liquides, vous les aurez aussi, vous les aurez si j'y consens. Il y a des jours où je décide que vous n'en retrouverez pas un centime...

François Mauriac, *Le nœud de vipères,*
© Grasset, 1943.

Repérages

• La lettre de Louis à sa femme Isa reflète les préoccupations essentielles d'une famille bourgeoise. Relevez les deux temps forts de la vie bourgeoise et ce qui caractérise la puissance du père de famille.
• Au début de la lettre, on comprend que la famille est divisée en deux clans : d'un côté Louis, le vieux bourgeois, de l'autre sa femme et ses descendants. Relevez dans le texte les marques de cette lutte familiale.
• Dans la première partie de la lettre, on assiste à une lutte entre deux familles. Relevez-en les marques.
• On comprend que la famille de Louis est socialement moins importante que celle d'Isa. Relevez ces preuves.
• Louis donne ses raisons pour aimer l'argent. Quelles sont-elles ?
• Dans la seconde partie de la lettre, Louis formule une menace. Quelle est cette menace ? D'où vient sa haine contre les siens ?
• Selon Louis, que se passera-t-il à sa mort ?
• En conclusion, comment Louis continue-t-il à tenir sa famille en respect ?

Pour fixer le vocabulaire

Retrouvez dans le texte, les expressions exactes pour :

– Vous ne pouvez rien contre moi.
– Ma mère a défendu mes intérêts comme si j'avais été une fille.
– Ma mère a demandé que tes parents paient ta dot en argent liquide.
– S'ils ont marié leur fille à ce vieux riche, c'est qu'il n'a pas demandé de dot.
– Ils croyaient que je serais flattée par ton mariage avec leur fille.
– Tu te priverais pour tes enfants.
– Ils abandonnent leurs vieux après leur avoir tout pris.
– J'ai horreur de penser que vous profiterez de mon argent après ma mort.
– J'avais d'abord fait en sorte qu'il ne vous reste rien.
– Mon argent, vous l'aurez si j'accepte de vous le donner.

Expression orale

Voici ce qu'a écrit François Mauriac à propos du *Nœud de vipères* : « Non ce n'était pas l'argent que cet avare chérissait, ce n'était pas de vengeance que ce furieux avait faim. L'objet véritable de son amour, vous le connaîtrez si vous avez la force et le courage d'entendre cet homme jusqu'au dernier aveu que la mort interrompt ».
Ce commentaire vous donne-t-il envie de lire *Le nœud de vipères* ?

Expression écrite

Après avoir lu ce texte, avez-vous tendance à plaindre ou à blâmer Louis ? Donnez vos raisons en écrivant un petit texte où vous exprimerez les sentiments que vous inspire cette lecture.

Entraînement

Les nouveaux

fauchés

(cf p. 106)

Objectif :
Pour expliquer et
pour conseiller.

1   Analyse de cas

Premier cas :
M. Auger est riche, il n'a aucun souci financier, il vit dans une très belle maison à Paris. Il dépense sans compter et il est assez généreux. Mais M. Auger n'est pas heureux. Il n'arrive pas à rompre sa solitude. Que peut-il faire pour vivre mieux ?

Deuxième cas :
Le ménage Martin a deux enfants. Ils vivent dans un petit appartement qu'ils louent 5 000 F par mois. Ils n'arrivent plus à s'en sortir. Paris est décidément trop cher pour ce jeune ménage qui gagne 10 000 F par mois. Que peuvent faire les Martin pour vivre mieux ?

Troisième cas :
Patricia est employée. Elle gagne le Smic et habite chez ses parents. Elle voudrait quitter son emploi, s'acheter un petit appartement et peut-être se marier un jour. Pour l'instant, elle n'arrive pas à se décider. Doit-elle, oui ou non, tout changer dans sa vie ?

En vous appuyant sur les détails donnés, proposez une solution aux problèmes de ces personnes :

a. Pour construire votre argumentation, utilisez :
    puisque, parce que, si... c'est que, car.
b. Pour proposer votre solution, utilisez :
    pour + infinitif ou *pour que* + subjonctif.

Les nouveaux

fauchés

(cf p. 106)

Objectif :
Pour employer
des structures
syntaxiques
complexes.

2   Modèles syntaxiques

Faites des phrases en respectant les structures imposées :
1. ...... sous la pression de ......
2. Les gens prennent cet homme pour ......, si bien que ......
3. J'ai l'impression de ...... beaucoup plus que ......, mais nettement moins bien que ......
4. Désormais, ... devront apprendre à ......
5. Depuis qu'on ......, on ...... encore plus qu'avant.

L'argent-roi

(cf p. 109)

Objectif :
Pour montrer un
enchaînement de
rapports
cause/conséquence
dans des proposi-
tions nominales.

3   Un style lapidaire

Alain Minc écrit : « **À** société émiettée, individu anomique, **à** individu anomique, argent triomphant. »
Cette structure de phrase montre le rapport d'enchaînement logique (cause/conséquence) entre deux faits observés.
Sur ce modèle, construisez deux phrases sur le thème de l'argent (ou sur tout autre thème de votre choix).
......

C. Le bas de laine

Je hais les banques, je trouve ça stupide d'épargner. L'argent est fait pour être dépensé.

Non, je ne fais pas d'économies... on vit au jour le jour.

Si j'épargne, c'est que je « m'angoisse » pour l'avenir.

J'épargne très peu. Par contre, j'achète des appartements que je léguerai à mes enfants... moi, je suis du monde paysan. Je veux des murs.

LIVRET A

CAISSE D'EPARGNE

Si j'avais la possibilité d'épargner... j'achèterais par exemple une maison de campagne ou pourquoi pas acheter des livres précieux ?

Je ne sais pas épargner. Ce que je sais faire, c'est essayer de ne pas trop dépenser... comme tout le monde, j'ai un livret de Caisse d'épargne. J'ai aussi un Codévi.

Repérages

• Dans le micro-trottoir, à qui correspondent les attitudes suivantes ?
– Ça ne m'intéresse pas du tout d'épargner.
– J'épargne un peu par nécessité.
– Je n'arrive pas à épargner.
– J'épargne parce que je ne suis pas sûr de l'avenir.
– J'épargne en investissant dans la pierre.
• Écoutez l'enregistrement et remplissez la grille pour chacun des interviewés :

Analyse

• Selon la grille de repérage, quelle proportion d'interviewés fait des économies ?
• Parmi les raisons invoquées pour faire des économies, laquelle vous convient le mieux et laquelle vous paraît la plus étrange ?
• Parmi ceux qui ne font pas d'économies, quelles sont les raisons invoquées ?
• À partir de votre analyse, faites une synthèse du contenu de l'enregistrement.

	Fait des économies	Pour quelles raisons ?	Possède à la banque un compte d'épargne	Commentaires donnés sur l'épargne
Fabrice				
Nadine				
Renaud				
Bénédicte				
Guy				
Charles				
Denis				
Laure				

Pour fixer le vocabulaire

Trouvez dans la colonne de droite un synonyme pour chaque mot ou expression soulignés :

Le livret A de la Caisse d'épargne, c'est ce qui rapporte le moins.
L'épargne, c'est de « l'arnaque ».
J'ai un statut pas du tout stable.
J'ai un plaisir « dingue ».
Je n'ai pas une paie régulière.
C'est un prélèvement automatique.

fou
produire des bénéfices ou des intérêts
salaire
emploi précaire
tromperie/duperie
le fait de prendre régulièrement sur un compte une somme fixe

Expression orale

Jeu de rôles :
Faites parler une « cigale » et une « fourmi ». Lisez la fable de La Fontaine et transposez la situation à l'époque actuelle en imaginant deux personnages :
– L'un qui vient demander qu'on lui prête de l'argent (la cigale).
– L'autre qui refuse (la fourmi).

Pour organiser sa pensée à l'oral

L'organisation de la phrase dans le discours oral n'a pas la rigueur syntaxique du discours écrit. À l'oral, la pensée se construit au fur et à mesure et la syntaxe suit le déroulement de la pensée. Pour cela, le locuteur a à sa disposition un certain nombre de mots (ou marqueurs) qui lui permettent d'organiser son discours tout en utilisant une syntaxe plus simple. Toutefois la plupart de ces marqueurs peuvent être utilisés à l'écrit. Cela dépend de la situation de communication. Observez les marqueurs suivants et leurs emplois :

En fait En effet Effectivement D'ailleurs	Et encore Et ainsi de suite	En fin de compte Au bout du compte De toute façon

- **EN FAIT** signifie « **en réalité** ». Il apporte donc une précision sur la réalité de l'énonciation et peut se trouver en début ou en fin de phrase :
  – Est-ce que vous épargnez ?
  – **En fait**, je ne suis pas quelqu'un de naturellement porté sur l'épargne.
et :
  Je crois que ça rapporte 6 ou 7%. Je ne sais même pas **en fait**.
- **EN EFFET** s'emploie pour introduire un argument ou une explication de ce qui vient d'être énoncé :
  Oui j'épargne. **En effet** j'épargne parce que j'ai un statut pas du tout stable.
On pourrait dire aussi :
  J'épargne, **en effet** j'ai un statut précaire.
« En effet » signifie donc : « **car** » ou « **parce que** ».
- **EFFECTIVEMENT** s'emploie pour confirmer l'énoncé de l'interlocuteur :
  – Est-ce que vous épargnez ?
  – **Effectivement**, j'épargne un peu tous les mois.
- **D'AILLEURS** signifie qu'on envisage **un autre point de vue**. Il sert à introduire une nouvelle idée précisant ou nuançant ce qui vient d'être dit :
  Je ne mets presque rien à la Caisse d'épargne. **D'ailleurs**, je n'ai pas beaucoup d'argent d'avance.
On pourrait dire aussi :
  Je ne mets presque rien à la Caisse d'épargne, et **d'ailleurs** ça ne rapporte pas beaucoup.
- **ET ENCORE** signifie « **à peine** ». Il apporte une restriction sur une quantité que l'on vient d'énoncer :
  Je crois que ça rapporte 6 ou 7%, **et encore** ! je ne suis même pas sûr.
- **ET AINSI DE SUITE** indique la répétition d'une action :
  J'achète un appartement, je le revends cinq ans après, et j'essaie d'acheter mieux et je le revends, **et ainsi de suite**.
- **DE TOUTE FAÇON** ou **DE TOUTE MANIÈRE** signifie « **en tout cas** », c'est-à-dire « **quoi qu'il arrive** » (quoi qu'il en soit, quoi que je fasse).
  Je n'épargne pas, parce que **de toute façon** je n'en ai pas la possibilité.
On pourrait écrire :
  Même si je voulais épargner, je n'en aurais pas la possibilité.
- **EN FIN DE COMPTE/AU BOUT DU COMPTE** signifie « **finalement** » (tout bien réfléchi, au fond).
  Donc, c'est fait plus par anxiété, **en fin de compte**, que par besoin d'économies réelles.

D'autres marqueurs ont un sens plus logique. En voici quelques-uns :

Opposition	Hypothèse négative	Alternative
par contre en revanche	sinon	soit… soit… (ou bien… ou bien…)

- **PAR CONTRE/EN REVANCHE** marquent l'opposition :
  J'épargne très peu. **Par contre** j'achète des appartements que je léguerai à mes enfants.
- **SINON** signifie « **dans le cas contraire** ». On envisage de façon négative l'énoncé précédent :
  J'ai des démarcheurs qui m'ont fait prendre une assurance-vie. **Sinon**, ça ne me serait jamais venu à l'idée.
Autrement dit :
  Si les démarcheurs n'étaient pas intervenus, je n'aurais pas épargné.
- **SOIT… SOIT…** signifie « **l'un ou l'autre** ». On peut dire aussi « **ou (bien)… ou (bien)…** » :
  Chez moi on transmet **soit** de la terre, **soit** des murs.

Nous avons tous mal à nos sous

Voici divers types de dépensiers...

Le mal-être des *privés profonds*

Les *privés profonds*, qui focalisent toute leur attention sur ce qui leur manque, jamais sur ce qu'ils ont, sont très à plaindre. Ils entretiennent avec l'argent des relations totalement conflictuelles qui peuvent aboutir à des comportements névrotiques d'avarice ou de prodigalité.

Par bonheur, ils sont relativement peu nombreux, car ils font régner autour d'eux un climat de mauvaise humeur et de conflits relationnels littéralement invivable. Il existe des familles entières ravagées par ces débordements de mesquinerie et d'envie. Leurs membres se chamaillent, se poursuivent devant les tribunaux, s'arrachent des héritages et des faveurs, finissent par se fâcher à mort. [...]

Les *paniers percés*

Ils ne sont vraiment pas méchants, ces jeteurs de fric par les fenêtres, mais ils sont souvent financièrement très agaçants. Pour eux-mêmes, d'abord, mais aussi pour leur famille qu'ils peuvent combler du superflu en oubliant de leur assurer l'essentiel. Sans parler de leurs copains, banquiers, employeurs, qu'ils persécutent de leurs demandes d'emprunts et de prêts.

Le *panier percé* ne sait pas résister à ses pulsions dépensières. Face à certains objets, il craque, quitte à regretter l'instant d'après son incorrigible prodigalité. [...]

Les *paniers percés* ne sont pas malhonnêtes, disons plutôt qu'ils n'attachent pas à l'argent la même importance que leurs congénères économes ou plus raisonnables. Si bien que, dans leur « impatience à dépenser », il leur arrive d'*oublier* l'origine des fonds qu'ils dilapident. Malheur aux parents utopistes qui « prêtent » de l'argent à leurs enfants prodigues ! Ils feraient mieux de leur donner carrément ce qu'ils croient leur avancer, et de se satisfaire d'un merci plutôt que de se bercer d'illusions sur d'éventuels remboursements. [...]

Les *durs à la détente*

À ne pas confondre avec le véritable avare, personnage antipathique et asocial, le *dur à la détente* entretient avec l'argent une relation apparemment équilibrée, vue de l'extérieur, mais qui lui demande des efforts considérables chaque fois qu'il doit payer, dépenser, offrir, en un mot se séparer de l'argent qu'il a gagné.

L'avare aime l'argent pour lui-même, pour le plaisir d'accumuler et de posséder. Le *dur à la détente*, au contraire, s'accroche à ses sous par besoin de sécurité. Son livret de Caisse d'épargne et ses petites économies lui tiennent lieu de parapluie ou de bouclier. Si l'orage arrive, s'il perd son emploi, si son conjoint taille la route ou a la mauvaise idée de mourir le premier, s'il se retrouve seul, il ne sera pas sans ressources. Il aura toujours assez de sous de côté pour se retourner et faire face.

Le tempérament de *hamster-godasses*

Laure possède certainement plus de vingt paires de souliers, non compris les tennis, les espadrilles et autres pantoufles. Pourtant, au moins une fois par mois, Laure est prise de frénésie devant une vitrine de chausseurs, la passion la foudroie face à des mocassins italiens d'une souplesse irréelle ou à des ballerines mauves – d'un mauve tellement exquis que personne au monde n'a jamais vu des chaussures de ce mauve-là.

Christiane Collange, *Nos sous,*
© Fayard, 1989.

Expression orale et écrite

- À partir du texte de Christiane Collange, établissez un questionnaire qui permette de caractériser l'attitude vis-à-vis de l'argent, des « privés profonds », des « paniers percés », des « durs à la détente » et des « hamsters–quelque-chose ».
- Allez interviewer vos camarades et classez-les dans une des quatre catégories.
- Donnez vos résultats. Naturellement, ceux qui ne sont pas d'accord sur leur classement peuvent discuter.

Comment les Français économisent-ils ?

C'est à cette question que répond la dernière enquête de l'INSEE sur le patrimoine des ménages. On s'aperçoit que le livret d'épargne reste notre placement de base, puisque 77 % des ménages en ont un. Nous étions cependant plus nombreux en 1986 avec un taux de pénétration de 82 %. À vrai dire, on ne voit pas pourquoi ce taux n'est pas plus proche de 100 % : le livret est, en effet, un outil fort utile et puis rien n'interdit de le laisser dormir.

L'autre placement le plus répandu, c'est le logement, puisque 61 % des Français sont propriétaires soit pour occuper, soit pour louer. Il est même étonnant que ce taux ne soit pas non plus de 100 %, dans les populations aisées tout du moins. En effet, il y a encore 16 % des professions libérales qui n'ont pas de biens immobiliers.

Derrière le livret et le logement, la troisième préoccupation des Français est celle de la retraite. 39 % des ménages ont un plan-retraite ou une assurance sur la vie. Ce taux est destiné à augmenter, notamment chez les retraités où il est encore faible, 32 %. C'est en effet un bel outil d'exonération des droits de succession.

Autre vedette, l'épargne-logement qui touche un ménage sur trois, étant entendu que les ménages multi-plans sont nombreux ; de même que le PEP – le plan d'épargne populaire – qui a conquis en deux ans, non sans raison, 14 % des ménages, en particulier les plus aisés d'entre eux. Ce n'était pas son but, mais ce sont aussi les riches qui ont la plus grande capacité d'épargne.

Un tel tour d'horizon serait incomplet sans les SICAV monétaires, notamment. Il y a deux fois plus de porteurs de SICAV que de détenteurs d'actions, lesquelles ne représentent qu'un ménage sur dix.

Il faut simplement constater que le nombre des ménages qui ont soit des actions, soit des obligations, soit des SICAV, a plus que doublé depuis 1976 pour atteindre le taux très convenable de 24 %. Ce chiffre est plutôt encourageant après les déceptions des années récentes. Il permet d'espérer que, bien vendu par les banques, et même dans un environnement plutôt maussade, le plan d'épargne en actions (PEA) connaîtra un certain succès. D'ailleurs les députés viennent d'en réduire la durée à cinq ans, ce qui facilitera sa diffusion.

D'après *France-Info,*
9 juillet 1992.

- Quelle est l'origine des données analysées par le journaliste ?
- À partir des trois premiers paragraphes, remplissez la grille suivante :

	Les trois principaux placements des Français	Leur taux de pénétration dans les ménages	Pourquoi le journaliste estime-t-il que ce taux de pénétration pourrait encore augmenter ?
1er paragraphe			
2e paragraphe			
3e paragraphe			

- Relevez dans la suite du texte trois autres formes d'épargne en France.
- Selon le journaliste, quelle est la forme d'épargne encore trop peu répandue en France ? Quelle est la stratégie nationale pour susciter son augmentation ?

Analyse

Étude de l'organisation du texte à travers ses articulations logiques et discursives :

- Organisation générale en six paragraphes. Chaque paragraphe apporte une information nouvelle sur les formes d'épargne des Français. Relevez les expressions qui introduisent chacune de ces formes d'épargne.

- Organisation du premier paragraphe. Relevez les articulations logiques et discursives signalant que :
– Le journaliste **introduit** la première forme d'épargne.
– Il **justifie** par des chiffres l'importance de cette épargne.
– Il **marque une restriction** par rapport aux chiffres de 1986.
– Il **introduit un commentaire**.
– Il **justifie son commentaire**.

- Organisation interne du deuxième paragraphe. Relevez les articulations logiques et discursives qui montrent que :
– Le journaliste **introduit** la seconde forme d'épargne.
– Il **justifie** par des chiffres la seconde place de cette épargne.
– Il **introduit un commentaire** sur ces chiffres.
– Il **justifie son commentaire**.

- Pouvez-vous à votre tour analyser l'organisation des paragraphes suivants ?

Expression orale

En équipes, discutez des formes d'épargne dans votre pays et classez-les par ordre d'importance.
Comparez d'abord vos résultats. Sont-ils semblables à ceux des Français ?

Expression écrite

Rédigez un texte sur les façons d'économiser de vos concitoyens.
Essayez de construire vos paragraphes en réemployant les articulations logiques et discursives relevées dans l'activité d'analyse.

Typologie de la clientèle du Crédit Agricole

Selon notre « style de vie » nous apportons à nos interlocuteurs une certaine vision de nos comportements financiers. Une banque, pour agir et investir, est bien entendu particulièrement intéressée à connaître le « style de vie » de ses clients. Aussi n'est-il pas étonnant que le Crédit Agricole ait fait dresser la typologie suivante de sa clientèle.

Les *confiants*

Les *confiants* sont avant tout conservateurs et craignent les aléas du progrès technique. Ils se posent en défenseurs des institutions : Clergé, Armée, Police, Banque. Ils restent très attachés aux traditions, et à la famille.

L'argent, qui représente la valeur du travail, est quelque chose de sacré, qu'il ne faut pas gaspiller. Pour cette raison, ils préfèrent payer leurs achats en liquide, plutôt qu'avec une carte. Ce sont des clients très sérieux qui entretiennent avec la banque une relation de confiance.

Ce sont des gens plutôt âgés, modestes, habitant en milieu rural. C'est pourquoi ils sont nombreux au Crédit Agricole.

Les *dominateurs*

Ce type proclame un respect des traditions et des valeurs morales. De ce fait, il se montre très répressif envers ceux qui s'écartent du droit chemin. Très ambitieux, il souhaite exercer des responsabilités, ce qui lui permettra d'imposer ses idées. Réussir, pour lui, c'est gagner beaucoup d'argent et faire fructifier ses intérêts. D'ailleurs, la banque est là pour lui offrir une compétence, des services efficaces. C'est un client très exigeant, mais qui dispose d'un portefeuille important. Le groupe des dominateurs est constitué de gens aisés, d'âge mûr, habitant dans les petites villes. Les gros agriculteurs appartiennent à ce type.

Les *planificateurs*

Individualiste par nature, ce type est avant tout préoccupé par ce qui le concerne lui et sa cellule familiale. Peu ambitieux, il aspire à un emploi stable, qui lui apporte un revenu régulier. Il est très fidèle à des principes et à des habitudes, et se montrerait assez répressif surtout s'il s'agit d'argent : chèque sans provision, hold-up dans une banque, escroqueries diverses.

Pour la banque, c'est un client très difficile, pointilleux, tatillon, qui ne tolère aucune erreur. C'est pourquoi il préférerait avoir à faire à des machines, à son sens plus fiables et plus rapides que des employés. Ce groupe est assez peu corrélé à des variables objectives. Il semble pourtant composé de gens plutôt jeunes, à revenus moyens et modestes.

Les *mal-aimés*

Très attachés aux libertés individuelles, ce type refuse tout embrigadement et tout ce qui lui crée des obligations. Un peu écologiste, plutôt idéaliste, il aime être entouré d'amis, discuter avec eux pour refaire le monde. Plein d'ambiguïtés il aime aussi profiter de la vie, même si tout son salaire y passe. Et c'est d'ailleurs son problème : découverts fréquents, peu de produits financiers, sauf évidemment la carte de crédit.

Dans ce groupe, on trouve de nombreux cadres supérieurs et moyens, habitant en milieu urbain, plutôt jeunes.

Les *joueurs*

Ceux-là prennent la vie du bon côté. Très réalistes, ils savent utiliser les règlements, les lois, à leur profit. L'argent, c'est fait pour être dépensé et c'est souvent amusant d'en gagner. Leur ambition est de profiter au maximum des plaisirs de la vie, en évitant le plus possible les contraintes. Pour la banque, c'est un client sympathique, même s'il n'est pas toujours de tout repos. Assez informé de la réglementation bancaire, il essaie de profiter de tous les services qu'offre la banque, surtout les découverts et les crédits, mais toujours avec gentillesse. Ce groupe est composé de clients très jeunes, de catégories socio-professionnelles variées. On le trouve surtout dans les grandes villes.

Anne Pugnet, Jean-Claude Coutin,
« L'application des styles de vie à la clientèle bancaire :
une approche spécifique au Crédit Agricole »,
Revue française de marketing, n° 90, 1982-1983.

Repérages

Repérez les caractéristiques des différents types de la clientèle du Crédit Agricole et inscrivez-les dans la grille suivante :

	Traits politiques	Traits sociaux ou psychologiques	Rapport à l'argent	Âge et catégorie socio-professionnelle
Les confiants				
Les dominateurs				
Les planificateurs				
Les mal-aimés				
Les joueurs				

Expression orale

Jeux de rôles :

● La classe est divisée en cinq groupes. L'enseignant fait tirer au sort à chaque groupe un type de clientèle. Chaque groupe étudie minutieusement le style de vie de son client.
On prépare alors les questions et les réponses qui permettent d'identifier ce client.
Chaque groupe joue la scène **banquier/client** devant la classe. À la fin de chaque jeu de rôles, les spectateurs doivent identifier le type de client dont il s'agit, en justifiant leur décision par rapport à la typologie de la clientèle du Crédit Agricole.

● Autre possibilité : La classe est divisée en deux groupes. D'un côté les banquiers, de l'autre les clients.
Les banquiers étudient les caractéristiques des cinq types de clients et préparent des questions pertinentes pour les identifier.
Les clients se préparent à jouer un rôle précis parmi les cinq types possibles de clientèle.
Après la préparation, on joue la scène **banquier/client** devant toute la classe. Les banquiers doivent dire à quel type de client ils ont eu à faire. Les clients confirment ou infirment les hypothèses des banquiers.

● Par groupes de quatre, choisissez un type de clients. Inventez une situation et faites un scénario pour faire deviner à la classe quel type vous avez choisi.

L'Avare

Molière

Les comédies de Molière datent du 17ᵉ siècle, et pourtant, elles gardent toujours un caractère comique, humain, saisissant de vérité.

Dans l'Avare, Harpagon, usurier de son métier, follement obsédé par l'argent, décide de marier ses deux enfants, sans tenir compte de leur volonté ni de leur amour, à de riches et vieux voisins. Obsédé par son or, il craint sans cesse qu'on ne le lui vole.

Pour sauver Cléante d'un mariage monstrueux, son domestique et ami a réussi à subtiliser le trésor.

Quand la scène commence, Harpagon vient de découvrir la disparition de sa cassette...

SCÈNE VI

LA FLÈCHE, CLÉANTE

LA FLÈCHE, *sortant du jardin, avec une cassette.* — Ah ! Monsieur, que je vous trouve à propos ! Suivez-moi vite.

CLÉANTE. — Qu'y a-t-il ?

LA FLÈCHE. — Suivez-moi, vous dis-je, nous sommes bien.

CLÉANTE. — Comment ?

LA FLÈCHE. — Voici votre affaire.

CLÉANTE. — Quoi ?

LA FLÈCHE.— J'ai guigné ceci tout le jour.

CLÉANTE. — Qu'est-ce que c'est ?

LA FLÈCHE. — Le trésor de votre père, que j'ai attrapé.

CLÉANTE. — Comment as-tu fait ?

LA FLÈCHE. — Vous saurez tout. Sauvons-nous, je l'entends crier.

Louis de Funès dans le rôle d'Harpagon.

SCÈNE VII

HARPAGON

HARPAGON. *(Il crie au voleur dès le jardin, et vient sans chapeau).* — Au voleur ! au voleur ! à l'assassin ! au meurtrier ! Justice, juste Ciel ! Je suis perdu, je suis assassiné, on m'a coupé la gorge, on m'a dérobé mon argent. Qui peut-ce être ? Qu'est-il devenu ? Où est-il ? Où se cache-t-il ? Que ferai-je pour le trouver ? Où courir ? Où ne pas courir ? N'est-il point là ? N'est-il point ici ? Qui est-ce ? Arrête. Rends-moi mon argent, coquin... *(Il se prend lui-même le bras).* Ah ! c'est moi. Mon esprit est troublé, et j'ignore où je suis, qui je suis, et ce que je fais. Hélas ! mon pauvre argent, mon pauvre argent, mon cher ami ! on m'a privé de toi ; et puisque tu m'es enlevé, j'ai perdu mon support, ma consolation, ma joie ; tout est fini pour moi, et je n'ai plus que faire au monde !

Sans toi, il m'est impossible de vivre. C'en est fait, je n'en puis plus ; je me meurs, je suis mort, je suis enterré. N'y a-t-il personne qui veuille me ressusciter, en me rendant mon cher argent, ou en m'apprenant qui l'a pris ? Euh ? que dites-vous ? Ce n'est personne. Il faut, qui que ce soit qui ait fait le coup, qu'avec beaucoup de soin on ait épié l'heure ; l'on a choisi justement le temps que je parlais à mon traître de fils. Sortons. Je veux aller quérir la justice, et faire donner la question à toute ma maison : à servantes, à valets, à fils, à fille, et à moi aussi. Que de gens assemblés ! Je ne jette mes regards sur personne qui ne me donne des soupçons, et tout me semble mon voleur. Eh ! de quoi est-ce qu'on parle là ? De celui qui m'a dérobé ? Quel bruit fait-on là-haut ? Est-ce mon voleur qui y est ? De grâce, si l'on sait des nouvelles de mon voleur, je supplie que l'on m'en dise. N'est-il point caché là parmi vous ? Ils me regardent tous, et se mettent à rire. Vous verrez qu'ils ont part, sans doute, au vol que l'on m'a fait. Allons vite, des commissaires, des archers, des prévôts, des juges, des gênes, des potences et des bourreaux. Je veux faire pendre tout le monde ; et si je ne retrouve mon argent, je me pendrai moi-même après.

Molière, *L'Avare*,
(Acte IV, scènes VI et VII), 1668.

Lexique	
guigner : regarder en cachette/en catimini	
dérober : voler	
épier : observer secrètement	
quérir : aller chercher	
donner la question : faire torturer	
archers : soldats	
prévôts : gendarmes	
gênes : liens/cordes	
potence : instrument pour pendre	
bourreau : celui qui met à mort les condamnés	

Repérages

● La Flèche est le domestique de Cléante. Mais qui est Cléante ?
● Le célèbre monologue d'Harpagon est composé de **différents moments**. Repérez-les :
– Une violente émotion.
– Un violent chagrin/désespoir.
– Des soupçons et une volonté de punir le coupable.
– Un violent désir de vengeance.
● Chaque moment est ponctué par une **scène comique**. Relevez ces passages :
– L'auto-arrestation d'Harpagon.
– Il croit qu'on lui parle.
– Un jeu scénique : il prend les spectateurs pour des voleurs.
– Son auto-exécution envisagée.

Analyse

● Harpagon exagère, ce qui crée le « **comique de mots** ». Choisissez les passages où cela provoque le rire.
● Le « **comique de scène** » déclenche l'hilarité des spectateurs. Mais cela dépend de la mise en scène. Proposez une gestuelle précise pour chaque scène comique.
● Chaque moment du monologue doit être marqué par un « **ton de voix** » précis.
Proposez quatre « tons de voix » différents qui pourraient traduire les sentiments d'Harpagon.
● En tant que metteur en scène, quel physique, quel costume voulez-vous donner à Harpagon ?

Expression orale

Exercez-vous à lire le monologue d'Harpagon en respectant le ton et la gestuelle. Divisez la classe en plusieurs équipes. Chaque équipe choisit d'apprendre un des quatre moments du monologue. Jouez ce moment devant la classe. Les spectateurs donnent une note appréciative. Celui ou celle qui reçoit la meilleure appréciation aura droit au titre de « Pensionnaire de la Comédie Française ».

*E*ntraînement

Micro-trottoir

(cf p. 118)

Objectif :
Pour employer l'indi-
catif ou le subjonctif
dans les propositions
relatives.

1 **Être ou ne pas être, telle est la question**

Dans les énoncés suivants, employez l'indicatif ou le subjonctif selon les cas. Justifiez votre choix de mode verbal : le verbe de la proposition relative est-il consi-déré comme réel ou virtuel ?

1. J'économise pour acheter un logement qui m'......, qui ...... à moi.

2. Je cherche une banque où je ...... faire un emprunt avan-tageux.

3. Une assurance-vie, ce serait un placement dont mes héritiers ou moi-même nous ......

4. Je me demande s'il y a des actions qui ...... un revenu stable.

5. Ma banque offre des taux d'intérêts qui ...... les emprun-teurs !

6. Vous ne connaissez personne qui ...... m'expliquer le système de la Bourse ?

appartenir/être

pouvoir

profiter

garantir

faire fuir

vouloir

Micro-trottoir

(cf p. 118)

Objectif :
Pour employer l'irréel
du présent : « si » +
imparfait, conditionnel
présent, et l'irréel du
passé : « si » + plus-
que-parfait, condi-
tionnel passé.

2 **L'enfer est pavé de bonnes intentions...**

Voici quelques situations où on vous demande de met-tre immédiatement à disposition une certaine somme d'argent.

a. Imaginez votre interlocuteur et sa demande.
b. Réagissez négativement et justifiez votre impossibili-té en employant l'irréel du présent ou l'irréel du passé. (« si » + ...)

1. Une demande de prêt de 10 000 francs.
    a. ......
    b. ......
2. Une proposition de voyage organisé au Népal.
    a. ......
    b. ......
3. L'ouverture d'un plan épargne-logement sur cinq ans.
    a. ......
    b. ......
4. L'achat d'un appartement en location.
    a. ......
    b. ......
5. Une participation financière pour association caritative.
    a. ......
    b. ......
6. L'achat d'actions bancaires dont vous n'êtes pas très sûr(e).
    a. ......
    b. ......

Objectif :
Pour découvrir le
fonctionnement des
marqueurs discursifs.

3   **L'heure de vérité**

1. Observez les échanges suivants et découvrez la signification des marqueurs de l'organisation discursive :

L'interviewer :   Vous économisez de l'argent tous les mois ?
1er interviewé :   **Effectivement**, j'économise une petite somme tous les mois.
2e interviewé :   **En effet**, j'essaie d'économiser tous les mois. Mais je n'y arrive pas toujours ! **D'ailleurs**, ça fait au moins trois mois que je n'ai pas mis un sou de côté !
3e interviewé :   **En fait**, je dépense tout ce que je gagne. Je n'ai jamais économisé un sou. **De toute façon**, à quoi ça sert de faire des économies ? **Au bout du compte**, le mieux c'est de gagner, dépenser, bien vivre, s'amuser **et ainsi de suite...**
4e interviewé :   Votre question est une indiscrétion, **en fait** ! **D'ailleurs**, les gens ne parlent de leurs économies qu'à leur conjoint, **et encore !**...
L'interviewer :   **Effectivement**, les Français sont très discrets sur cette question. Et c'est **d'ailleurs** ce que mon interview voulait démontrer.

2. Réagissez aux questions de l'interviewer en marquant soit votre accord total, soit votre désaccord et en introduisant des idées qui précisent ou qui nuancent votre réponse (réemployez les marqueurs discursifs que vous avez découverts dans l'exercice précédent) :

L'interviewer :   Vous avez bien sûr un livret de Caisse d'Épargne ?
Vous :   ......
L'interviewer :   Est-ce que vous prêtez facilement de l'argent à vos amis ?
Vous :   ......
L'interviewer :   Vous gardez beaucoup d'argent liquide chez vous ?
Vous :   ......
L'interviewer :   Selon vous, l'argent fait-il le bonheur ?
Vous :   ......

Objectif :
Pour employer des
articulateurs logiques
et discursifs.

4   **Modèles syntaxiques**

Choisissez dans les journaux de votre pays une information que vous aimeriez analyser. Utilisez les articulations logiques et discursives proposées, pour rédiger votre paragraphe :

1. On s'aperçoit que ......, puisque ...... À vrai dire, on ne voit pas pourquoi ...... En effet, ...
2. Il faut constater que ......, étant entendu que ...... Il est étonnant que ...... D'ailleurs, ...
3. Il faut aussi tenir compte de ...... Ceci est plutôt encourageant/décourageant si on pense que ...... Cependant, il est possible que ...... D'ailleurs, ...

D. *Le cœur sur*

Les vrais pauvres, ils sont trop fiers pour aller dans les Restos du Cœur… ceux qui y vont, ce sont des débrouillards.

Je donne un petit peu d'argent à des petites causes humanitaires individuelles.

On n'arrête pas de faire des quêtes : téléthon, sida, cancer.

Moi quand je reçois dans ma boîte aux lettres toutes ces demandes pour des causes humanitaires, je ne réponds plus maintenant, parce qu'il y en a trop !

la main

Je pense qu'il y a deux causes prioritaires actuellement. C'est le sida et le tiers monde.

Non, les causes humanitaires, surtout quand elles sont très médiatisées, ne m'intéressent pas.

Plutôt que… donner de l'argent, je préférerais donner du temps à une cause humanitaire.

Je ne me sens pas solidaire du malheur mondial.

MINITEL 3617 CROIXROUGE

Tous les jours des preuves d'amour

CROIX-ROUGE FRANÇAISE

Repérages

Écoutez l'enregistrement et remplissez la grille pour chacun des interviewés :

	Donne ou donnerait du temps	Donne ou donnerait de l'argent	À une cause humanitaire Laquelle ?	Point de vue sur les causes humanitaires	Point de vue sur le rôle de l'État	Action personnelle ? Envers qui ?
Christophe						
Catherine						
Lynn						
Béatrice						
Alain						
Jean						
Thierry						
Carole						
Armand						

Analyse

● Quel est le reproche le plus souvent formulé contre les organismes qui s'occupent de causes humanitaires ?

● Chaque interviewé a réagi selon sa personnalité. À quel locuteur donneriez-vous les caractéristiques suivantes ?

– Désabusé et pragmatique : ......
– Très méfiant : ......
– Méfiant, mais hésitant : ......
– Méfiant, mais capable de générosité : ......
– Actif et réaliste : ......
– Réaliste et égoïste : ......
– Dévoué et pédagogue : ......
– Sensible, capable de pitié : ......

● D'après vos notes, rédigez une synthèse des interviews du micro-trottoir.

Pour fixer le vocabulaire

Associez chaque mot ou expression soulignés à un mot ou expression de la colonne de droite :

La cause, elle est « pourrie ».
Des débrouillards.
On n'arrête pas de faire des quêtes.
Ils viennent mendier dans le métro.
Il n'y en a pas une qui me touche.
C'est tellement minable, ce que je donne.
À défaut d'avoir trouvé des solutions.
L'État nous « pompe » assez d'argent.
Ces organisations qui soi-disant aident les malheureux.

prélever/prendre
demander la charité
qui a perdu son état initial/dégradé
personne habile à se tirer d'affaire
demande d'argent dans un but charitable
prétendre (faire quelque chose)
médiocre/peu important
sensibiliser/atteindre
faute de

Expression orale

Qu'en pensez-vous ?
Répondez d'abord individuellement aux questions suivantes :
– De quel point de vue exprimé par les interviewés vous sentez-vous le plus proche ?
– Pensez-vous qu'une société économiquement avancée peut se passer de charité ?
Mettez vos idées en commun et discutez s'il y a lieu.

L'article défini

● Emploi générique et emploi spécifique :

Emploi générique	Emploi spécifique
Les causes humanitaires **La** faim dans le monde **Le** cancer **L'**amour	**Les** causes humanitaires auxquelles je donne. **La** faim de ces enfants me fait pitié. **Le** cancer de sa femme l'a éprouvé. **L'**amour qu'il lui porte est sans limites.

NB : La détermination du groupe nominal (représentée par les mots soulignés) donne à l'article sa valeur spécifique.

● Objets uniques :

Noms propres	Noms à référence unique	Objets à référence unique dans le contexte
La Croix-Rouge **L'**abbé Pierre **La** France	**Le** Monde **La** Lune **La** Terre **Le** Pape	C'est à l'État de donner (le nôtre). **Le** budget national (celui de notre nation). **Le** métro (le nôtre).

NB : L'article défini peut s'effacer dans une énumération qui sert d'exemple :
On n'arrête pas de faire des quêtes : téléthon, sida, cancer, etc.

L'article indéfini

Emploi généralisant	Emploi particularisant
Une cause humanitaire est toujours utile. **Un** pauvre a sa fierté. **Une** nation doit s'occuper de ses pauvres.	Je donne à **une** cause à laquelle je crois : la recherche sur le cancer. Si je rencontre **un** pauvre qui mendie, je lui donne toujours. Nous vivons dans **une** nation riche.

Phnom-Penh, le 27 juillet 1992

MISSION CAMBODGE

Coordinateur : Jean-Claude Prandy
Rue 302 - Maison 21
Phnom-Penh/Cambodge

Madame, Monsieur,

Ne soyez pas étonné de recevoir cette lettre du Cambodge.

Si j'ai décidé de vous écrire, en accord avec notre siège à Paris, c'est pour vous expliquer directement la « dure » réalité que je rencontre chaque jour au Cambodge.

J'ai demandé à notre siège à Paris, une liste de personnes généreuses susceptibles de nous aider. C'est pourquoi le Président de Médecins du Monde, le Pr Gilles Brucker, m'a fait parvenir votre adresse et me recommande auprès de vous.

Si vous étiez ici à mes côtés, aujourd'hui, vous comprendriez pourquoi je vous appelle à l'aide.

Malgré la paix fragile survenue il y a quelques mois, ce pays et surtout sa population sont encore durement marqués par quinze années de guerre atroce. Imaginez qu'en moins de cinq ans, trois millions de Cambodgiens sont morts, soit un Cambodgien sur trois ! Le pays est entièrement détruit et la situation sanitaire est dramatique.

Voilà plus d'un an que notre équipe mène une intervention médicale dans ce pays meurtri. Nous essayons avec nos faibles moyens, avec tout notre cœur, de soulager la souffrance. Mais nous manquons terriblement de moyens. Si vous pouviez comprendre la détresse de nos médecins qui voient mourir des enfants dans leurs bras, parce qu'il leur manque un seul et unique petit médicament, vous seriez bouleversé.

Nous avons déjà fait beaucoup en reconstruisant entièrement l'hôpital de Calmette et en rénovant les hôpitaux régionaux de Kampong-Saom à l'ouest et de Battambang au nord du pays.
Nos chirurgiens, nos médecins et nos infirmières travaillent sans relâche pour faire reculer le paludisme et la tuberculose qui atteignent la majeure partie des adultes et surtout les enfants… les enfants qui souvent meurent dès la naissance, faute de soins et d'assistance médicale.
Un enfant sur cinq meurt avant l'âge de cinq ans !

Je vous prie de nous aider, car sans vous nous ne pouvons plus rien faire. Nous manquons de tout et pourtant nous devons absolument continuer cette indispensable mission.

Aujourd'hui, vous pouvez nous y aider efficacement.

Votre don, si modeste soit-il, est d'une extrême utilité, soyez-en sûr. Sachez qu'ici, 250 Francs (30 000 riels) seulement nous permettent d'accoucher une femme dans de bonnes conditions et ainsi de sauver deux vies : celles de la mère et de l'enfant.

Grâce à vous, nous pouvons acheter le matériel élémentaire qui nous manque terriblement :
– des seringues et des perfusions,
– des anesthésiques et des ligatures pour opérer,
– des antibiotiques et des médicaments tels que le Rimifon ou les comprimés de quinine pour lutter contre le paludisme qui fait des ravages.

L'espoir est là : je vous en prie, donnez-nous les moyens de secourir efficacement ces pauvres gens. C'est en leur nom que je vous écris, et je suis sûr que vous ne voudrez pas décevoir leur espérance.

Car, tout est possible si chacun y met du sien, si vous apportez votre contribution. Le Cambodge n'est pas un pays « perdu ». Les Cambodgiens sont pleins d'ardeur pour reconstruire. Ils attendent beaucoup de la France.

Si je vous écris aujourd'hui, ce n'est pas pour vous apitoyer inutilement, mais pour vous demander d'agir de manière efficace en apportant un soutien financier à notre mission.

Votre appui est très précieux. Je vous demande d'être à nos côtés pour soigner ces êtres brisés, pour leur offrir un avenir plus souriant.

D'avance, merci de tout cœur

Encore Merci !

Jean-Claude Prandy
Coordinateur Mission Cambodge

P.S. : Le temps presse. Merci d'adresser d'urgence vos dons au siège de Médecins du Monde à Paris.

Expression écrite

Savoir persuader et convaincre le lecteur…

Par équipes, choisissez une cause humanitaire qui vous paraît importante. Rédigez une lettre sollicitant l'aide financière de jeunes francophones.

Modèle pour l'organisation de votre lettre :
– Présentez votre cause humanitaire.
– Essayez de toucher le plus vivement possible votre lecteur, en lui faisant une description douloureuse de la misère à laquelle il est important de remédier de toute urgence.
– Sollicitez sa générosité tout en soulignant la modicité de votre demande.
– Impliquez directement votre lecteur dans la réussite ou l'échec de votre entreprise.
– Montrez bien que les membres de votre association agissent par pure générosité et sans tirer aucun avantage pour eux-mêmes.
– Rappelez l'importance de la solidarité humaine et renouvelez votre demande de dons.
– N'oubliez pas d'indiquer les moyens de règlement.

SAINT COLUCHE

Michel Collucci dit « Coluche ».

Notre père, qui êtes aux cieux... restez-y.
Jacques PRÉVERT

« Y'en a marre ! Marre de cette bouffe jetée, alors que des types font les poubelles pour se nourrir. Ça me fout les glandes, une telle absurdité ! Faut faire quelque chose. Il n'y a pas que l'Éthiopie. » Entre son émission à Europe 1 et son journal sur Canal Plus, Coluche en cet automne 85 n'en finit pas de retourner le problème en tous sens. « Je suis au top. Ce n'est pas la retraite, mais c'est tout comme », avoue-t-il à ses proches. « Il faut faire les choses au moment où on le peut. Pourquoi se priver maintenant ? Avec ma situation, mon fric, si je peux en faire profiter les autres, qu'est-ce que j'ai à y perdre ? »

C'est ainsi que l'ex-auteur de la rubrique « Les pauvres sont des cons » va soumettre son idée humanitaire à Paul Lederman. Tous ces anonymes qui viennent frapper aux portes de ses émissions parce qu'ils sont démunis, il faut pouvoir les nourrir. L'hiver précédent, c'est l'abbé Pierre qui a tiré la sonnette d'alarme. « Un brave vieux, l'abbé Pierre. Mais il se crève au boulot. Il a que Dieu pour l'aider. Moi, j'ai les médias et je suis pas près de leur lâcher la chemise. » Les médias et une organisation qu'il va mettre sur pied, grâce à l'entreprise d'étudiants de l'École supérieure de commerce de Paris, regroupés derrière Alexandre Lederman, le fils de son imprésario. Des jeunes loups du marketing au service d'une cause traditionnellement gérée par la Compagnie d'Emmaüs ou l'Armée du Salut ! [...]

À raison de quinze heures de passion par jour, ces équipes de jeunes étudiants vont mettre en place la logistique de l'opération. La carte de la décentralisation est utilisée à fond. Et les résultats se multiplient. Une chaîne de « fast food » offre vingt-cinq mille repas d'un coup. Un syndicat d'agriculteurs bretons propose des wagons d'œufs. Une compagnie aérienne veut mettre à leur disposition cinq mille plateaux. Une grande entreprise d'informatique se propose pour coordonner les démarches...

Très vite, une association – loi de 1901 – est créée. Son logo : une petite affichette avec un cœur et une fourchette, que les restaurants, d'accord avec la campagne, sont invités à coller sur leurs devantures. Bien évidemment, ici ou là, on parle d'un nouveau coup publicitaire de Coluche. Ou l'on brode sur les limites politiques de la chose, d'un point de vue syndicaliste orthodoxe : « Il ne suffit pas de donner de la soupe aux chômeurs, il faut aussi leur donner des emplois. » Mais ces critiques seront vite balayées par l'essor que va prendre la campagne. Du haut de ses tribunes médiatiques, Coluche rameute, mobilise, suscite des initiatives.

Cependant, la France, qui, sur le registre de la solidarité nationale, est à la traîne des autres pays européens, se fait prier. On constate un décalage flagrant entre la foule des petites gens qui, modestement, veulent faire quelque chose et les institutions. [...]

En deux mois, la situation va se modifier radicalement : l'imminence des élections législatives est un élément déterminant ; Coluche mettra en effet le monde politique au pied du mur, avant que ne se forme le traditionnel phénomène boule de neige.

Le premier qui se rallie à lui est Henri Nallet, le ministre de l'Agriculture. Il offre aux étudiants de « Sup de Co » un local dans la tour Montparnasse. « Génial ! Cela nous donne le passe de la tour, donc l'accès à tous les bureaux des sociétés qui s'y trouvent, que nous allons démarcher les unes après les autres. On a commencé par l'OFIVAL, l'office de la viande. Ils sont d'accord pour nous donner leurs stocks s'ils ont le feu vert du ministre. » Puis, le ministre des Transports Jean Auroux, et Georgina Dufoix, responsable des Affaires sociales, se mettent de la partie. [...]

L'après-midi du 26 janvier sur le plateau de TF1, (a lieu) un show non-stop de quatre heures en faveur des Restaurants. À cinquante jours des élections, un formidable événement, qui conduit *Libération* à consacrer sa *une* à « Saint Coluche » et Serge July à écrire dans un éditorial : « Autrefois les grandes consciences morales avaient la charge de gérer au mieux de leurs moyens les angoisses de l'Humanité. Aujourd'hui, les intellectuels planétaires se sont laissé distancer sur ce chapitre et ont subrepticement passé le relais au showbiz et aux stars des médias : les actuelles grandes conciences sont celles de la communication, amuseurs, musiciens ou animateurs... » [...]

Cet après-midi-là, Coluche avait gagné son pari : collecter près de deux milliards de centimes pour servir à manger aux pauvres jusqu'au printemps. Durant trois mois, « ses » restaurants distribueront jusqu'à soixante mille repas quotidiens dans plus de cinq cents lieux disséminés à travers la France, qu'il se fera un devoir d'aller visiter. [...]

Coluche a compris qu'il faut légiférer si l'on veut poursuivre. Son idée : une loi permettant « de faire de tout donateur un contribuable nourricier à déduction fiscale ». Sans hésitation, il va frapper à la porte de Matignon et à celle du Parlement Européen. Des hommes comme Jacques Chaban-Delmas s'engagent à ce que cette loi – dite « loi Coluche » – soit votée dans les meilleurs délais possibles au Parlement. [...]

Avec la fin de l'hiver, les Restaurants du Cœur vont fermer. Mais il reste de l'argent dans les caisses : discrètement, Coluche s'en va trouver l'abbé Pierre. Une rencontre que ce dernier rendra publique lors de l'homélie qu'il prononça aux obsèques du comédien : « Un après-midi, alors que j'étais étendu sur mon lit, fatigué, on m'a dit : il est là. Je suis venu dans la petite salle à manger de cette HLM que nous avons bâtie... Il y a eu un silence qui avait l'air très long. Et puis il a mis la main dans la poche, il a posé un chèque sur la table, avec simplement : « Et bien, voilà. » Il y avait cent cinquante millions de centimes... J'étais très intimidé avant de le voir. On m'avait tellement dit : vous risquez d'avoir quelqu'un qui fasse une pitrerie. Ah ! mes amis, si vous entendez des gens dire : il ne respectait rien, dites que ce n'est pas vrai. Je suis témoin. Quand il y avait des sujets qui méritent gravement le respect, il était grave[1]. »

En témoignage de reconnaissance, l'abbé Pierre lui remet une petite miniature représentant un arc-en-ciel, référence au *cantique des créatures* de saint François d'Assise. L'argent servira à terminer les travaux d'un centre d'hébergement des mères et des enfants isolés.

Franck Terraille, *Le roman de Coluche,*
coll. Paroles et musiques, © Seghers.

---

1. *Oraison funèbre de l'abbé Pierre pour Coluche, le 24 juin 1986.*

Repérages

● Recherchez dans le texte les réponses aux questions suivantes :
– Où et quand commence l'action humanitaire de Coluche ? Pourquoi peut-il se permettre de faire quelque chose pour les pauvres ?
– Quel était le prédécesseur de Coluche dans la lutte contre la faim ? Pourquoi Coluche pense-t-il avoir plus de succès que lui ?
– Comment s'organise l'action humanitaire de Coluche ?
– Donnez des exemples précis des premiers résultats obtenus grâce à l'organisation.
– Quel est le logo (la marque iconographique) de l'association des Restos du Cœur ?
– Quelles sont les critiques contre le « projet Coluche » ?
– Par quel moyen Coluche mobilise-t-il les foules ?
– Quelle fut la première réaction de l'État ?
– Pourquoi le gouvernement va-t-il finalement se rallier à la cause de Coluche ?
– Le grand coup médiatique de Coluche : où, quand, comment s'est-il passé ?
– Quelle fut la réaction de la presse ?
– Quels furent les résultats concrets immédiats ?
● Résumez le texte en utilisant vos repérages.

Analyse

● Coluche utilisait un langage familier et même populaire. Relevez dans ses paroles des termes et expressions familières. Essayez d'en trouver l'équivalent en français « standard » :
– Termes familiers : ......
– Équivalents en français « standard » : ......
● Pensez-vous que les médias ont eu un rôle déterminant dans les Restos du Cœur ? Justifiez votre réponse.
Les participations aux Restos du Cœur sont - elles entièrement désintéressées ?
● Que pensez-vous du titre « Saint Coluche » donné par *Libération* au comique qu'était Coluche ?

Pour fixer le vocabulaire

Trouvez dans la colonne de droite un synonyme pour chaque mot ou expression soulignés :

Il va soumettre son idée à Paul Lederman.	proposer à l'examen
Les jeunes étudiants mettent en place la logistique de l'opération.	la première page d'un journal
La France est à la traîne des autres pays.	avoir l'autorisation
Le premier qui se rallie à Coluche est Henri Nallet.	organiser
Ils sont d'accord, s'ils ont le feu vert du ministre.	rester en arrière
À la une de *Libération*, un article intitulé : « Saint Coluche ».	suivre quelqu'un dans son projet
Il se fera un devoir d'aller visiter ses Restos du Cœur.	s'obliger à

Expression orale

Jeu de rôles : Par équipes de deux : un étudiant et un grand restaurateur. L'étudiant prend contact avec le restaurateur pour obtenir sa participation aux Restos du Cœur. Imaginez les réactions du restaurateur et les arguments de l'étudiant.

Expression écrite

Chronique : Racontez pour le public français l'histoire (efforts, lutte, succès) de la cause humanitaire pour laquelle vous éprouvez une réelle admiration.

La soft-idéologie

L'idéologie est à la baisse, l'éthique est à la hausse. En ces temps de retour et de retournements, la morale revient comme le libéralisme, la famille et le B.C.B.G. Faute de comprendre le monde (qui parle encore de le transformer ?), faute de doctrines, les soft-idéologues ont des principes. Dès 1977, B.H.L. (Bernard-Henri Lévy) annonçait cette évolution : [...] « Il est temps peut-être d'écrire des traités de morale[1] ».

La morale soft repose essentiellement sur la peur. Sa seule ambition, dans un monde qu'elle reconnaît imparfait, est de faire obstacle au Malin (qui se nomme barbarie, totalitarisme, communisme, fascisme, etc.). Pour sauvegarder ce qui peut l'être, elle se contente de dénoncer et de s'indigner.

La gauche proclame que l'« exigence morale » distingue une politique socialiste d'une politique libérale. Quant à la droite, honteuse de la froideur technocratique de son langage d'antan, elle fait assaut d'humanisme et d'antiracisme avec ses adversaires.

Les bons sentiments, le moralisme bonasse inspirent tous les débats publics. Ceux qui, il y a dix ans, soulevaient à tout moment des « problèmes de société » se posent à tout propos des questions de morale. La casuistique est un genre « branché » : les otages du Liban, les manipulations génétiques suscitent de douloureuses interrogations : comment respecter les grands principes (devoir d'informer ou de faire progresser la science) sans pactiser objectivement avec le diable, selon le cas, en offrant une tribune aux terroristes ou en tolérant des expériences contraires à la dignité humaine ?

Fait symptomatique : alors que les controverses d'idées s'apaisent [...] tout ce qui touche à la charité revêt une importance extrême : la bienfaisance aussi revient.

Bien souvent, un bulletin d'informations télévisées ressemble à un bulletin paroissial, et le calendrier des manifestations caritatives (gala pour l'UNICEF, Restaurants du Cœur, [...] retour sur scène de l'abbé Pierre, Madonna contre le sida, etc.) est aussi chargé que celui des manifs « contre » il y a dix ans (contre la répression, le fascisme, le nucléaire, etc.). Autre indice du retour de la morale : le poids grandissant des autorités spirituelles : un Mgr Lustiger, vedette médiatique, est interviewé à tout propos. Le Premier ministre demande les lumières des clergés des cinq grandes religions françaises sur le terrorisme (ils sont contre). Ne parlons même pas du Pape superstar. L'avis des autorités spirituelles est d'autant plus sollicité, lorsqu'il touche à la vie publique, que leur influence est nulle sur les mœurs. La presse soft recueille avec respect l'opinion des évêques sur l'immigration et la force de frappe (ils sont pour) et ricane quand ils se mettent à parler « capotes anglaises ».

Car l'hypermoralisme soft n'est pas l'ordre moral. Il y a bien retour de la morale, mais non retour à la morale. En effet, la soft-idéologie propose une nouvelle pratique éthique : une morale sans sanction ni obligation, sans contrainte ni ascétisme, une morale spectacle réduite à l'impératif d'étaler sa réprobation et sa sollicitude. [...] La morale soft repose sur le principe que la société des années quatre-vingts est maintenant majeure et donc consensuelle : elle réconcilie les anciens adversaires « réacs » et progressistes. La pilule et l'avortement

---

1. B.-H. Lévy, *La barbarie à visage humain*, © *Grasset, 1977.*

étant entrés dans les mœurs (satisfaction à gauche), l'amour du capitalisme, l'arrivisme social et le goût des belles fringues régnant chez les jeunes (applaudissements à droite), il n'y a plus de raison, n'est-ce-pas ? de s'affronter. [...] En réalité, [...] indifférence, goût de la réussite et moralisme ne sont nullement exclusifs, et la soft-idéologie en réussit parfaitement la synthèse. C'est ce qu'exprime Isabelle Thomas, égérie de la révolte contre la loi Devaquet, lorsqu'une journaliste l'interroge sur son idéal de vie : « *Je ne veux pas de galère de fric. Pas rouler sur l'or, mais être à l'aise. Quand je suis rentrée en fac, les " vieux " étaient d'un individualisme forcené. Pas nous. L'argent, c'est important, mais on veut aussi avoir le temps de s'occuper de notre petite personne : les belles " sapes ", les loisirs, on aime ça. Et puis la solidarité aussi. Bien vivre, mais pas pendant qu'à côté de toi ça va mal. Il faut ... comment on dit ? de la dignité. Ça fait partie de la qualité de la vie[2].* » [...]

L'apologie de la réussite, l'admiration pour les produits du star-system sont parfaitement conciliables avec le souci de l'autre. La morale soft, c'est le management avec du cœur : on a le droit d'être riche et le devoir d'aider les pauvres. L'articulation entre cette exigence morale et cet affairisme pratique, entre le discours des droits de l'homme et le cynisme social (qui s'accommode sans trop de mal de la nouvelle pauvreté), c'est la montée d'un nouveau pragmatisme désabusé.

François-Bernard Huyghe et Pierre Barbès,
La Soft-Idéologie,
coll. Essais, © Robert Laffont, 1987.

---

2. *Interview dans* Elle, *15 décembre 1986.*

Repérages

• Du point de vue du contenu ce texte peut se diviser en trois parties :
– La définition du concept de « soft-idéologie » et son explication.
– Les manifestations de la « morale soft » dans différents domaines et les comportements qu'elle suscite.
– L'analyse de la « morale soft » comportant un exemple et se terminant par une synthèse. Pouvez-vous délimiter ces différentes parties ?
• Quelle est l'explication de cette nouvelle morale ?
• Citez les domaines où on peut l'observer et les comportements pratiqués dans chacun de ces domaines.
• L'auteur analyse ce type de morale : quelle phrase peut résumer son analyse ?
• Qu'est-ce qui la différencie d'une morale traditionnelle ?
• Quelle conséquence a-t-elle du point de vue politique ?
• Quelle phrase d'Isabelle Thomas peut résumer cette nouvelle morale du point de vue du comportement ?
• Dans la synthèse qui constitue le dernier paragraphe, quels termes vous paraissent le mieux résumer la nouvelle morale ?

Analyse

- Un premier procédé caractérise ce texte : l'emploi des parenthèses. Analysez leurs différentes fonctions.
- Un deuxième procédé est aussi utilisé : le rapprochement de mots voisins (exemple : idéologie/éthique) ou de mots antithétiques (exemple : baisse/hausse).

Relevez ces rapprochements.

- Pouvez-vous dégager de ces deux procédés le point de vue des journalistes ? Regardent-ils cette nouvelle morale avec sympathie ou scepticisme ? Quels indices vous permettent de le dire ?

Pour fixer le vocabulaire

Trouvez dans la colonne de droite un synonyme pour chaque mot ou expression soulignés :

Un retournement.	réactionnaire
Dénoncer.	à la mode
Le langage d'antan.	supporter/ne pas être dérangé par
Faire assaut de.	de jadis/d'autrefois
Un moralisme bonasse[1].	s'entendre avec
Un genre « branché ».	changement brusque
Pactiser avec (le diable).	lutter pour surpasser
La force de frappe.	manifester (un sentiment) avec insistance
Étaler sa réprobation et sa sollicitude.	être très riche
Les adversaires « réacs ».	les beaux vêtements
Rouler sur l'or.	la préoccupation envers quelqu'un
Les belles « sapes ».	porter à la connaissance de tous une situation qu'on critique
Le souci de l'autre.	la puissance militaire d'un état
S'accommoder d'une situation.	plutôt faible que bon

1. Le suffixe « asse » est péjoratif.

Expression orale

- Résumez le texte.
- Par groupes, vous discutez de la place faite à la charité et à la morale dans votre société. Utilisez le questionnaire suivant :
– Quels sont les comportements vis-à-vis de la charité dans votre société ?
– Y-a-t-il eu une évolution dans les quinze ou vingt dernières années ?
– S'il y a eu évolution, celle-ci s'accompagne-t-elle d'autres phénomènes sociaux ou politiques : transformation des classes sociales, changement de niveaux de vie, etc. ?
– Décelez-vous quelque chose de comparable à ce qu'on appelle la « soft-idéologie » ?
- Faites un court exposé à la classe, qui résume la discussion de chaque groupe.

Expression écrite

- Écrivez un texte exprimant votre réflexion sur la « soft-idéologie ».
Utilisez des rapprochements ou des oppositions de mots comme dans le texte de référence.
N.B. : Si ce thème ne vous paraît pas actuel dans votre société, faites le même exercice sur un thème plus actuel dont vous montrerez l'évolution depuis quinze ou vingt ans.

Le voleur *thief*

SCÈNE D'UNE VIE DE CHIEN

Scandale au supermarché : non seulement il avait dévoré la boîte au vu et au su de tous, mais voilà qu'il se mit à aboyer.

L'hiver n'était pas très froid, mais l'humidité le pénétrait jusqu'à l'os. Assis sur le trottoir devant le supermarché de banlieue, Pierre attendait le geste de charité de ses concitoyens. Il avait posé son béret basque à ses pieds et il tenait à la main un carton sur lequel il avait écrit en lettres capitales J'AI FAIM.

La nuit tombait vite en cette saison. Il n'était pas sûr que les chalands qui entraient dans le grand magasin et en ressortaient fussent capables de lire ce qu'il avait écrit sur le carton. De plus ils étaient eux-mêmes transis et pauvres. Pas au point d'éprouver la faim, mais pauvres quand même. De sorte qu'au bout de deux heures Pierre n'avait récolté dans son béret que trois francs. Même pas de quoi s'acheter une baguette de pain. Et Pierre avait vraiment faim. Très faim. Il n'avait rien mangé depuis la veille. Il avait arpenté la cité toute la journée dans l'espoir de décrocher un petit boulot. En été, les propriétaires des pavillons l'engageaient parfois pour des travaux de jardinage. Les commerçants lui confiaient à l'occasion le lavage de leurs voitures. Mais, en hiver, cette misérable banlieue se refermait sur elle-même comme une huître. Et ce n'étaient pas les locataires des HLM qui avaient besoin de ses services. Oui, il avait marché et marché et ne s'était heurté, toute la journée, qu'à des refus, des mines renfrognées et des portes closes. Mais marcher sans manger vous creuse davantage et, de plus, vous affaiblit. À la fin, la tête vous tourne et vos jambes flageolent.

Pierre n'avait pas de métier qualifié, pas de parents qui l'eussent pu lui offrir un soutien. Voici deux ans, chassé par le chômage, il avait quitté sa Corrèze natale pour monter à Paris. Depuis, il avait connu déboires sur déboires. Une spirale de mécomptes qui l'avait tiré vers le bas. Il avait dépéri au point qu'il ne pouvait même plus solliciter un emploi précaire de manutentionnaire ou de manœuvre. Les patrons et les contre-

maîtres lui préféraient des hommes plus robustes : un coup d'œil à sa maigreur et à sa mine hâve et il se retrouvait sur le trottoir. D'ailleurs, les petits entrepreneurs étaient durement touchés par la crise. Et ceux qui tenaient le coup remplaçaient les manœuvres par des robots.

Il faut avoir un domicile pour bénéficier d'une aide sociale. Depuis longtemps, Pierre n'avait plus un véritable logis. Il partageait une cabane de chantier abandonnée avec Émile, le clochard. Il défendait, malgré tout, sa dignité, avec ce qui lui restait d'énergie. Émile lui servait de repoussoir. Déambuler en guenilles, puer comme un bouc, noyer son vague à l'âme dans le pinard, non et non ! Il n'admettait pas une telle déchéance ! Aussi aiguisait-il le rasoir hérité de son grand-père sur un silex jusqu'à pouvoir l'utiliser même sans crème à raser. Tard le soir, il lavait tant bien que mal son linge dans les toilettes de la gare avec ce qui restait de savon dans les distributeurs automatiques. Mais, pour le reste, force lui était de faire la manche comme Émile et de souffrir, comme en ce moment, de faim et de froid. Le supermarché allait fermer dans une demi-heure. Des femmes, mais surtout des hommes – célibataires ou pères de famille – que le RER avait crachés après leur journée de travail, s'y précipitaient. Ils en ressortaient avec des sacs de plastique contenant les victuailles destinées au repas du soir. La course contre le temps avait accéléré le passage des clients dans les deux sens. Mais, à cause de cette précipitation même, aucune pièce de monnaie ne tombait plus dans le béret de Pierre. Les hommes et les femmes le frôlaient sans lui jeter le moindre regard. Le jeune mendiant se souvint du commentaire d'Émile inspiré par sa longue expérience de clochard. « C'est pas qu'ils manquent de cœur, mais il sont pressés. Ils ne te voient même pas. Peut-être que si tu étais un chien... Avec le barouf que fait Brigitte Bardot pour la défense des bêtes... »

Pierre n'était pas un chien. Mais il ressentait la faim comme n'importe quelle bête. Même qu'elle lui donnait des crampes d'estomac. Il rêvait d'un beau rôti et avalait sa salive. De quel droit les uns mangeaient et les autres pas ? Tout comme un chien, il avait envie non pas d'un bout de baguette, mais d'un plat de viande.

N'y tenant plus, il se leva, ramassa son béret, glissa les trois francs qui s'y trouvaient dans sa poche, et entra dans le grand magasin. Poussant le tourniquet, il longea les caisses devant lesquelles les gens faisaient la queue, et chercha des yeux le rayon qui exposait les aliments pour chiens et chats. L'ayant découvert, il y alla tout droit et s'empara d'une grosse boîte de *Pal*. Après quoi, il s'assit par terre au milieu des étalages, et ouvrit la boîte avec son canif, et commença à en avaler goulûment le contenu en se servant de ses doigts. Le produit – un hachis de bas morceaux de viande – lui parut exquis. Pierre s'en remplissait l'estomac sans mâcher, avec la hâte de l'affamé, mais son palais, qui n'avait plus perçu le goût de la viande depuis longtemps, ne s'en délectait pas moins.

Au bout d'un moment, il se trouva entouré de quelques clients. Les uns écarquillaient les yeux devant le spectacle insolite, d'autres ricanaient bêtement, quelques-uns s'en indignaient. Impassible, Pierre continuait à vider la boîte. Soudain, il fut secoué rudement par l'épaule. En se retournant, il constata qu'il était flanqué de deux malabars,

qu'il identifia aussitôt comme étant des vigiles. Les deux hommes le regardaient d'un air féroce. Ils étaient vêtus d'une sorte d'uniforme sur lequel était fixée une plaque de cuivre portant le sigle de la chaîne à laquelle appartenait la grande surface.

– Alors, comme ça ! l'apostropha l'un des deux hommes. On ne se gêne plus ! On vole au vu et au su de tout le monde !

En guise de réponse, Pierre se leva et retourna les poches de son manteau râpé et de son pantalon tout froissé.

– Comme vous voyez, messieurs, je n'ai rien volé.

– Et cette boîte ?

– Je ne l'ai pas volée. Je l'ai mangée.

– Tu l'as mangée ! … Mais est-ce que tu l'as payée ?

– Non ! Est-ce qu'un chien paie sa pitance ?

Décontenancé, le vigile qui l'interrogeait – une brute d'une cinquantaine d'années aux sourcils touffus et à la moustache blanche – mit quelques secondes à trouver la réplique.

– Le chien, non. Mais son maître, oui.

– Mais moi, je n'ai pas de maître, observa Pierre doucement.

De nouveau, le vigile hésita.

– Tu n'es pas un chien, que je sache.

– Pourquoi n'en serais-je pas un ? Je mène une vie de chien et je viens de me nourrir avec une pitance de chien.

Les clients qui les entouraient firent entendre quelques murmures. Il y eut même une ou deux exclamations d'apitoiement.

– Allez, assez ergoté ! s'écria le vigile à bout d'arguments. Tu vas nous

suivre gentiment au commissariat ou nous t'y traînerons de force… Et n'essaie surtout pas de t'enfuir !…

Le vigile avait saisi Pierre par la manche.

– Pourquoi ne m'attachez-vous pas avec une laisse ? Comme ça, vous serez sûrs que je ne m'échapperai pas !

Estomaqué par tant d'insolence, le vigile était devenu tout rouge.

– Nom d'un chien ! hurla-t-il. Je me demande ce qui m'empêche de …

Il avait levé le poing. Pierre grogna en montrant les crocs et se mit à aboyer. La surprise, plutôt que la peur, fit reculer les vigiles d'un pas. Un homme avait suivi la scène de loin. Il vint se planter devant les deux hommes en uniforme. Il était encore jeune, bien vêtu et rasé de près. Son regard énergique, son menton volontaire, reflétant l'autorité. Il tenait à la main un billet de 50 F.

– Tenez, mon brave, dit-il en s'adressant au vigile qui avait levé le poing. Vous irez à la caisse payer cette boîte et vous me rendrez la monnaie.

– Vous étiez là, monsieur le commissaire ? s'exclama le vigile au comble de la stupeur. Nous voulions justement vous amener cet individu qui…

– Comme vous voyez, ce n'est plus la peine.

– Mais c'est un voleur ! Un individu dangereux !

– Dangereux ? Je ne le pense pas. Mais il pourrait le devenir. Je vous conseille de garder la mesure. Sinon, nous serons bientôt entourés de chiens enragés…

Une nouvelle d'André Kédros
parue dans
Le Monde diplomatique,
mars 1992.

Écrivain grec de langue française, André Kédros est l'auteur de quatorze romans traduits en plusieurs langues, ainsi que d'essais. Son *Histoire de la résistance grecque, 1940-1944* (Laffont, Paris, 1966) est devenue un ouvrage de référence. Il a retracé son itinéraire de résistant intellectuel du temps de la guerre froide dans l'*Homme à l'œillet* (Laffont, Paris, 1990), livre de mémoires à propos duquel Claude Julien a évoqué l'attachante personnalité d'André Kédros et son « *incessante quête d'une vérité que certains préfèrent ensevelir sous les certitudes idéologiques qu'ils renieront plus tard, trop tard.* » (*Le Monde diplomatique*, juin 1990).

Tous en scène !

Après avoir lu et compris le texte, faites une mise en scène :
– Délimitez les scènes.
– Fabriquez un décor.
– Choisissez les personnages et les figurants.
– Déterminez les attitudes.
– Apprenez le texte et faites quelques répétitions.
Lorsque vous serez prêts, jouez la scène devant une autre classe de français de votre établissement.

Entraînement

Saint Coluche

(cf p. 138)

Objectif :
Pour affiner son vocabulaire et utiliser les prépositions qui conviennent.

1 **Saint Coluche à la une !**

Utilisez les expressions proposées pour compléter les énoncés suivants :

1. Devant le problème de la faim et de la pauvreté en France, Coluche cherche une solution. À l'automne 1985, il ...... tourner le problème en tout sens. Enfin il propose une solution.
2. Pour organiser ses Restaurants du Cœur, Coluche ...... tout le monde. Notamment, son organisation va ...... de grandes chaînes de restauration.
3. La plupart des chefs d'entreprise contactés ...... l'action de Coluche et ils ...... des produits alimentaires.
4. Une grande entreprise d'informatique ...... coordonner toutes les démarches.
5. Depuis 1985, tous les Français ...... participer en envoyant une somme d'argent aux Restaurants du Cœur. De très nombreux Français ...... aider les plus malheureux du pays.

faire appel à
se proposer pour
n'en pas finir de
être invité à
se mettre en relation avec
mettre à la disposition
approuver
se faire un devoir de

La soft-

idéologie

(cf p. 141)

Objectif :
Pour employer des structures syntaxiques complexes.

2 **Modèles syntaxiques**

Rédigez une série de phrases en employant les structures suivantes :

1. Faute de ......, ...
2. ...... repose essentiellement sur ......
3. Pour ......, on se contente de ......
4. Certains proclament que ...... permettent de distinguer les ...... des ......
5. Comment respecter ...... sans ......
6. L'avis de ...... est d'autant plus ...... que ......
7. En réalité ...... et ...... ne sont nullement exclusifs.
8. ...... est parfaitement conciliable avec ......
9. On a le droit de ...... et le devoir de ......

Le voleur

(cf p. 144)

Objectif :
Pour employer des structures syntaxiques complexes.

3 **Modèles syntaxiques**

Rédigez une série de phrases en employant les structures suivantes :

1. Non seulement il ...... mais voilà qu'il ......
2. Ils étaient ......, pas au point de ...... mais au point de ...... quand même.
3. Il ...... au point qu'il ......
4. De quel droit les uns ...... et les autres pas ?
5. Les uns ......, d'autres ......, quelques-uns ......

dossier 3

Le triomphe de l'individu ?

A. *La vie en solo*

(cf. Transcriptions p. 241)

Table ronde

Avantages et inconvénients du célibat :

Laurence : Le célibat c'est une grande liber-té, une grande disponibilité de soi, de son temps, de ses préoccupations. C'est la possibilité d'être franchement égoïste.

Pierre : Bien sûr on est libre de faire ce qu'on veut à tout moment, mais je crois que par nécessité on recherche peut-être plus les autres quand on est célibataire.

1. Marie-Jo. - 2. François. - 3. Delphi

Laurence : Être célibataire c'est un choix un peu contraint, dans la mesure où je n'ai pas rencontré quelqu'un avec qui partager ma vie.

Marie-Jo : Je pense que vivre seule n'est jamais un choix, c'est toujours une contrainte.

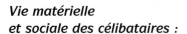
. Animatrice.- 5. Étienne. - 6. Laurence. - 7. Pierre.

Laurence : Mon souhait fondamental c'est pas de finir seule, ce n'est pas de vieillir seule. Moi j'ai envie de faire des enfants.

Pierre : Moi je pense qu'il y a un phénomène qui est typique des gens qui vivent seuls, ce sont les coups de folie. C'est-à-dire qu'on peut faire de grosses dépenses, pour compenser... peut-être.

Marie-Jo : Je pense qu'on peut avoir des coups de folie à deux.

Vie matérielle et sociale des célibataires :

Pierre : Je pense que l'aspect matériel est assez marginal dans cette affaire... c'est un problème d'organisation.

Repérages

Avantages et inconvénients du célibat :
- Écoutez une ou deux fois l'enregistrement et dites ce que vous avez compris, ce qui vous a frappé.
- Réécoutez l'enregistrement et, par petits groupes, recherchez la réponse aux questions suivantes :
– Quel est le point de vue de Laurence sur la vie de célibataire ?
– Quel est le point de vue de Pierre ?
– La vie de célibataire de Laurence est-elle un choix ?
– Marie-Jo est-elle entièrement d'accord avec Laurence ?
– Quelle est la conclusion de l'animatrice ?

Vie matérielle et sociale des célibataires :
- Écoutez une ou deux fois l'enregistrement et dites ce que vous avez compris, ce qui vous a frappé.
- Réécoutez l'enregistrement :
– Repérez les deux questions essentielles posées par l'animatrice.
– Repérez le point de vue de Delphine.
– Repérez le point de vue de Pierre.
– « Un célibataire dépense peut-être moins » : ce point de vue est-il partagé par Delphine et Pierre ?
- Repérez le second thème introduit par l'animatrice :
– Quelle image utilise-t-elle pour renforcer ce thème ?
– Quelle est la réaction de Laurence à cette image ?
– Quel est le souhait de Laurence et veut-elle le réaliser tout de suite ?
- Repérez un autre thème introduit par Pierre :
– Comment explique-t-il ce thème ? Quel exemple concret en donne-t-il ?
– Marie-Jo et Delphine sont-elles d'accord avec Pierre ?

Manières de dire

- Recherchez en écoutant l'enregistrement, les traces de l'oralité :
– La fonction des « euh » et des répétitions de mots.
– La chute de certains éléments souvent non prononcés à l'oral (voyelles, consonnes).
– Des cas de syntaxe négative spécifique de l'oral.
- Écoutez et transcrivez l'interview de David.

Expression écrite

En équipes, faites un rapport de ce que vous avez retenu de la *table ronde*. Essayez de rendre compte du thème abordé et des différents points de vue exprimés.

La vie en solo

Comment ils vivent

Ils fréquentent les clubs de rencontre

Plus la ville est grande, plus il y a de personnes seules, alors les clubs fleurissent dans les grandes villes. On peut y apprendre à danser ou à soigner sa forme. On y fait des stages de micro-informatique, de rock ou d'anglais.

Dans ces clubs, la moyenne d'âge est de trente-quarante cinq ans et il y a autant de femmes que d'hommes.

Ils utilisent le Minitel ou les petites annonces pour trouver l'âme sœur

... mais les utilisateurs du Minitel sont de moins en moins nombreux. On utilise beaucoup les petites annonces. Certains y trouvent un compagnon ou une compagne pour la vie. H. Junod, qui a écrit un livre sur le sujet, donne un bon conseil : « Pour le premier rendez-vous, n'acceptez jamais une invitation à dîner. Prenez plutôt un pot dans un café. Si l'homme - ou la femme - du jour se révèle assommant(e), vous ne serez pas obligé(e) d'attendre le dessert pour vous éclipser. »

Ils communiquent mieux par téléphone

Voici ce que dit Romain, trente ans : « Sauf nécessité impérieuse, je me déplace de moins en moins chez les gens que j'aime et je constate qu'ils adoptent la même attitude à mon égard. Par commodité et pour gagner

du temps nous ne communiquons pratiquement plus que par téléphone et nos relations me semblent tout aussi intenses. Nous avons pris un abonnement optionnel, ce qui nous permet, en utilisant le réseau normal, de converser simultanément à trois. Je pense vraiment que le bonheur que l'on éprouve à se retrouver de cette façon est au moins aussi complet et satisfaisant que lors d'une rencontre physique. Il faut un temps d'adaptation, c'est tout. »

Et, bien entendu, ils ne peuvent se passer d'un répondeur

Les messages laissés sur les répondeurs signent une personnalité ou une humeur passagère : Le classique « Bonjour, vous êtes bien à tel numéro, vous pouvez laisser un message. Je vous rappellerai dès mon retour. » convient à toutes les circonstances et à tous les interlocuteurs. Mais certains n'hésitent pas à être plus personnels, plus chaleureux : « Salut les filles ! Racontez-moi tout. » ou « Quel dommage que je ne sois pas là pour vous entendre, mais ce n'est que partie remise si vous me laissez votre numéro. » D'autres maintiennent une distance glaciale pour garder leur intimité et vous saluent d'un « Vous êtes en communication avec un répondeur. C'est à vous de parler. »

Enfin, ils s'entourent de gadgets

À défaut de s'entourer des siens, le célibataire se barricade souvent derrière un arsenal de gadgets dernier cri. Pour la cuisine, il a déniché un congélateur minuscule combiné avec le réfrigérateur. Il a le dernier-né des fours à micro-ondes qui repère tout seul le temps de cuisson des surgelés. Dans le salon, il se bat avec une armée de télécommandes qui se ressemblent toutes. L'une clignote pour annoncer la fin de la programmation sur le magnétoscope, pendant que l'autre indique la baisse de contraste sur le téléviseur, alors qu'il essaie de manipuler celle du baladeur-laser à convertisseur. Quand il sort il n'oublie jamais son bipeur pour interroger le répondeur de son téléphone sans fil.

Rentré chez lui, il programme sa cafetière électrique qui lui fera le café le lendemain matin. Avant de se coucher, il monte sur le pèse-personnes vocal qui lui annonce qu'il a pris cinq cents grammes. Dépité, il se couche et s'endort en se demandant s'il ne va pas s'acheter le petit fax de voyage (qu'on vient d'importer en France).

D'après *Le Nouvel Observateur*.

Repérages

Les faits suivants sont-ils vrais dans le texte ? S'ils ne vous paraissent pas tout à fait exacts, précisez la bonne réponse :
– Le nombre de personnes seules varie avec l'importance de la ville.
– L'utilisation du Minitel pour rencontrer l'âme sœur a tendance à diminuer.
– Lors de la première rencontre, il vaut mieux refuser une invitation à dîner.
– La communication par téléphone tend à remplacer la communication directe, parce qu'elle est plus intense que celle-ci.
– On peut se faire une idée d'une personne à travers le message qu'elle a laissé sur son répondeur.
– Le célibataire s'entoure de gadgets pour compenser l'absence de famille.
– Les télécommandes du salon facilitent beaucoup sa vie.
– Lorsqu'il s'endort, il est parfois irrité par le trop grand nombre de gadgets qui l'entourent.

Analyse

● La description du célibataire moderne donnée dans le texte correspond-elle à une classe sociale particulière et à un âge particulier ? Lesquels ?
● Combien de registres de langue distinguez-vous dans les textes des annonces sur répondeur ? Faites des hypothèses sur l'âge et la profession éventuelle des différents locuteurs.
● Relevez les noms des différents gadgets utilisés par le célibataire ainsi que leur caractéristique ou avantage principal. Lesquels vous paraissent indispensables, utiles, inutiles ?

Expression orale

● Comparez les célibataires que vous connaissez avec ceux qui sont décrits dans l'article du *Nouvel Observateur*. Analysez les points communs et les différences.
● La vie « en solo » est-elle nécessairement synonyme de solitude ?

Le grand club
des célibataires sympas

Notre objectif : favoriser les rencontres et les amitiés à travers les loisirs... Sortir pour dîner, pour danser. Assister à un concert, à une conférence. Faire une balade à vélo, une partie de cartes. Visiter le parc de la Villette. Perfectionner son anglais. Partir en randonnée. Jouer au golf, au tennis. Patiner sur la glace. Passer une semaine aux sports d'hiver. Prendre un week-end de détente. Voyager avec des amis intéressants. Accepter une soirée en tête-à-tête. Le bonheur célibataire : un programme permanent !

Les célibataires des années 90 sont de plus en plus nombreux, près de 7 millions en France. Ils sont formidables et mettent autant d'énergie à réussir leur vie privée que leur vie professionnelle. Ils recherchent un nouvel art de vivre, sans contrainte, dans une ambiance saine d'amitié et de fêtes car ils n'aiment ni l'ennui ni la solitude. Le bonheur célibataire, c'est élargir sa vie !

Ile Saint-Louis
39, quai d'Anjou 75004 Paris
Tél. : 46 34 20 22

C'est sympa d'être célibataire ! Nos milliers d'adhérents le vivent au quotidien. Pourquoi pas vous ? Rencontrons-nous pour en parler !

RENSEIGNEMENTS PERSONNELS

NOM (M., Mme, Mlle) _____
PRÉNOM _____ ÂGE _____
TÉL. PRIVÉ _____ TÉL. PROF. _____
(discrétion assurée)   (discrétion assurée)

N° ____ RUE _____
LOCALITÉ _____ CODE POSTAL _____
PROFESSION _____
CÉLIBATAIRE___DIVORCÉ(E)___VEUF(VE)___SÉPARÉ(E)___
(rayer les mentions inutiles)
AVEZ-VOUS DES ENFANTS ? _____
NOTRE CLUB VOUS INTÉRESSE-T-IL POUR :

	OUI	NON
– DE NOUVELLES RENCONTRES	OUI	NON
– DE NOUVEAUX LOISIRS	OUI	NON

Repérages

- Relevez la phrase qui s'adresse directement au lecteur.
- Relevez les slogans les plus frappants.
- Classez les activités proposées aux célibataires en activités sportives, communicatives, culturelles.

Analyse

- Comparez les activités offertes par le Club Eurofit, aux rêves des Français (cf. Dossier 1 p.7). Quels commentaires appelle cette comparaison ?
- Trouvez-vous que les loisirs offerts par le club répondent à toutes les aspirations ?
- Commentez cette phrase : « Ils recherchent un nouvel art de vivre, sans contrainte... » Qu'en pensez-vous ?

Expression orale

Choisissez un des deux jeux de rôles :
– Vous téléphonez au Club Eurofit pour demander des renseignements. Préparez à deux les questions/réponses et jouez la scène devant le groupe.
– Vous choisissez une des activités proposées par le club. Après une première expérience, vous appelez le club pour donner vos impressions positives ou négatives.

Expression écrite

Par petits groupes, rédigez la publicité d'un club privé convenant à l'image que vous vous faites du célibataire.

La rencontre

Vaincue, la solitude ? Abolie, la barrière des sexes ? Plus les hommes et les femmes se côtoient, moins ils se rencontrent vraiment ! Pourquoi ?

Gabriel a 28 ans ; il est parisien, assistant à la fac, beau et, comme on dit, plein d'avenir. Pourtant Gabriel est seul. Certes il ne manque pas d'amis, de petites amies, de petits bonheurs mais, il ne sait pourquoi, une désespérance le tourmente :

« *Toute rencontre,* dit-il en ouvrant la porte de sa 205 rouge, *reste insatisfaisante. Les regards ne se trouvent plus. Quelque chose est cassé dans les rapports humains.* » Gabriel part seul en week-end. Éprouvera-t-il un beau jour, malgré tout, cette illumination qui soudain, tel Chérubin des « Noces de Figaro », lui mettra aux joues et au cœur le rouge coquelicot ? Il en doute, tout comme Fabienne, 29 ans, qui a choisi d'être photographe, de voir le monde dans son objectif plutôt que de regarder sereinement ses lointains compagnons, les hommes : « *J'ai peur de me laisser aller : l'échec fait mal à l'amour-propre.* »

Fabienne et Gabriel sont comme ces seize millions de femmes et d'hommes qui aujourd'hui en France vivent seuls. Seize millions qui n'ont pas su retenir ou qui n'ont pas encore rencontré l'âme sœur, cela fait, au-delà du « phénomène de société », une blessure invisible qu'abritent les façades apparemment tranquilles des grandes villes. C'est en effet dans les villes, là où l'on croise tout le monde et personne, que les coups de cœur sont les plus improbables. Le sociologue Gilles Lipovetsky le dit bien : « *Plus la ville développe de possibilités de rencontres, moins on se rencontre.* » Et la plupart de ses confrères insistent sur le drame qu'a engendré, cette dernière décennie, l'intrusion du télex, du vidéophone et des bip-bip en tout genre. À force de se perfectionner, de viser la rapidité, la communication a fini par se nier : elle est devenue froide. S'écrit-on ? Oui, mais pour s'envoyer des lettres recommandées, des contrats ou des imprimés. Les lettres d'amour ? Le téléphone autorise à se dire tout, si vite. On n'attend plus le courrier parfumé, on n'a plus ce battement de cœur, on brûle tout, tout de suite. [...]

Selon un sondage IFOP effectué pour Uni-Inter (conseil en relations humaines) auprès de 1 000 personnes, 77 % d'entre elles avouent leur ardent désir de rencontrer celui ou celle qui, comme la

Mimi de l'opéra, dira à son Rodolfo : « *Ah oui, oui, je t'aime !* » Mais leur cœur reste vide. La rencontre ? « *Nous vivons dans la société du paraître, dit* l'un. *La vérité nue de l'amour n'existe plus.* » « *La société glace tout,* répond l'autre. *Nous sommes les enfants du marketing et du Minitel.* » Ce qui, en termes d'enquête IFOP, se traduit par le fait que 42 % des sondés estiment que décidément, de nos jours, les relations avec les autres restent très superficielles. Nous ne pouvons plus dire nos émotions, nous sommes condamnés à souffrir en silence. À confier nos rêves et nos fantasmes à des écrans vidéo, à des correspondants anonymes qui, à l'autre bout du réseau Minitel, lancent eux aussi des SOS.

Cela signifie-t-il que nous serions devenus infirmes ? Incapables de vraies rencontres, d'un certain don de soi ? Et que la société qui cependant mêle garçons et filles à l'école, Blacks et Beurettes dans la ville, hommes et femmes au travail serait responsable, comme elle l'est du chômage et de la violence, de nos impossibilités amoureuses ?

Autrefois, les liens amoureux se créaient au contact des familles. Mais on constate depuis longtemps un déclin progressif et régulier des rencontres de voisinage. Ce qui autrefois était un mode majeur de mariage est quasiment tombé en désuétude. Aujourd'hui la communauté, village ou tribu familiale, se désintéresse totalement du célibataire. Le village est devenu lieu de vacances et de simple passage, la famille a éclaté. Les familles ne sont plus là pour « arranger » les rencontres. Désormais, la rue et les cafés, les centres commerciaux et les transports en commun, les agences de voyages vendeuses d'aventures et de conquêtes, les petites annonces spécialisées et le

Minitel rose sont les seules « marieuses ». On ne peut plus rencontrer que des inconnus, et c'est cela qui fait peur, de là peut-être que vient le mal : la solitude.

Dans une implacable logique, elle pousse ceux qui sont seuls à se réfugier dans les boîtes, les discothèques ou les clubs. Toujours selon le sondage IFOP, 76 % des interviewés estiment que c'est en ces endroits qu'ils ont le plus de chances de rencontrer celui ou celle avec qui ils fonderont un foyer. [...]

Présentation d'un futur * venant de Paris.*

Une chose est sûre : 35 % des hommes et des femmes interrogés – et c'est là le meilleur enseignement que nous livre ce sondage IFOP – redoutent les rencontres de hasard. À cause du Sida, par peur des mésalliances ? Ou plutôt parce que, perdus dans la grande foule, sans miroirs protecteurs, sans modèles satisfaisants, l'absence de repères préalables les effraie. Alors, comme le dit encore Fabienne la photographe, « *on croit souvent que l'on peut trouver mieux.* »

Nicole Leibowitz (enquête Caroline Babert), *Le Nouvel Observateur,* 12-18 mars 1992.

---

*«*Futur*» signifie «*futur mari*», c'est-à-dire le fiancé (vieilli).

Sondage :

a.

76 % préfèrent les bals, les boîtes et les clubs

Pour rencontrer quelqu'un en vue de vivre ensemble ou fonder un foyer, à votre avis quelle est la meilleure solution, parmi les quatre suivantes ? En premier et en deuxième ?

	En premier	En deuxième	Total
Fréquenter les bals, les boîtes, les discothèques...........	46	20	66
Devenir membre de clubs, d'associations....................	30	27	57
S'adresser à une agence matrimoniale......................	5	12	17
Faire passer une petite annonce	5	11	16
Aucune, ne se prononcent pas	14	30	44

b.

De plus en plus de mal à se comprendre : 65 %

Je vais vous citer des raisons qui peuvent expliquer pourquoi des personnes ne parviennent pas à vivre ensemble ou fonder un foyer. Pour chacune, je vous demanderai de me dire si vous êtes tout à fait d'accord, plutôt d'accord, plutôt pas d'accord ou pas d'accord du tout ?

	Tout à fait d'accord	Plutôt d'accord	Plutôt pas d'accord	Pas d'accord du tout	Ne sait pas
Beaucoup de gens sont trop exigeants et veulent absolument trouver l'homme ou la femme idéale...........	44	31	11	11	3
De nos jours, les relations avec les autres restent en général très superficielles.............	42	33	12	11	2
Les femmes et les hommes ont beaucoup changé, et ils ont plus de mal à se comprendre....	37	28	15	18	2
Beaucoup de gens ont peur des rencontres de hasard	35	31	15	16	3

Ce sondage a été réalisé par l'IFOP pour Uni-Inter les 19 et 20 décembre 1991 sur un échantillon national de 932 personnes représentatif de l'ensemble de la population âgée de 18 ans et plus, selon la méthode des quotas.

Le Nouvel Observateur,
12-18 mars 1992.

*R*epérages

- Les faits suivants sont-ils vrais dans le texte ?
– À force de vivre ensemble, hommes et femmes se rencontrent facilement.
– Un jour, Gabriel sera sûrement aussi amoureux que le Chérubin des *Noces de Figaro*.
– Fabienne craint les rencontres, parce qu'elle a peur d'être déçue.
– La vie dans les grandes villes et les nouvelles technologies favorisent la vraie communication.
– Bien que le téléphone soit plus pratique, on s'écrit toujours des lettres d'amour.
– Le sondage IFOP montre qu'une forte majorité de personnes recherchent le grand amour.
– Pour un grand nombre de sondés, la société actuelle ne favorise pas les relations humaines profondes.
– Autrefois les familles se connaissaient bien et encourageaient rencontres et mariages entre leurs enfants.
– Actuellement on ne rencontre que des inconnus et cela fait peur.
– Pourtant beaucoup de gens croient qu'ils peuvent rencontrer dans les clubs et les discothèques, quelqu'un avec qui vivre.
- Analysez la fonction de chacun des paragraphes et résumez-les en une ou deux phrases.
- Faites un résumé du texte.

Analyse

• Seize millions de célibataires : c'est un « phénomène de société ». Selon le texte, quelles en sont les causes ? Classez-les en raisons matérielles, psychologiques et sociales.

• Dans le sondage IFOP :

a. Les quatre solutions proposées pour rencontrer quelqu'un vous conviennent-elles ? Pouvez-vous en proposer d'autres ?

b. Les quatre raisons proposées par le sondage IFOP vous paraissent-elles exhaustives ? En voyez-vous d'autres qui pourraient expliquer le grand nombre de célibataires ?

Expression orale et écrite

• La société est-elle réellement responsable de « nos impossibilités amoureuses » ? Justifiez votre réponse en donnant des exemples.

• Dans votre société, les gens se rencontrent-ils plus facilement qu'en France ? Où et comment se rencontrent-ils généralement ?

• En utilisant les questions du sondage IFOP ou celles que vous pouvez élaborer en classe, interviewez une quinzaine de personnes ou plus. Mettez ensuite vos résultats en commun.

Pour fixer le vocabulaire

Trouvez dans la colonne de droite un synonyme pour chaque mot ou expressions soulignés :

Abolie la barrière des sexes ?
Une désespérance le tourmente.
Éprouvera-t-il un beau jour cette illumination ?
Regarder sereinement.
L'échec fait mal à l'amour-propre.
Dans les villes, les coups de cœur sont improbables.
Une blessure invisible qu'abritent les façades des grandes villes.
Les sociologues insistent sur le drame qu'a engendré l'intrusion
  du télex, du vidéophone…
Des correspondants anonymes.
On constate depuis longtemps le déclin progressif des rencontres
  de voisinage.
Celui ou celle avec qui ils fonderont un foyer.
C'est le meilleur enseignement que nous livre ce sondage.

donner/apporter
cacher
ressentir
diminution/réduction
sentiment qu'on a de soi-même
créer
découragement
avec calme
supprimer
se marier
amour subit et irrésistible
arrivée inattendue
inconnu

Le point de vue d'un historien :
André Burguière

Le célibat est un « luxe de pays développé » marquant l'avènement d'un monde nouveau et longuement préparé par les siècles précédents.

Les célibataires du passé ont préparé dans la honte et la marginalité l'accouchement d'un monde nouveau.

Aujourd'hui l'horizon familial de nos sociétés développées se situe quelque part entre la famille matricentrée de type afro-américain (la femme, chef de ménage, vivant seule avec ses enfants et parfois sa mère, auxquels s'ajoutent, comme des pièces rapportées, des mâles de passage qui restent le temps de faire un enfant supplémentaire)… et la solitude pure et simple.

Cette solitude voulue, heureuse (?), est-elle fille de l'esprit du temps qui encourage les tendances les plus narcissiques de l'individu ? Il y a quelques années, une superbe créature qui s'affichait sur les murs de Paris annonçait avec un sourire espiègle : « *Ce soir, j'ai rendez-vous avec moi.* » Le phénomène n'est pas propre à la France. Comme les autres indicateurs des nouvelles façons de vivre – baisse de la natalité, déclin du mariage, augmentation des divorces, légalisation de l'avortement, etc.–, il touche presque tous les pays occidentaux, avec une diffusion progressive du Nord au Sud : les pays scandinaves ont été les pionniers du changement ; les pays méditerranéens (Italie, Espagne, Grèce, etc.) rat-

Illustration de *la Félicité* de Flaubert, *dans Un cœur simple*.

trapent le peloton à marche forcée. […]

L'importance du célibat ne peut s'expliquer directement par l'influence de l'Église, qui faisait de la chasteté un état supérieur au mariage, considéré par Saint-Paul comme un simple « *remède à la concupiscence* » ; encore moins par l'impact du célibat ecclésiastique. Car l'Europe orientale, en majorité orthodoxe, était de ce point de vue à même enseigne. Ce nouveau modèle de comportement, en outre, s'est mis en place au cours des XVIe et XVIIe siècles, au moment où une partie de l'Europe occidentale, devenue protestante, supprimait le célibat ecclésiastique.

Le nouveau célibat, qui répondait en général à des contraintes professionnelles (pour les domestiques) ou à des stratégies de préservation des patrimoines (chez les paysans comme dans la haute aristocratie), touchait aussi bien les sommets que les couches inférieures de la société. Dans la pairie anglaise, on trouve à la fin du XVIIe siècle plus de 20 % de célibataires définitifs chez les hommes comme chez les femmes ; une proportion qui est identique chez les ducs et pairs de

Illustration de
Bel-ami, de Maupassant.

France et encore plus forte dans l'aristocratie vénitienne. En 1746, Deparcieux dénombre 20 % de célibat définitif chez les hommes et 15 % chez les femmes, à Paris dans la très huppée paroisse Saint-Sulpice, peuplée d'une abondante domesticité.

Ajouté au retard des mariages – contrariant comme lui le rythme naturel de la reproduction biologique –, le célibat a été un puissant facteur de régulation démographique qui a permis à l'Europe occidentale d'épargner ses ressources, d'accueillir le capitalisme et de s'engager précocement dans la révolution industrielle. Mais, curieusement, les avantages de ce dispositif malthusien ont été totalement méconnus par l'opinion et par ceux qui étaient censés l'éclairer. [...]

Sous la Révolution, le célibataire est l'ennemi que l'on matraque d'impôts supplémentaires. Au XIXᵉ siècle, l'homme célibataire, souvent rentier, artiste ou homme de lettres, est un monstre, facilement suspecté d'égoïsme et de turpitude. Quant à la vieille fille, quand on ne la soupçonne pas de dissimuler une cupidité d'accapareuse (voir Balzac), on l'appelle « mademoiselle » avec un mélange de compassion et de mépris.

En réalité, le célibat a pu exister dès le XVIIᵉ siècle dans l'Europe occidentale parce que nos sociétés avaient déjà atteint un niveau d'organisation et de prise en charge publique qui donnait à l'individu les moyens de ne pas dépendre intégralement de la protection familiale. Vivre seul n'était pas encore un statut admis ou désirable, mais ce n'était plus un naufrage. La solitude est un luxe de pays développé. Nos célibataires du passé, comme tous les pionniers du changement, ont préparé dans la honte et la marginalité l'accouchement d'un monde nouveau.

Le Nouvel Observateur, 18-24 avril 1991.

Repérages

Relevez dans le texte les faits suivants :
– Les deux types familiaux extrêmes des sociétés développées.
– Les pays concernés en priorité par le phénomène du célibat.
– Les indicateurs de ce phénomène (ce qui montre la réalité du phénomène).
– Les raisons du célibat au XVIᵉ et au XVIIᵉ siècles.
– Les conséquences sociologiques du célibat.
– Comment les célibataires sont considérés au XVIIIᵉ et au XIXᵉ siècles.
– La raison pour laquelle le célibat est possible dans nos sociétés.

Expression orale

Partagez la classe en deux groupes : Les partisans du célibat (ceux qui trouvent que cela peut être un état avantageux) et ceux qui trouvent que c'est encore une situation marginale. Préparez vos arguments au préalable en petits groupes (deux ou trois personnes). Ensuite, chaque groupe expose ses arguments dans un compte rendu qui peut être suivi d'un débat général. Le professeur joue le rôle d'animateur et donne la parole aux différents participants.

Analyse

• Relevez dans le texte les adjectifs et les noms désignant le célibataire ou l'état de célibat, et dont la connotation est négative. Puis relevez ceux dont la connotation est positive ou neutre.

• **Vrai ou faux ?**
– L'esprit du temps engendre le narcissisme.
– Le célibat est dû à l'influence de l'Église.
– L'Église protestante encourage le célibat.
– Au XVIIᵉ et au XVIIIᵉ siècles, les célibataires étaient plus nombreux chez les aristocrates que dans le peuple.
– Le célibat a eu une influence régulatrice sur la démographie.
– Au XIXᵉ siècle on se méfie des célibataires.
– Le célibat est lié au développement économique des pays.

Le point de vue des sociologues :
a. André Gorz

Le « surgissement de l'individu-sujet » : une révolte contre l'autorité de l'État.

Personne n'est plus assuré de sa place dans la société, les communautés d'appartenance se sont défaites, les solidarités détruites par des formes sauvages de compétition. [...]

Les individus ont à se construire eux-mêmes leur identité, à chercher eux-mêmes ce qui est « juste », à former eux-mêmes, électivement, les communautés auxquelles ils puissent se sentir appartenir. Ils vivent les emplois qu'ils occupent comme provisoires, exercent leur profession – quand ils en ont une – sans conviction ni passion, même quand ils la trouvent intéressante, et tiennent pour inaccessible ce qu'ils déclarent néanmoins être leur idéal : un travail créatif, socialement utile, dans lequel ils puissent s'épanouir personnellement. [...]

Cette société qui n'offre ni sécurité, ni intégration, ni rapports de solidarité vécue, apparaît aux individus comme un ensemble de risques subis et de contraintes externes, comme une énorme machinerie composée de sous-systèmes qui s'engrènent mal et que l'État cherche à faire mieux fonctionner en ajoutant à leurs contraintes celles qu'il édicte lui-même. [...]

La modernité ne réside ni dans la croyance au progrès ou au sens de l'histoire, ni dans l'unité et l'universalité de la raison, mais avant tout dans le surgissement de l'individu-sujet revendiquant le droit de définir lui-même le but de ses entreprises, de s'appartenir et de se produire lui-même ; ce qui implique aussi que le sens de ses actes et sa place dans le monde ne lui sont plus garantis par une autorité supérieure ou un ordre « naturel ».

Un entretien avec André Gorz,
Le Monde, 14 avril 1992.

b. Gilles Lipovetsky

**Le reflux des intérêts vers des préoccupations purement personnelles :
dans les années 80, l'individualisme naissait.
Gilles Lipovetsky lance alors la notion de « sphère privée »
et en tire la conséquence logique : l'État tuteur.**

Narcisse sur mesure

Après l'agitation politique et culturelle des années soixante, qui pouvait encore apparaître comme un investissement de masse de la chose publique, c'est une désaffection généralisée qui ostensiblement se déploie dans le social, avec pour corollaire le reflux des intérêts sur des préoccupations purement personnelles et ce, indépendamment de la crise économique. La dépolitisation et la désyndicalisation prennent des proportions jamais atteintes, l'espérance révolutionnaire et la contestation étudiante ont disparu, la contre-culture s'épuise, rares sont les causes encore capables de galvaniser à long terme les énergies. La *res publica* est dévitalisée, les grandes questions « philosophiques », économiques, politiques ou militaires soulèvent à peu près la même curiosité désinvolte que n'importe quel fait divers, toutes les « hauteurs » s'effondrent peu à peu, entraînées qu'elles sont dans la vaste opération de neutralisation et banalisation sociales. Seule la sphère privée semble sortir victorieuse de ce raz de marée apathique ; veiller à sa santé, préserver sa situation matérielle, se débarrasser de ses « complexes », attendre les vacances : vivre sans idéal, sans but transcendant est devenu possible. Les films de Woody Allen et le succès qu'ils remportent sont le symbole même de cet hyper-investissement de l'espace privé. [...]

L'État tuteur

Comme Tocqueville l'avait déjà montré, à mesure que les hommes se retirent dans leur sphère privée et n'ont en vue qu'eux-mêmes, ils ne cessent d'en appeler à l'État pour qu'il assure une protection plus vigilante, plus constante de leur existence. [...]

L'État moderne a créé l'individu détaché socialement de ses semblables, mais celui-ci en retour crée par son isolement, son absence de bellicosité, sa peur de la violence, les conditions constantes de l'accroissement de la force publique. Plus les individus se sentent libres d'eux-mêmes, plus ils demandent une protection régulière, sans faille, de la part des organes étatiques ; plus ils exècrent la brutalité, plus l'augmentation des forces de sécurité est requise. [...]

Gilles Lipovetsky, *L'ère du vide,
essais sur l'individualisme contemporain.*
© Gallimard, 1983.

a. André Gorz

Repérages

● Les idées suivantes sont-elles vraies dans le texte ?
– L'individu a perdu ses repères sociaux traditionnels.
– De nouvelles communautés d'appartenance doivent être créées.
– Au quotidien, l'individu se comporte comme s'il avait perdu tout intérêt dans l'action.
– Il lui semble que l'idéal auquel il aspire est impossible.
– L'individu se sent prisonnier du système social qui fonctionne mal.
– L'État ne fait qu'aggraver la condition de l'individu.
– L'individu moderne veut être responsable de lui-même, agir et s'assumer pleinement. Il ne peut plus compter sur une autorité supérieure.
● Faites un résumé du texte d'André Gorz.

Analyse

Le texte d'André Gorz présente l'individu sous deux angles contrastés : d'un côté une vision à connotation négative, de l'autre une vision à connotation positive.
Relevez les mots et expressions qui permettent de créer ces contrastes :
– Connotations négatives : ......
– Connotations positives : ......

b. Gilles Lipovetsky

Repérages

● Recherchez dans le texte l'équivalent des idées suivantes :
– L'intérêt général pour la chose publique.
– Le désintérêt général manifesté pour les rapports sociaux.
– Le repli sur soi.
– On ne se mobilise presque plus pour une cause sociale.
– L'engagement de l'individu pour la défense d'un idéal a disparu, emporté par la nouvelle idéologie qui banalise tout.
– Ce courant (qui pousse à l'inaction) fait triompher l'individu et son entourage immédiat.
– Isolé dans sa sphère, l'individu compte de plus en plus sur l'État.
– L'individualisme crée des conditions de vie qui augmentent nécessairement le rôle de l'État.
– La vulnérabilité de l'individu isolé exige une force de sécurité plus importante.
● Faites un résumé du texte de Gilles Lipovetsky.

Analyse

● Quels sont les traits qui opposent les années 60 à l'époque actuelle ?
● Quels traits de comportements actuels vous paraissent positifs, négatifs, sans importance ?

© Chanel, 1993

Discussion - Débat

● Partagez-vous le point de vue positif d'André Gorz sur « l'individu-sujet » ?
● Si vous trouvez exagéré le point de vue négatif d'André Gorz sur l'individu, essayez de le réfuter.
● Pensez-vous que « l'individu-sujet » pourra réellement se passer d'une autorité supérieure ?
● Selon Lipovetsky, plus l'individualisme s'accroît, plus le rôle de l'État devient important. Qu'en pensez-vous ?

Les charmes infinis de l'individualisme ?

1. Un individualisme sans limite est par nature antinomique avec les aspirations à l'égalité ; le culte des droits de l'homme a toutes les vertus mais il réhabilite l'assistance par rapport à la redistribution ; les nouvelles valeurs ne font guère de place à l'égalité ; les conflits sociaux nouveaux ignorent, sauf exception, les aspirations égalitaires. La différence fait désormais prime ; l'égotisme triomphe et tout ce qui est novateur dans la société – conflits, morale, désirs – n'a que faire des préoccupations égalitaires. [...]

2. L'individualisme est partout. Extraordinaire retour qui mesure la versatilité et l'imprévisibilité des sociétés. Depuis un siècle, le vent soufflait en sens contraire. Le marxisme avait fait litière de l'individu : la moitié de la planète subit un système totalitaire, sans aucune place pour lui sauf à devenir l'« homme nouveau », non celui fantasmé du catéchisme communiste, mais l'« homo sovieticus » cher à Zinoviev. Le Welfare State, la social-démocratie et cinquante ans de luttes sociales avaient fait prévaloir l'objectif de solidarité sur le vieux principe, quasi moyenâgeux, de subsidiarité. Le collectif avait le vent en poupe et seuls des illuminés proclamaient encore les mérites de l'individualisme et les chances de l'individu. En quinze ans, la scène bascule ; le décor, les personnages se remplacent les uns les autres. Honneur donc à l'individu ! Il est partout, envahit tout, incarne tout.

3. Les idées d'abord. Non qu'elles aient précédé ou suscité cette évolution : seuls quelques intellectuels « old-fashioned » pourraient le croire. Mais excessives par nature, elles vont désormais aussi loin dans un sens qu'elles sont allées dans l'autre, [...] Kant rentre quand Marx sort. Aujourd'hui les textes en vogue remettent à l'honneur l'homme, l'éthique, le libre choix, toutes idées qui s'étaient perdues dans la nuit des temps. Gilles Lipovetsky avait été le premier avec son *Ère du vide* à mettre en concepts, comme d'autres le mettaient en musique, ce nouvel air du temps. [...]

4. Les comportements ensuite. Le moi a gagné sur les autres valeurs. Multiplication des manifestations individuelles, éloge du plaisir, recherche de la solitude, refus des contraintes, effacement des normes et des tabous, libération des esprits, des mœurs, des réflexes : l'individu a pris le dessus et n'a cessé d'accroître son autonomie. Des slogans fantasmagoriques de 1968, un seul a épousé la réalité : « Il est interdit d'interdire ». Depuis quinze ans, le mouvement s'est développé dans un sens unique : la levée des contraintes. Un gouvernement en a même fait un slogan : l'Espagne de Felipe Gonzales ne se veut-elle pas celle de la « movida » ? Les États-Unis ont certes connu une bouffée de puritanisme ; Mme Thatcher s'est voulue victorienne ; la droite française a retrouvé son démon de l'ordre moral, mais ce sont des combats d'arrière-garde.

5. Les libertés individuelles gagnent du terrain, et à l'avenir le retour du moralisme, possible compte tenu de ces grands cycles qui voient alterner le collectif et l'individuel, visera à ne pas les utiliser, bien davantage qu'à les supprimer. Le changement des mœurs est, de ce point de vue, décisif. Adolescence précoce, contraception généralisée, multiplication des unions non maritales : voilà des phénomènes qui transforment plus définitivement une société que quelques nationalisations ou dénationalisations ! À en croire les sondages, les jeunes réhabilitent la famille, l'amour, la fidélité, mais ils le font dans un climat de totale liberté personnelle : comme un choix et non plus comme un combat. La société en baskets et en jeans redeviendra difficilement celle du moralisme, de l'extrémisme, voire du militantisme. Les manifestations étudiantes de 1986 n'étaient pas à 1968 ce que 1968 voulait être aux révolutions de 1830 et 1848 ! Décontractées, sereines, libertaires : « cool » en un mot. Le pouvoir a perdu, non face à la longueur des cortèges, mais par son incapacité de se mettre au diapason de cette atmosphère. On ne gouverne ni frontalement, ni hiérarchiquement une société « cool ». […]

6. On ne se bat plus ni pour un taux de croissance ni même pour l'emploi mais pour plus ou moins de prévention, plus ou moins de répression, plus ou moins de tolérance. […] Ces nouveaux conflits passionnent la société, envahissent les médias et cristallisent une coupure de la France en deux qui ne doit rien au partage de la valeur ajoutée, mais se détermine sur une conception de l'individu et de ses relations à la société. Qui aurait parié, il y a vingt ans, que la morale serait l'enjeu du XXIe siècle ? Tel croyait encore à la lutte des classes ; Malraux se drapait dans le prophétisme pour nous annoncer un jour la résurrection des nationalismes et un autre jour la réapparition du religieux. Mais la morale semblait, à l'époque, bien pauvre en prophètes. […]

7. Les passe-temps ont eux aussi changé. La belote de bistrot ou la réunion d'amis s'effacent devant le bricolage, le *do it yourself*, le kit ou la micro-informatique. On joue désormais plus aux échecs contre soi-même que contre un adversaire, et la victoire n'en a que davantage de prix puisqu'elle est impalpable et secrète. […]

L'individualisme suinte partout. […] Mais ne nous laissons pas prendre à ses charmes infinis : trop d'individualisme c'est aussi beaucoup d'indifférence à autrui. Une même collectivité peut se passionner pour les droits de l'homme en Éthiopie et ne pas voir les millions de miséreux avec lesquels elle cohabite. Le triomphe du moi peut aussi tourner à la disparition de l'autre – premier drame – ou à l'exacerbation du surmoi – deuxième risque.

Alain Minc, *La machine égalitaire,*
© Grasset, 1987.

Compréhension

- **1ʳᵉ partie du texte :**

Quelles phrases correspondent à chacune des idées suivantes ?
- Les aspirations à l'égalité sont incompatibles avec l'individualisme.
- Le culte des droits de l'homme renforce le désir d'être assisté.
- L'égalité est un principe pour lequel on ne se bat plus.

- **2ᵉ et 3ᵉ parties :**

Quelles métaphores correspondent à chacune des phrases soulignées ?
- L'individualisme est partout. <u>Les systèmes politiques précédents le condamnaient.</u>
- <u>Un changement fondamental s'est produit depuis cent cinquante ans.</u>
- Dans les cinquante dernières années, <u>les idées collectivistes étaient à la mode.</u>
- De nos jours, <u>la morale individualiste a remplacé l'idée égalitaire.</u>
- On avait oublié la morale et la responsabilité individuelle.
- <u>Les nouvelles idées ont été analysées pour la première fois par Gilles Lipovetsky.</u>

- **4ᵉ partie :**
- Quelle phrase pourrait résumer ce paragraphe ?
- Quels pays et quels partis ont essayé de combattre la liberté totale de l'individu ?

- **5ᵉ partie :**
- Les libertés individuelles risquent-elles d'être supprimées par le retour du moralisme ?
- Quels phénomènes sont responsables du changement actuel ?
- Qu'est-ce qui transforme le plus une société : les changements dans les mœurs ou les changements économiques ?
- Quelle métaphore exprime le pronostic d'Alain Minc sur la société future ?

- **6ᵉ partie :**
- Les luttes actuelles sont des luttes à caractère social ou moral ?
- Sur quels problèmes les Français sont-ils divisés ?
- Quelle métaphore illustre cette division ?
- Quelles étaient les prédictions d'André Malraux en ce qui concerne notre société ?
- Quelle métaphore illustre sa manière de prévoir le changement ?

- **7ᵉ partie :**
- Trois activités nouvelles ont remplacé les anciennes. Lesquelles ?
- Citez les deux dangers de l'excès d'individualisme prévu par Alain Minc ?
- Par quelle métaphore est expliquée le succès de l'individualisme ?

Recherche de titres

Parmi les titres suivants, lesquels pourraient convenir à chacun des paragraphes ?
- On brûle aujourd'hui ce que l'on avait adoré hier.
- Le raz-de-marée individualiste.
- Vive la différence !
- À bas les interdits !
- Une société qui choisit ses valeurs.
- Les limites de l'individualisme.
- Le XXIᵉ siècle sera moral ou il ne sera pas.

Résumé

À partir des exercices de compréhension, faites d'abord un résumé de chaque paragraphe et ensuite du texte.

Lexique et syntaxe

● À l'aide d'un dictionnaire, repérez les différents sens et les différentes possibilités de construction des verbes suivants. Donnez un exemple de chaque construction et un synonyme à chacun des sens :
– 1re partie : réhabiliter – ignorer – triompher.
– 2e partie : mesurer – prévaloir.
– 5e partie : viser.
– 6e partie : se déterminer – ne rien devoir à .
– 7e partie : suinter – se laisser prendre à – tourner à.
● Trouvez une paraphrase pour chacune des expressions suivantes :
– 1re partie : faire prime – n'avoir que faire de.
– 2e partie : faire litière de – sauf à – avoir le vent en poupe.
– 3e partie : non que.
– 5e partie : à en croire (les sondages) – se mettre au diapason.
– 7e partie : n'en avoir que davantage de (prix).

Expression orale

Faites la liste des traits de l'individualisme décrits par Alain Minc. Recherchez ceux qui existent dans votre société – s'ils existent – et faites une comparaison avec l'analyse d'Alain Minc.

Expression écrite

Écrivez un commentaire personnel du texte d'Alain Minc où vous soulignerez les analyses qui vous paraissent justes et les points de désaccord. Par exemple, sur la « levée des contraintes » : pensez-vous que toutes les actions du gouvernement vont dans ce sens ? Et sur le retour du moralisme : à votre avis, quel type de moralisme peut engendrer une société hyper-individualiste ?

Sagan — La solitude ça n'existe pas*...

Avoir une nuit entière devant soi...

Avez-vous peur de la solitude ?

Non, pas du tout. Les gens qui m'entourent sont des gens que j'aime bien et qui m'aiment bien, en dehors de mon succès, je crois. La solitude est plus difficile à trouver qu'à fuir. Comme l'espace et le temps... Avoir des mètres carrés autour de soi et une nuit entière devant soi, c'est formidable !

Pourtant, vous parlez souvent de la solitude, pourquoi ?

La solitude est un sujet qui a toujours été à la mode, dans toutes les modes, et qui me paraît spécialement frappant maintenant. J'ai l'impression que la solitude marche d'une manière inversement proportionnelle aux progrès de la communication. On peut se joindre, il y a mille manières techniques de se rejoindre, de communiquer les uns avec les autres. [...]

Pensez-vous que la solitude soit la même chez les hommes et chez les femmes ?

Oui, absolument. On est seul, on meurt seul et, dans l'espace de temps, assez bref d'ailleurs, qui nous est imparti, on essaie désespérément de croire qu'on ne l'est pas, que quelqu'un vous comprend, vous écoute, vous regarde. Ce n'est même pas une illusion, c'est une forme d'aspiration, d'envie, qui peut être comblée un certain temps.

L'amour est apparemment le seul système pour échapper à cette solitude-là. Provisoirement. L'amour, une fois qu'il est fini, cassé, brusquement, on ne vit plus pour quelqu'un ou sous le regard de quelqu'un, vis-à-vis de quelqu'un ; la solitude devient d'autant plus horrible qu'elle est sensible tout le temps. [...]

Françoise Sagan, *Répliques,*
© Quai Voltaire-Édima, 1992.

Les uns contre les autres

*O*n dort les uns contre les autres
On vit les uns avec les autres
On se caresse, on se cajole
On se comprend, on se console
Mais au bout du compte
On se rend compte
Qu'on est toujours tout seul au monde

On danse les uns contre les autres
On court les uns après les autres
On se déteste, on se déchire
On se détruit, on se désire
Mais au bout du compte
On se rend compte
Qu'on est toujours tout seul au monde.

Paroles de Luc Plamondon, musique de Michel Berger,
© 1978 by Éditions Musicales Colline et Éditions Mondon.

---

* *Chanson de Gilbert Bécaud.*

Ch. Baudelaire

À une heure du matin

Enfin ! seul ! On n'entend plus que le roulement de quelques fiacres attardés et éreintés. Pendant quelques heures, nous posséderons le silence, sinon le repos. Enfin ! la tyrannie de la face humaine a disparu, et je ne souffrirai plus que par moi-même. Enfin ! il m'est donc permis de me délasser dans un bain de ténèbres ! D'abord, un double tour à la serrure. Il me semble que ce tour de clef augmentera ma solitude et fortifiera les barricades qui me séparent actuellement du monde. [...]

Mécontent de tous et mécontent de moi, je voudrais bien me racheter et m'enorgueillir un peu dans le silence et la solitude de la nuit.`

Charles Baudelaire,
in *Petits poèmes en prose*.

Odilon Redon (1840-1916), *Le vieil ange*.

ACTIVITÉ

Lisez les trois textes sur le thème de la solitude :

– Quels sont les différents types de solitude décrits dans ces textes ? Analysez-les en tenant compte des critères suivants : solitude recherchée, non désirée, physique, morale, sociale, etc. Y a-t-il une conception physique de la solitude ? Que pensez-vous de cette affirmation de Gilbert Bécaud : « La solitude, ça n'existe pas »?

– Quel est le texte qui correspond le mieux à votre propre idée de la solitude ?

– Selon l'idée que vous vous faites de la solitude, pouvez-vous compléter en la développant cette phrase de Françoise Sagan : « On peut se joindre, il y a mille manières techniques de se rejoindre, de communiquer les uns avec les autres », et celle-ci : « La solitude est plus difficile à trouver qu'à fuir. »

Le solitaire

E. Ionesco

Je descendis les trois étages, la main sur la rampe et regardant le tapis usé. On ne savait plus quelle couleur il avait pu avoir. Au rez-de-chaussée, la concierge était là, je lui fis un sourire auquel elle répondit par une sorte de grincement de dents, rictus difficile à interpréter. Je n'étais pas encore dans ses grâces, il faut un certain temps pour que l'on vous adopte. J'ouvris la porte vitrée qui donne sur le couloir, je traversai le couloir dont la porte était ouverte, je sortis, je pris à gauche dans la rue calme puis encore à gauche et, en quelques pas, me trouvai dans le bruit. À l'arrêt, des gens attendaient l'autobus, la plupart devaient rentrer pour déjeuner et puis ils auraient encore un autobus à prendre pour retourner au travail. Un gros camion les cacha quelques instants à ma vue. Ils réapparurent, l'autobus arrivait, ils s'y précipitèrent. À côté de moi, à quelques centaines de mètres, il y avait une entreprise, des bureaux. Je me félicitai de n'avoir plus d'autobus à prendre, ni à me dépêcher pour déjeuner afin de reprendre plus vite mon travail. Je n'avais plus de travail. Je poussai la porte du petit restaurant. Presque toutes les tables étaient occupées, par des ouvriers, des petits employés qui mangeaient plus tranquillement que leurs collègues, car, n'ayant pas d'autobus à prendre pour aller et revenir, c'était pour eux du temps gagné. Quelqu'un se leva et quitta sa table, c'était une petite table pour une personne, au maximum deux, dans le coin, près de la fenêtre. Je m'y installai. Je m'assis le dos à la salle, je n'aimais pas beaucoup voir tous ces gens manger. Je préférais avoir la fenêtre. La serveuse enleva l'assiette et les couverts du monsieur qui venait de partir. Elle partit puis revint vite pour remplacer la nappe de papier pleine de vin rouge, mit une assiette et des couverts propres. Je fis ma commande : filets de hareng aux pommes à l'huile, bœuf bourguignon, camembert, une demi-bouteille de beaujolais. « Non, donnez-m'en plutôt une entière. Si j'en laisse, vous me la garderez pour demain car j'ai l'intention de manger ici tous les jours. » […]

On m'apporta le filet de hareng aux pommes à l'huile, ce qui m'arracha à ma sorte de rêverie. On m'apporta le beaujolais, je m'en versai un verre. Avant que je le porte à ma bouche, un nuage s'entrouvrit et le soleil vint inonder la nappe blanche de ma table et l'assiette et le hareng et la bouteille. Je bus le verre d'un trait et c'est comme si le soleil était entré aussi en moi-même. Il peut y en avoir, de la joie, quand on reste à l'écart et que l'on ne fait que regarder. J'étais encore jeune, je pouvais avoir encore beaucoup de jours ensoleillés dans ma vie. Je me retournai et regardai tous ces gens à leur table. Ils étaient autres dans une autre lumière. Je remis le nez dans mon assiette. J'étais venu pour déjeuner comme d'habitude, par habitude, sans appétit. Et maintenant j'avais faim, tout d'un coup, à cause du soleil. Je mangeai avec appétit le bœuf bourguignon, le fromage, je bus tout le vin de la bouteille, je pris un café inutile car je n'aime pas le café. C'est pour cette raison que je commandai après le café un gâteau au chocolat avec de la crème fraîche. Je restai assis encore un certain temps et je regardai tous ces gens, dans la rue, comme si je n'en avais jamais vu auparavant. je me sentais bien. Je me sentais très bien. Il m'était désagréable de devoir partir, mais il le fallait, j'étais le dernier dans la salle de ce restaurant. Je me levai à regret, saluai les patrons au passage et me retrouvai dans la rue. L'idée que je pouvais continuer de regarder de chez moi, par la fenêtre, assis ou allongé sur le canapé qui se trouvait à côté, me remplit d'allégresse. Je tournai le coin de la rue, retrouvai les petites maisons et leur jardinet, eus de nouveau l'impression d'avoir fait dans l'instant un long voyage, entrai à la maison. La concierge entrouvrit le rideau, me vit et referma le rideau. [...]

C'est quand je me sens seul, cosmiquement seul, comme si j'étais mon propre créateur, mon propre dieu, le maître des apparitions, c'est à ce moment que je me sens hors de danger. D'habitude on n'est pas seul dans la solitude. On emporte le reste avec soi. On est isolé, l'isolement n'est pas la solitude absolue, qui est cosmique, l'autre solitude, la petite solitude, n'est que sociale. Dans la solitude absolue il n'y a plus rien d'autre. Ce sont les souvenirs, les images, les présences des autres qui vous torturent. Qui vous ennuient. Il y a une solitude ennuyeuse et insupportable, c'est celle où l'on se réfère aux autres, où on les appelle, où l'on a besoin d'eux, où on les fuit parce que l'on croit à leur existence. C'est des autres que l'on a peur, alors on se précipite vers eux comme pour les désarmer. Mais je n'étais pas dieu et toutes ces fugitives apparitions et toute cette apparence, je ne les inventais pas, « on » me les offrait, on me les présentait. Ce on. C'était pourtant bien lui l'inventeur. Je subissais, j'essayais de ne pas subir, j'essayais de me tenir à l'écart pour regarder seulement, sans entrer dans le jeu, mais j'étais bien obligé de le prendre en considération. [...]

Mais je ne pouvais supporter non plus la solitude. Pendant des jours et des jours et des jours je circulais de la porte à la fenêtre, de la fenêtre à la porte sans pouvoir m'arrêter. Ce n'était pas l'angoisse, c'était l'ennui, un ennui matériel, un ennui physique, ni bouger, ni rester ni assis ni debout. Tout était souffrance, gangrène de l'âme. Pourvu que ça ne recommence pas. Les secondes étaient longues à n'en plus finir. Le refuge c'était le sommeil. Je ne pouvais dormir toute la journée, hélas ! Et je rêvais en dormant que je m'ennuyais. Autrefois, cela ennuyait le patron car on m'avait donné un certificat de maladie. Le médecin ne pouvait rien pour moi, on devait m'emmener en clinique, me donner des médicaments puissants et puis je repris mon activité, je n'allai plus à l'hôpital. L'ennui est pire que l'angoisse, c'est même le contraire, quand on est angoissé, on ne s'ennuie plus ; je passais comme ça de l'ennui à l'angoisse, de l'angoisse à l'ennui. Non je ne m'ennuie plus, non, il ne faut pas, mais je sens à l'arrière-fond que l'ennui est là, qu'il me guette, me menace, qu'il peut grandir, m'envelopper, m'étouffer. Ah, mais non, le monde est plein d'intérêt, plein d'intérêt. On n'a qu'à regarder. Il y a des gens à qui il suffit de regarder des arbres, de se promener. On m'avait conseillé des promenades. Elles étaient plus ennuyeuses que l'ennui, plus tristes que la tristesse. Pourvu que je ne retombe pas dans le gouffre de l'ennui. Regarder attentivement le monde, tout autour ; très attentivement. Le débarrasser de sa « réalité », lutter pour retrouver à chaque moment l'étonnement originel. Retrouver la sensation de l'étrange. Se réveiller et voir et sentir ce que tout cela est en vérité. Oui, l'existence, le monde, les gens, tout cela est fantomatique. Il n'y a de fondamental que ce qui est hors de tout cela, par-delà le mur.

Eugène Ionesco, *Le solitaire,*
© Mercure de France, 1973.

Analyse

- Quel(s) sentiment(s) vous donne(nt) la lecture de ces extraits du texte de Ionesco ?
- Comment comprenez-vous la solitude « cosmique » du personnage décrit par Ionesco ?

La vie en solo

(cf p.151)

Objectif :
Mise en relation.

1 **La logique du système**

1. Observez les moyens linguistiques qui permettent la mise en relation de différents éléments :

a. Plus la ville est grande, **plus** il y a de personnes seules, **alors** les clubs fleurissent dans les grandes villes.

b. Du plus ordinaire **au plus** raffiné, **du plus** extraverti **au plus** timide, **tous les** célibataires pianotent sur le Minitel.

c. Certains l'utilisent pour s'amuser, **d'autres** pour trouver l'âme-sœur.

d. Les télécommandes ? **L'une** clignote, **pendant que l'autre** indique le début d'une émission, **alors que la troisième** signale un rendez-vous.

e. Les utilisateurs du Minitel sont **de moins en moins** nombreux. On utilise **de plus en plus** les petites annonces.

Retrouvez les moyens linguistiques qui correspondent à :

– Une relation de simultanéité entre des actions.

......

– Une relation d'intensité progressive.

......

– Une relation d'intensité dégressive.

......

– Une relation de cause à conséquence.

......

– Une relation rapprochant des extrêmes.

......

– Une relation marquant l'alternative.

......

2. Pour écrire un texte sur le « monde du travail », réorganisez les notes suivantes en utilisant les mises en relation qui conviennent (faites les transformations syntaxiques qui s'imposent). Les notes *a, b, c, d, e* correspondent aux moyens linguistiques *a, b, c, d, e* de l'exercice précédent :

a. Développement de la technologie industrielle.

↓

Spécialisation du personnel des entreprises.

↓

Formation et recyclage obligatoires des employés.

« ...... la technologie industrielle se développe......................................
....
....
....
....
....
.... »

b. Jeunes, vieux, forts ou faibles, tous auront à réapprendre un métier au cours de leur carrière.

«......jeunes...
....
....»

c. Alternative : éviter le spectre du chômage ou y être inévitablement confronté.

«.....éviterons...
....
....»

d. Dans les entreprises, on peut suivre une formation en informatique, apprendre la gestion, s'initier à la programmation. Tout le monde s'efforce ainsi d'augmenter ses compétences.

«Dans les entreprises.........................
....
....
....
....
....»

e. Car les places sont difficiles à garder et les employés ne sont pas garantis que leur formation initiale suffira, face à la rapide évolution des technologies.

«Car les places sont.........................
....
et les employés.................................
....
....»

3. En adoptant ces modèles d'organisation textuelle, rédigez un texte de cinq paragraphes dont vous choisirez le thème. Par exemple : avantages ou inconvénients de la vie en solo ou à deux, comportements des jeunes d'aujourd'hui etc. :
......

La rencontre

(cf p.154)

Objectifs :
• Pour introduire la controverse.

| 2 | **Une éternelle question** |

Chapeau du texte :
1. Observez des procédés rhétoriques propres à la controverse :

a. Vaincue, la solitude **? Abolie**, la barrière des sexes **?**

b. Plus les gens se côtoient, **moins** ils se rencontrent **!**

c. Pourquoi ?

Repérez la forme des questions rhétoriques qui laissent entendre que l'auteur est sceptique :
......

Relevez la relation d'intensité oppositive :
......

2. En adoptant ce modèle d'introduction, réorganisez les notes suivantes concernant le thème de l'inégalité sociale :

a. Pauvreté/privilèges de classe.

b. Le pays se développe économiquement mais cela ne profite pas aux pauvres.

c. Pourquoi ?

«Vaincue,...
....
....
....
....
....
....»

• Pour montrer des contradictions et accumuler des exemples.

Les trois premiers paragraphes du texte :

1. Observez des moyens linguistiques utiles pour passer de l'exemple particulier au général :

a. Gabriel ...... **Pourtant** il ......

b. Tout comme Gabriel, Fabienne ...... **mais** elle ......

c. Gabriel et Fabienne **sont comme ces millions de** ......

d. Cela signifie-t-il que ...... ?

Repérez les marques de la comparaison :
......
Relevez les marques de l'opposition :
......
Notez la forme de la question rhétorique :
......

2. En adoptant ce modèle d'organisation textuelle, rédigez un paragraphe à partir des notes suivantes :

a. Gabriel – 8 h/jour depuis vingt ans – ne peut s'acheter de logement – vit avec femme et trois enfants dans 25 m^2.

b. Fabienne – 40 h/semaine – doit encore à 32 ans habiter chez parents.

c. Le développement économique a très peu apporté à Gabriel, à Fabienne et aux millions de travailleurs manuels.

d. Les riches seuls tirent profit de l'extraordinaire croissance économique ?

«Gabriel..»

• Pour montrer des oppositions ou des contradictions entre deux époques et conclure.

Les trois derniers paragraphes du texte :

1. Observez l'organisation textuelle suivante :

a. Autrefois, ... **Mais on constate depuis longtemps** ......

b. Une chose est sûre, les sondages confirment que ... **% de personnes redoutent** ......

Repérez les marques de l'opposition temporelle :
......
Notez la manière de donner une conclusion en s'appuyant sur des données sociologiques :
......

2. En adoptant ce modèle, réorganisez les notes suivantes :

a. 1960/65, exigences du Parti communiste et de la classe ouvrière : des salaires suffisants sinon menaces de grèves ! 1981, les salaires ne suivent plus la croissance économique et les travailleurs sont dans la gêne.

b. 43 % de personnes sondées craignent une intensification des inégalités sociales.

«..»

Objectifs :
• Pour situer un problème dans le temps.

• Pour donner les limites du problème.

• Pour reprendre une même idée par des procédés différents.

3   **Les sans-familles de l'Histoire**

1. Observez et étudiez la première partie du texte (« Aujourd'hui ... à marche forcée ») :

a. Aujourd'hui, l'horizon familial **se situe entre** la famille matricentrée **et** la solitude pure et simple.

b. Cette solitude est-elle fille de l'esprit du temps qui encourage les tendances les plus narcissiques de l'individu ?

c. Il y a quelques années, une superbe créature affichée sur les murs de Paris annonçait : « Ce soir j'ai rendez-vous avec moi. »

d. Le phénomène n'est pas propre à la France. **Comme** les autres indicateurs de nouvelles façons de vivre, **il touche presque tous les pays occidentaux, avec une diffusion progressive** du Nord au Sud : **les** pays scandinaves [...] ; **les** pays méditerranéens s'y mettent et rattrapent le peloton à marche forcée.

Relevez les moyens linguistiques propres à situer le problème dans le temps :
......

Repérez une manière de présenter les limites d'un problème :
......

Relevez différentes façons de reprendre l'idée de solitude :
......

Notez le terme de comparaison qui permet de généraliser le problème, de la France à l'Europe :
......

Notez la manière de préciser la généralisation :
......

2. En adoptant ce modèle d'organisation textuelle, rédigez un paragraphe à partir des notes suivantes sur le thème du multilinguisme :

a. On est bilingue ou multilingue.

b. Notre époque favorise les voyages et les déplacements d'un grand nombre d'Européens.

c. En 1988, beaucoup de pubs, dans le métro, pour encourager le multilinguisme avec « je t'aime » dans toutes les langues.

d. Le multilinguisme se répand non seulement en France mais dans toute l'Europe. Les pays de l'Est sont en avance sur l'Ouest : des Hongrois parlent jusqu'à sept langues. Les Anglais et les Américains font de gros efforts pour rattraper le retard.

«......................l'horizon linguistique....
....
....
....
....
....
....
....
....
....
....
....
....
....
....
....
....
....»

Le point de vue

des sociologues :

a. A. Gorz

(cf p.160)

4   **Une révolte contre l'autorité**

1. Observez et étudiez l'organisation de la troisième partie du texte (« la modernité ...... un ordre naturel ») :

a. L'auteur commence par réfuter avant d'affirmer :
La modernité **ne réside ni dans** ...... **ni dans** ......, **mais avant tout dans** ......

b. Il en tire une conséquence par induction :
Ce qui implique que ......

2. Sur ce modèle d'organisation textuelle, rédigez un paragraphe sur un thème ou une idée de votre choix :
......

Le point de vue

des sociologues :

b. G. Lipovetsky

(cf p.161)

5   **Sphère privée, sphère publique**

1. Observez et étudiez l'organisation de la deuxième partie du texte (« Comme Tocqueville ...... sécurité est requise ») :

a. L'auteur utilise une comparaison avec un grand historien pour étayer son argumentation :
Comme Tocqueville **l'avait déjà montré,** ......

b. Il utilise aussi une relation logique qui marque la progression dans un cadre cause/conséquence :
À mesure que les hommes se retirent dans leur sphère privée ......, **ils ne cessent d'**en appeler à l'État ......

c. Cette relation logique est reprise avec une volonté d'explication, la même idée est développée :
Plus les individus se sentent libres, **plus** ils demandent une protection régulière ......
Plus ils exècrent la brutalité, **plus** l'augmentation des forces de sécurité est requise.

2. Sur ce modèle d'organisation textuelle, rédigez un texte sur un thème de votre choix en prenant appui sur une autorité connue et en montrant la progression qui s'intensifie entre deux actions ou états observables :
......

B. Sauve qui peut le dimanche !

(cf. Transcriptions p. 242)

(cf. Transcriptions p. 242)

Table ronde

Animatrice.

François.

Laurence.

François et Laurence :

François : A priori, je suis « pour ». Pour diverses raisons, notamment parce que je suis un consommateur.

Laurence : Je suis d'accord avec François, dans la mesure où il faut réinventer le dimanche… le dimanche est un jour à prendre. Il y a des gens qui ne veulent absolument pas travailler le dimanche. Ces gens-là doivent pouvoir ne pas travailler le dimanche.

Marie-Jo et François :

Marie-Jo : J'estime que l'être humain, quel qu'il soit, même celui qui n'a pas le temps de faire ses courses à un autre moment, doit profiter du dimanche comme d'un espace de liberté.

François : Il y a une telle multiplicité raciale et religieuse aujourd'hui dans nos pays, en Europe, qu'il n'y a pas lieu de faire du dimanche un jour particulier.

Delphine.

Étienne.

Marie-Jo.

Étienne, Delphine et les autres :

Étienne :   Le métier que j'exerce ne me permet pas de faire des courses à n'importe quel moment de la journée et n'importe quel jour de la semaine.

Delphine :   C'est ridicule de vouloir tout légiférer en amont et en aval.

Laurence :   Ce n'est pas parce que les magasins seront ouverts le dimanche que tout d'un coup le peuple français va être « a-culturé » et va se précipiter dans les magasins le dimanche

ACTIVITÉ

Retrouvez dans ces extraits de la _table ronde_ les énoncés susceptibles de convenir à la **gestuelle** et à **l'attitude** des trois personnages dessinés.

Repérages

François et Laurence :
- Après une première écoute, dites quelles sont les idées que vous avez retenues et celles qui vous ont frappé.
- Par équipes, écoutez encore l'enregistrement et relevez les trois questions principales de l'animatrice.
- Relevez la phrase qui résume le mieux :
  – Le point de vue de François.
  – Le point de vue de Laurence.
- Dans les propos tenus par Laurence, les arguments suivants sont-ils vrais ?
  – Il faut écouter les travailleurs.
  – Il faut écouter les syndicats.
  – On ne doit pas forcer les gens à travailler le dimanche.
  – Ce n'est pas l'individu mais le Parlement qui doit décider.

Marie-Jo et François :
- Après une première écoute, dites quelles sont les idées que vous avez comprises et celles qui vous ont frappé.
- Marie-Jo est contre l'ouverture des grands magasins le dimanche :
  – Pour des raisons de principe ?
  – Pour des raisons personnelles ?
- Citez trois raisons données par Marie-Jo.
- François est pour l'ouverture des magasins le dimanche :
  – Pour des raisons de principe ?
  – Pour des raisons personnelles ?
- Citez deux raisons données par François.

- Quel argument concernant le rythme de travail, Marie-Jo oppose-t-elle à François ?
- François accepte-t-il l'argument de Marie-Jo et pense-t-il que le débat doit se limiter au dimanche ?
- Pourquoi François pense-t-il que le congé le dimanche n'est plus une obligation dans nos sociétés ?

Étienne, Delphine et les autres :
- Après une première écoute, dites ce que vous avez compris et ce qui vous a frappé.
- Par équipes, recherchez quel est :
  – Le point de vue d'Étienne.
  – Le point de vue de Delphine.
- Étienne peut-il faire ses courses n'importe quand ?
- Quel nouvel argument apporte-t-il au débat ?
  – Il parle de trois types de magasins : lesquels ?
  – Quels magasins peuvent, selon lui, convenir à des enfants ?
  – D'après lui, est-il bon d'amener les enfants dans les grands magasins ? Relevez la phrase où il donne son opinion.
- Quelle critique Delphine fait-elle de la situation actuelle ? Relevez la phrase qui souligne cette critique.
- Quel est l'argument essentiel qu'elle donne ?
- Les trois interlocuteurs suivants sont-ils d'accord avec Delphine ?

	Oui	Non
Marie-Jo :	○	○
François :	○	○
Laurence :	○	○

- En conclusion, comment Laurence reformule-t-elle le thème du débat ?

Manières de dire

Dites si les expressions suivantes *(extraites de la table ronde)* servent, dans un débat, à donner sa position de principe ou sa position personnelle. Classez-les selon qu'elles expriment un accord, un désaccord ou un accord partiel.

Expressions à classer :
1. De mon point de vue strictement personnel, c'est une nécessité…
2. Si, je suis d'accord avec François dans la mesure où…
3. C'est vrai que pour moi, ce serait…
4. Cela dit on a quand même…
5. C'est bien évident qu'il faut…
6. Je suis totalement contre…
7. Je pense qu'il y a d'autres moyens de…
8. Et pensez aussi à une chose qui me semble très importante…
9. Je ne vois pas pourquoi on devrait…
10. « Ya » pas de lien particulier entre… et…
11. Je pense que vous avez un point de vue qui est tout à fait privilégié…
12. Effectivement, c'est une chose qui me plaît énormément…
13. Simplement il est vrai aussi que… et c'est très ennuyeux.

	Position de principe	Position personnelle
Accord		
Désaccord		
Accord partiel		

Supprimer le dimanche ?

C'est vrai, la police, les transports, les cinémas et théâtres, les hôpitaux, les restaurants, les curés, bien sûr, et... même les journalistes : beaucoup travaillent le dimanche. Et pourtant, comme l'explique Yvon Le Vaillant, ce jour-là n'est pas comme les autres. C'est une parenthèse, une respiration, une machine à arrêter les horloges. Un temps à inventer.

Pour ou contre ?

C'est le nouveau jeu de société. Au milieu d'une conversation, n'importe où, n'importe quand, posez, mine de rien, la question : « *Au fait, êtes-vous pour ou contre l'ouverture des magasins le dimanche ?* » Aussitôt on se passionne, on s'invective... Alors, pour pimenter un peu le débat, ajoutez-y une seconde question : « *Mais alors, faut-il supprimer le dimanche ?* » Ce coup-là la conversation monte d'un cran, s'embrouille, se mord la queue... Vous n'en verrez jamais la fin.

Qu'est-ce qui se passe ? C'est une vieille histoire. En France, depuis la loi du 13 juillet 1906, le Code du Travail a posé trois principes fondamentaux : 1) Il est interdit d'occuper plus de 6 jours par semaine civile un même salarié. 2) Le repos hebdomadaire doit avoir une durée minimum de 24 heures consécutives. 3) Le repos hebdomadaire doit être donné le dimanche.

On a bien lu : le dimanche. C'est la loi. On n'y revient plus. Eh bien si, précisément, on y revient. Le 6 août 1989, *le Journal du dimanche* publie un sondage IFOP : 55 % des Français interrogés se disent favorables à l'ouverture des magasins le dimanche, toute la journée. 36 % y sont opposés. Les hommes le souhaitent davantage que les femmes, et la tranche d'âge la plus favorable est celle des 15-34 ans : 63 %. Plus

Henri Cartier-Bresson, les quais de la Marne, 1938.

récemment, en janvier 1992, selon un sondage *Paris-Match–BVA,* 62 % des Français sont favorables à l'ouverture et 30 % y sont opposés. Il y a un foisonnement de sondages. Mais il faut se méfier. On peut les manipuler dans tous les sens. Ils révèlent que quelque chose se passe, pourtant, en profondeur. C'est un phénomène de société : la population veut remettre en question la loi de 1906.

Déjà, dès le départ elle a été vidée de son sens. Elle a fait l'objet d'innombrables dérogations, de plein droit et sur demande. Elle a été mille fois transgressée, ce qui se traduit, en définitive, par un véritable maquis juridique. Et aujourd'hui elle paraît d'autant plus archaïque que les modes de vie des Français ont explosé. Le temps de travail s'est réduit d'une manière impressionnante : la journée est passée de 12 heures à 8 heures environ, la semaine de 62 heures à 39 heures et l'année de travail de 3 600 à 1 850 heures. Autrement dit, tout le monde a plus de temps libre et de plus en plus, chacun entendant l'utiliser à sa manière.

Dans le même temps, le commerce s'adapte. Les grandes surfaces apparaissent en 1960, à la périphérie des grandes villes. Mais le petit commerce ne s'effondre pas pour autant. C'est simplement que la demande augmente. Donc l'offre augmente également, et tout devrait baigner dans l'huile. Pourtant quelque chose achoppe : le temps.

Certes, on a plus de loisirs, mais aussi plus de besoins. Et puisque désormais la règle est que les femmes travaillent, qu'on perd de plus en plus de temps en transport domicile-boulot, que les courses doivent se faire au pas de charge, tout le monde recherche un petit espace-temps où courses et loisirs pourraient s'entremêler. Où l'on pourrait traîner pour acheter un meuble ou une télévision ou même ne rien acheter du tout dans l'univers magique et bariolé des grandes surfaces, afin de ne pas rentrer chez soi à bout de souffle. Ce moment-là, il n'y a qu'un jour où l'on peut le trouver : le dimanche.

Pourquoi pas le samedi ? Hier encore, le samedi avait un statut privilégié. On aime bien le samedi, du moins ceux qui ne travaillent pas ce jour-là. La semaine est finie. Tout est ouvert. Il y a du monde dans les rues. On se promène, on va au cinéma, on va au restaurant, on reçoit les amis. On peut faire bombance et se coucher tard : il y aura encore le dimanche pour se reposer. Bref, le samedi est aimable, c'est le jour du divertissement.

Malheureusement, le samedi est devenu synonyme de cohue. On se bouscule dans les magasins, on achète dans l'urgence. On fait la queue aux caisses enregistreuses, aux parkings, aux centres des villes, aux portes des villes, sur les périphériques, sur les bretelles d'autoroute. Le samedi est devenu un jour plein, trop plein.

En revanche, le dimanche est encore un jour vide. Les rues sont désertes le matin, les banlieues sont assoupies, les lumières sont éteintes, les rideaux sont tirés. C'est le jour de l'ennui. On dit que c'est un jour inutile, inutilisé en tout cas. Alors, pourquoi ne pas l'utiliser ? Pourquoi ne pas ouvrir les commerces le dimanche ? Certains l'ont fait. [...]

À Ikéa comme à Virgin, les employeurs étaient contents : leurs affaires tournaient rondement. Les consommateurs étaient contents : ils pouvaient enfin acheter à leur gré. Les employés étaient contents : ils touchaient 50 francs par heure de supplément. C'est très important. Virgin n'est qu'une histoire minuscule, sauf qu'elle a relancé le feuilleton de l'ouverture le dimanche – et le débat. [...]

Le dimanche de jadis et de l'avenir

Et le dimanche dans tout ça, qu'est-ce qu'il dit, le dimanche ? Le dimanche ne dit rien. Il n'a pas son mot à dire. Autrefois, c'était un jour sacré. On le sanctifiait, il était respecté. Il roulait sa caisse au fil des semaines dans le calendrier. (Parenthèse : on se rappelle qu'à la Révolution, en 1793, on a tenté d'instaurer les décades pour extirper le dimanche et le remplacer par le décadi. Ça a duré douze ans.) Donc le dimanche : il était rythmé par les pratiques religieuses et les rites familiaux. À l'époque, les gens allaient à la messe basse à 8 heures du matin ou à la grand-messe à 11 heures. Le soir, les plus dévots allaient à vêpres ou à complies. Le midi, les familles se réunissaient sous l'autorité sans partage du père ou de la mère. C'est eux qui régissaient le temps de toute la famille. On ne leur désobéissait pas. Le dimanche était une volée de cloches et un rituel de victuailles. C'est bien fini. On n'ira plus faire croire à quiconque que le dimanche est encore nécessaire à la sanctification du Seigneur. Et, à la limite, l'Église a peut-être été la première à désacraliser le septième jour puisque la messe du dimanche a lieu également le samedi soir (« comme ça, on en est débarrassé », disent les catholiques entre eux). [...]

Le dimanche est l'occasion d'un temps créateur, et c'est peut-être parce que l'on n'a pas eu l'imagination suffisante pour créer quelque chose d'autre qu'on se jette dans la consommation pour se remplir le temps. Et puis on dit : « Je n'ai rien fait de mon dimanche, qu'est-ce que je vais faire de mon dimanche ? » Pourquoi diable faut-il toujours faire quelque chose ? Il est peut-être encore temps de réapprendre à perdre son temps, de faire l'éloge de la paresse.

Les oracles prédisent : dans dix ans, tout sera ouvert tous les jours. En l'an 2015, la nouvelle presse titrera peut-être, sur cinq colonnes à la une : « 65 % des Français regrettent massivement le dimanche d'autrefois. Faut-il refermer les magasins ce jour-là ? » 2015, il se fera tard. Bon dimanche quand même.

Yvon Le Vaillant,
Le Nouvel Observateur,
16-22 janvier 1992.

Repérages

● Lisez le chapeau de l'article et dites comment le journaliste pose le problème du dimanche.
● Pour ou contre :
– Quelle est la question qu'on peut entendre au beau milieu d'une conversation ?
– Quelle est en général la réaction à cette question ?
– Les gens sont-ils d'accord pour supprimer le statut du dimanche ?
– Quel est l'historique du repos le dimanche ? Comment ce thème est-il introduit dans le texte ?
– Quels sont les résultats du dernier sondage sur l'ouverture des magasins le dimanche ? Comparez-les avec le précédent sondage.
– Quelle est l'analyse qu'en tire le journaliste ?
– Relevez les faits actuels qui devraient favoriser l'ouverture des magasins le dimanche.
– Relevez les arguments (pour et contre) concernant le samedi ou le dimanche comme jour de liberté.
– Donnez des exemples de magasins qui ont ouvert le dimanche.
● Le dimanche de jadis et de l'avenir :
– Le dimanche a-t-il toujours été le jour férié des Français ? Quelle a été l'exception ? Combien de temps a-t-elle duré ?
– Autrefois, que faisait-on généralement le dimanche ?
– Relevez la phrase qui signale le malaise actuel du dimanche.
– Quel est l'avenir prévu pour le dimanche ?

Analyse

- Repérez les paragraphes où sont décrits le samedi et le dimanche (tels qu'ils sont vécus de nos jours). Faites le relevé des qualificatifs employés pour décrire le samedi et le dimanche et classez-les en grandes catégories de sens.
- Comment expliquez-vous l'emploi de l'imparfait dans le paragraphe sur les magasins Ikéa et Virgin ?
- À votre avis, quelle est la position personnelle du journaliste Yvon Le Vaillant, vis-à-vis du dimanche ?
- Sa position coïncide-t-elle avec l'évolution de la société ?

Pour fixer le vocabulaire

Trouvez dans la colonne de droite un synonyme pour chaque mot ou expression soulignés :

Mine de rien.	devenir confus
Monter d'un cran.	tourner en rond
La conversation s'embrouille.	se donner l'air important
Se mordre la queue.	augmenter visiblement
Rouler sa caisse.	sans en avoir l'air

Expression écrite

Écrivez un court texte adressé au courrier des lecteurs du *Nouvel Observateur* pour exprimer votre point de vue personnel sur le problème posé par Yvon Le Vaillant dans son article « Supprimer le dimanche ? ».

Discussion - Débat

- Par petits groupes, répondez aux questions suivantes :
– Pensez-vous que le Parlement doit intervenir quant au statut du dimanche comme jour de repos ou jour de liberté ?
– À votre avis, faut-il nécessairement un jour de repos par semaine ? Et ce jour doit-il être obligatoirement le dimanche ?
– Organisez une discussion générale sur ces thèmes.
- Faites, par petits groupes, un sondage parmi vos relations pour déterminer si le dimanche doit rester un jour de congé. Rapportez en classe les résultats de votre sondage et discutez-en entre vous.

Le point de vue des syndicats :

Le « jour du Seigneur », la vie est un peu plus calme, ralentie, cependant un grand nombre d'hommes et de femmes continuent de travailler et permettent à l'activité économique de se poursuivre dans les services et l'industrie. De plus, des indices, des signes (dans les grandes villes en particulier) font légitimement penser que le dimanche tend à devenir dans la perception moderne un jour presque comme un autre. Banalisation du dimanche ? Mais jusqu'à quel point ? Des représentants de la CFTC[1] et de la CFDT[2] ont développé pour nous la position de leurs syndicats sur ce problème.

a. Le point de vue d'un membre de la CFTC : Alain Deleu

La règle en France, c'est qu'il y a un repos hebdomadaire le dimanche, depuis, je crois, 1906. Par contre, dans la société française, l'obligation du repos le dimanche remonte au IVe siècle, avec la christianisation du pays. Et puis il y a toutes les dérogations à la règle. Elles peuvent être dues au service du public, et vous en avez toute une liste : les transports, l'alimentation, la santé… ou bien aux situations industrielles dans lesquelles il y aurait risque de compromettre l'outil de travail ou la production si il y avait un arrêt le dimanche. L'exemple classique, ce sont les hauts fourneaux. Deux grands types de dérogations, donc : le service public et les impératifs techniques. Et le débat sur l'élargissement du travail le dimanche tourne autour de ces deux questions. C'est-à-dire : *jusqu'où va le service du public ?* et *jusqu'où va l'impératif technique ?* […]

Historiquement, c'est pour des raisons religieuses que le congé hebdomadaire a lieu le dimanche. Le fait est que la question religieuse continue d'exister. C'est vrai qu'aujourd'hui les chrétiens qui pratiquent le repos le dimanche sont une minorité et donc, nous, syndicalistes d'inspiration chrétienne, nous sommes ici tentés de défendre les droits d'une minorité. C'est très à la mode en France de

---

1. *CFTC : confédération française des travailleurs chrétiens.*
2. *CFDT : confédération française démocratique du travail.*

défendre les minorités, eh bien, elles ont des droits... C'est tout le problème des convictions religieuses et cela est vrai pour toutes les confessions.

L'idéologie matérialiste qui traite ces questions pour quantité négligeable nous paraît tout à fait choquante. Les ouvriers ne sont pas des machines qu'il faut faire reposer tous les sept jours comme on laisse refroidir des moteurs ; ce sont des personnes qui ont une vie spirituelle, une vie personnelle, et nous pensons que cette dimension est première. Elle est plus importante que les conditions matérielles de la production industrielle. La production industrielle est pour les hommes, non pas l'inverse.

Au-delà de cet aspect qui est important, il y en a un autre, beaucoup plus global, en pratique, c'est celui de la possibilité de vivre ensemble socialement autre chose que le travail. Il est certain que dans l'idéologie marxiste qui a totalement imprégné notre pays, le travail est l'aune à laquelle on mesure tout. Alors que pour nous, cette possibilité de vivre autre chose est profondément inscrite dans la nature de l'homme et a, elle aussi, plus d'importance que la productivité industrielle. Il est donc nécessaire qu'il y ait un jour de repos commun pour tous, autant que cela est possible. C'est pourquoi la position confédérale constante, c'est de dire que, sauf cas de force majeure, qui sont les services au public et les impératifs techniques, il faut éviter le travail du dimanche, de façon qu'il y ait dans la semaine un jour où on puisse *vivre ensemble*. Vivre ensemble, c'est l'équipe de foot, c'est le club cycliste, c'est tout ce que l'on veut. Mais plus fondamentalement, pour nous, c'est *la famille*. Et tout le monde sait aujourd'hui comment par tous les bouts on « rogne » la famille. Nous pensons vraiment que c'est une priorité fondamentale, pour une culture et une société. Parce que c'est la cellule de base, c'est sur la famille que repose une société. Ou alors, c'est sur l'individu – et c'est la conception individualiste, qui nous paraît non seulement contraire à la doctrine chrétienne mais surtout contraire à la loi naturelle, à la nature des choses. [...]

Je trouve d'ailleurs que l'exemple de la distribution est frappant par rapport à la culture de l'Europe occidentale. C'est que en fait, certains prétendent que si les grands magasins étaient ouverts le dimanche, les foyers pourraient mieux acheter, ils seraient plus à l'aise, etc. Et c'est vrai que si vous voulez acheter une télévision, un meuble... vous voulez l'acheter en famille avec votre femme ou votre mari, et c'est bien difficile d'y aller un jour de semaine, donc vous avez les nocturnes et vous avez les samedis. Et le dimanche, bien sûr, pour la distribution, c'est tentant. Mais il est évident que, il y a trente ou quarante ans, quand on travaillait les six jours, on avait bien plus de problèmes pour subvenir à ses besoins. Qu'est ce qui a changé ? C'est la place de la consommation. Et chez les chrétiens, le dimanche, ce n'est pas seulement la messe, c'est le jour du Seigneur, c'est-à-dire qu'on le vit autrement, on ne le vit pas en produisant des biens matériels, en gagnant de l'argent. On le vit en rendant visite aux malades, etc. On le vit en famille. C'est une journée vécue différemment. Et aujourd'hui, c'est le dieu Consommation qui a pris la place du Dieu des chrétiens, et ce dieu Consommation, il demande son dimanche. Il demande toute la journée. Et... je crois que c'est parce que la consommation a pris davantage de place dans le mode de vie des gens que ce besoin est apparu. [...]

b. Le point de vue d'un membre de la CFDT : Jean-Pierre Dufour

En ce qui nous concerne, notre position est un petit peu plus complexe parce qu'on se trouve face à des contradictions entre salariés. Le repos du dimanche est un acquis et nous ne souhaitons pas qu'il soit remis en cause globalement. Une fois qu'on a dit ça, il y a aussi le problème des évolutions de la société, les modes de consommation qui changent. Les femmes en plus grand nombre travaillent dans la semaine. On est donc confronté à certaines difficultés, peut-être des souhaits, de la part des consommateurs qui voudraient voir des commerces s'ouvrir le dimanche parce que ça semble plus facile, quand tout le monde travaille dans la semaine, de faire ses courses ce jour-là. Le seul problème, c'est qu'il n'y a jamais vraiment eu d'études pour savoir si les consommateurs étaient véritablement favorables à l'ouverture le dimanche. Des gens disent qu'il y a souhait mais ce n'est nullement vérifié. Alors je crois qu'il faut être extrêmement prudent.

L'ambiguïté, c'est que les salariés sont aussi des consommateurs. C'est là un des problèmes, mais la réduction du temps de travail, les loisirs, enfin tout indique une civilisation qui va de plus en plus dans le sens d'un plus grand nombre d'ouvertures le dimanche. Bon, le repos du dimanche, c'est entre autres un problème culturel. Il y a des régions en France où l'idée même de travailler le dimanche serait tout simplement inacceptable. Cela remonte à des faits sociaux, culturels, religieux, ce n'est pas une chose très simple. La législation pose un principe qui est celui d'un repos hebdomadaire. Mais on a aussi un autre principe qui est la liberté d'entreprise. On a là encore des choses qui s'entrechoquent... Alors face à ça, nous n'avons pas aujourd'hui d'idées arrêtées, globales sur le sujet. Disons que c'est beaucoup plus au coup par coup, suivant la réalité locale, suivant la nécessité ou pas, localement, d'ouvrir le dimanche. Nous, ce qu'on souhaite, c'est *vérifier que les consommateurs désirent vraiment des ouvertures le dimanche.* [...]

On assiste aujourd'hui, me semble-t-il, à un retour sur la famille... la famille au sens large d'ailleurs ou les amis. Les jeunes restent beaucoup plus qu'avant chez leurs parents ou bien se retrouvent dans des groupes. Or, ces activités sociales ne peuvent avoir lieu qu'autour du week-end et notamment du dimanche. Et s'il y a dans la famille ou dans le groupe d'amis des gens qui travaillent en semaine et d'autres le dimanche, ça casse obligatoirement un certain nombre de relations. On sent bien aujourd'hui qu'il est nécessaire que les parents soient plus proches des enfants pour suivre les études, etc. Le travail le dimanche ne pourrait que nuire à ce besoin de renforcer des liens...

Le dimanche semble être le moment où on quitte l'activité professionnelle pour avoir une activité... peut-être plus... j'allais dire plus créatrice... enfin, ça pourrait laisser supposer que le travail n'est pas très créateur... Disons que dans le travail, on ne peut pas s'exprimer. Donc, le dimanche, c'est le moment de pouvoir faire un peu ce qu'on a envie de faire. Se reposer, mais aussi se livrer à d'autres occupations. Il y a un tas de choses qui se développent le dimanche.

Il y a des contradictions à gérer... comme celle du salarié-consommateur, qu'à mon avis on retrouvera de plus en plus, du fait de l'évolution de la société... Mais on peut penser que le dimanche devrait rester un moment plus social que lucratif.

Je voyage beaucoup et je suis frappé par les dimanches en Europe du Nord, le dimanche là-bas, c'est un désert, relativement triste. Absolument tout est fermé, même la plupart des cafés, des magasins. Mais la vie sociale doit s'exprimer autrement, je suppose, dans d'autres lieux.

Texte établi par Jacques Poli,
in *Dimanche*, coll. Mutations,
© Autrement, mai 1989.

Repérages

● Comment sont évoqués, par la CFTC d'une part et par la CFDT d'autre part, les aspects suivants du travail le dimanche ?
– La nécessité de se reposer le dimanche :
  • la CFTC : ......
  • la CFDT : ......
– L'importance de la famille :
  • la CFTC : ......
  • la CFDT : ......
– Les besoins des ouvriers:
  • la CFTC : ......
  • la CFDT : ......
● À l'aide de vos notes, faites un résumé de chacun des points de vue en les comparant.

Analyse

● Pour l'un des syndicats, le problème est relativement simple, pour l'autre il est plus complexe. Comment s'explique cette différence ?
● Les points de vue des syndicats vous semblent-ils idéologiques ou pragmatiques ?
● Comment interprétez-vous le dernier paragraphe du point de vue de J.-P. Dufour ?

Pour fixer le vocabulaire

Trouvez dans la colonne de droite un synonyme pour chaque mot ou expression soulignés :

Une dérogation.
Le travail est l'aune à laquelle on mesure tout.
« Rogner » sur.
Subvenir à ses besoins.
Traiter une question pour quantité négligeable.
Sauf cas de force majeure.
Compromettre l'outil de travail.
Un moment lucratif.
Une idée arrêtée.
Au coup par coup.
Être frappé par.

ôter une petite partie de
obligation impérative
en improvisant au fur et à mesure
la mesure
comme étant sans grande importance
étonné
gagner sa vie
mettre en danger
définitif
qui rapporte de l'argent
une dispense

Expression orale et écrite

● Par petits groupes, réfléchissez sur la situation qui existe dans votre pays en ce qui concerne le travail le dimanche (ou le vendredi ou le samedi selon les confessions).
Utilisez le questionnaire suivant :
– Qui travaille le dimanche (ou le jour du culte religieux) chez vous ?
– Y a-t-il un mouvement d'opinion qui réclame qu'on cesse de travailler, ou au contraire qu'on travaille davantage ?
– Y a-t-il des syndicats ou des autorités qui ont pris position sur le sujet ?
– Quel est votre point de vue sur cette question ? Comment concilier la liberté de tous ?
● Faites un exposé devant le groupe. Cet exposé sera suivi d'un débat général.
● Rédigez un texte qui décrit la situation dans votre pays.

Le point de vue d'une revue économique : *L'Expansion.*

Repos dominical contre liberté du commerce : qui défend quoi ?

Faut-il autoriser les commerces à ouvrir le dimanche ? La provocation lancée en fin d'année par le Groupe Virgin, qui a ouvert ses Megastores malgré l'interdiction officielle, relance un débat typiquement français, où les faux prétextes cachent souvent les vrais intérêts. Seuls deux camps ont des attitudes claires : celui des petits commerçants (qui sont contre) et celui des consommateurs (qui sont pour). Les premiers sont moins nombreux, mais plus déterminés et plus puissants : ils se battent pour leur survie, et représentent une force électorale encore considérable. Quant aux autres acteurs, leurs positions en la matière sont beaucoup plus complexes.

Ils n'en sont que partiellement responsables : la question de l'ouverture le dimanche touche plusieurs points sensibles, et plusieurs légitimités s'y entrecroisent.

Les syndicats ? Ils défendent en apparence un droit respectable, celui du repos hebdomadaire. Mais, en l'occurrence, leur position crispée est contraire aux demandes de nombreux salariés, attirés par des rémunérations plus avantageuses les jours fériés, et bloque une source possible de création d'emplois. En réalité, les centrales poursuivent le combat d'arrière-garde qu'elles ont longtemps mené contre les horaires flexibles : c'est qu'elles aiment les troupes homogènes, aux intérêts communs et aux revendications identiques. Les défenseurs de la famille ? On ne les savait pas si sourcilleux, puisque, selon la législation actuelle, les seuls commerçants autorisés à ouvrir le dimanche sont précisément ceux qui font travailler des membres de leur propre famille... Les groupes de grande distribution ? Ils se méfient. Certes, l'ouverture le dimanche leur permettrait d'augmenter leurs

ventes en gagnant des parts de marché sur le petit commerce, mais un tel pas dans la déréglementation risquerait d'en entraîner d'autres, de lever les verrous aux nouvelles implantations, et de bousculer de confortables rentes de situation. Surtout, il n'est question de libéraliser l'ouverture le dimanche que pour les commerces de « biens culturels ». Ce qui avantagerait Virgin (ses magasins vendent surtout des disques et des livres) par rapport aux grandes surfaces ou à la FNAC. C'est pourquoi cette dernière milite pieusement, elle aussi, pour le repos dominical… Les tergiversations du gouvernement sur un sujet si épineux sont donc aisément explicables.

Explicables, mais déplorables : ces tergiversations ont donné à un groupe familier du show-business l'occasion de montrer que le mépris de la loi pouvait, en France, servir de support à une opération de publicité.

L'Expansion,
9-22 janvier 1992.

Repérages - Analyse

● Relevez les positions des partenaires sociaux sur l'ouverture des magasins le dimanche :

	Magasins	Groupes sociaux	Gouvernement
Pour			
Contre			
Position peu claire			

● Quelles sont les raisons invoquées par chacun des partenaires ?
● Par quels mots (adjectif, nom, adverbe, etc.) *L'Expansion* caractérise (en les interprétant) les positions des différents acteurs ?
– Les petits commerçants : ......
– Les consommateurs : ......
– Les syndicats : ......
– Les défenseurs de la famille : ......
– La grande distribution : ......
– La FNAC : ......
– Le groupe Virgin : ......
– Le gouvernement : ......
● Qu'est-ce qui peut expliquer les tergiversations du gouvernement ?
● Analysez la structure du texte en délimitant les parties suivantes :
– La description des positions claires.
– La description des positions complexes.
– La conclusion en forme d'accusation.
● Analysez la structure du paragraphe qui contient la description des positions complexes : quelle structure rhétorique répétitive y trouve-t-on ? Pour chacun des groupes analysés dans ce paragraphe, soulignez les charnières de l'argumentation.

Vie et engloutissement d'un gâteau dominical

Être dévoré le dimanche, honneur ou sacrifice ? Point de vue intérieur sur la question.

Un fond de génoise tiré d'une énorme pile de tôles huilées, quelques cuillerées de mousse à la framboise prélevées d'un grand saladier, un nappage de coulis grenat versé d'un broc, je suis né. Un samedi ensoleillé, 18 h 05, sur la paillasse d'une arrière-boutique de boulangerie-pâtisserie, on appelle ça laboratoire. Je suis un bavarois à la framboise, léger, pas trop sucré, on me préfère à mes ancêtres « tout au beurre » : le goût des gens a changé. Je jette un coup d'œil autour de moi : tous mes frères commandés pour des baptêmes, communions ou « déjeuner dominical » sont fin prêts, enchantillés, ennougatinisés, enrubannés, vous l'avez compris : endimanchés. Ils trônent dans leur glacière d'apparat, toute vitrée. C'est l'été. Il fait chaud, très chaud. Moi je suis nu, et je n'ai pas le temps de crier que déjà on m'habille, et je me surprends à aimer ça : coquetteries jaillissant d'une poche à douille remplie de chantilly, un rang de framboises fraîches, un large ruban de satin rose qui m'enserre, et, touche finale (j'exulte), une étiquette mordorée. J'ai des vapeurs, je me sens un peu engoncé dans mon corset rigide. Une main d'apprenti me pose délicatement sur un socle cartonné doré, et me délivre de cette fournaise pour m'engranger dans un réfrigérateur. Ébahi, j'y découvre une vingtaine de mes frères au frais, la mine reposée, parmi lesquels cinq jumeaux : je suis vexé. Avant que la porte ne se referme, je regarde avec envie l'élégante glacière où minaudent les « commandés ».

Finalement, je passe une nuit agréable dans une ambiance conviviale, et à 6 h 30 mon cœur se met à battre fort, la main du Maître apparaît et nous dépose un à un sur une énorme palette. Je me sens secoué, mais en fin de course je suis récompensé : je découvre un intérieur de boulangerie extrêmement coquet, ainsi qu'une ravissante personne derrière un comptoir. J'ai beaucoup de chance, elle me choisit pour figurer dans la vitrine, et m'enfonce une étiquette marquant un prix qui me paraît sous-estimer ma valeur. Ça me pique, mais, stoïque, j'arbore une mine réjouie, de circonstance, en rapport avec mon rôle de figuration. L'attente commence : 7 h, 8 h, 9 h, 10 h, seuls les vulgaires pains, baguettes, ficelles, et la dérisoire viennoiserie recueillent les suffrages. 10 h 30 : le premier gâteau est acheté par un grosse dame gourmande. Je suis sur le qui-vive. 10 h 45 : c'est mon tour. Sur les conseils d'une petite fille qui me regarde avec envie depuis la rue et appuie son doigt collant sur moi dès qu'elle entre, un vieux monsieur un peu sec me désigne à la jolie personne qui, ravie, me dépose sur le comptoir, me délivre de mon étiquette, puis m'introduit délicatement dans un très bel emballage. J'entends une ficelle se serrer autour de moi, des pièces de monnaie tinter, drring, nous sortons tous les trois. Je suis ballotté quelque temps, attends dans une voiture, puis l'on m'enferme dans un réfrigérateur, tout petit celui-ci. Je trône tout en haut, et ce n'est que justice.

Mais très vite je déchante : d'abominables effluves montent jusqu'à moi. Je regarde à travers les grilles et découvre avec stupeur, dans l'ordre, une assiette de charcuterie persillée, un gigot truffé d'ail et parsemé d'oignons émincés, et enfin un plateau de fromages généreusement odorant. J'espère à cet instant, pour mon honneur, que mon emballage saura me préserver de cette confusion d'odeurs, et conserver ma saveur intacte. 12 h : délivrance, le gigot nous tire sa révérence pour aller cuire. 13 h : « À table », le plateau de charcuterie nous quitte pour ouvrir le bal. 14 h : c'est au tour du plateau de fromages. Je reste seul et savoure cet instant où je me prépare, intensément. 14 h 30 : dans un brouhaha, j'entends « et maintenant, le gâteau ». Je m'affole. La porte s'entrouvre et une vieille dame me prend avec déférence, me sort de ma boîte, me pose sur un magnifique plat (du dimanche), et me transporte vers la salle à manger (en semaine ils doivent manger dans la cuisine), d'une démarche cahotante. J'essaye de ne pas perdre l'équilibre. J'aperçois alors une tablée de onze personnes, déjà repues mais qui se redressent l'œil brillant dès mon arrivée. Je suis le point de mire sur cette nappe bleue amidonnée. La vieille dame armée d'un couteau et d'une pelle assortie me découpe religieusement. Toutes les assiettes se tendent en même temps. Démultiplié, je tente de ne pas me renverser. Moment de silence, on attend la première bouchée de l'hôtesse qui goulûment murmure « succulent ». Je me sens soudainement happé par onze bouches. Quelle paix ! Je suis fier, heureux, mon devoir est accompli ! « Hmm, c'est un délice, quelle finesse... » Les compliments fusent... Mais je ne suis plus. Je tente de perdurer au bord de ces papilles gustatives, mais en vain. Je sens alors monter en moi un désir extrêmement vif et précis : ce que je vise, au-delà de tout, c'est un avenir à la « madeleine de Proust ».

Michèle Zaoui,
in *Dimanche,* coll. Mutations,
© Autrement, mai 1989.

Analyse

- À l'aide des repères chronologiques, délimitez les différentes parties de la vie du gâteau. Donnez un titre à chacune de ces parties ou scènes.
- Relevez les termes et expressions qui montrent la fierté supposée du gâteau.
- Quelles hypothèses pouvez-vous faire sur le milieu social où a lieu l'engloutissement du gâteau ?
- Comment expliquez-vous la dernière phrase ?

Supprimer le

dimanche ?

(cf p.179)

Objectifs :
• Pour énumérer des faits observables.

• Pour contredire des faits observés et s'appuyer sur une autorité.

• Pour donner une définition du sujet.

• Pour énumérer des principes généraux.

• Pour étudier l'argumentation interne d'un paragraphe.

1 **Raisonnement**

A. Observez l'organisation interne d'un chapeau.

1. Lisez le chapeau :

a. C'est vrai, la police, **les** transports, **les** cinémas et théâtres, **les** hôpitaux, **les** restaurants, **les** curés, bien sûr, **et… même les** journalistes : beaucoup travaillent le dimanche.

b. Et pourtant, comme l'explique Yvon Le Vaillant, ce jour-là n'est pas comme les autres.

c. C'est une parenthèse, **une** respiration, **une** machine à arrêter les horloges. **Un** temps à inventer.

2. Sur ce modèle d'organisation textuelle, rédigez un paragraphe pour exposer un problème de société actuel (les impôts, par exemple). Faites attention à la ponctuation :

….. ..

B. Observez des procédés d'énumération.

1. Lisez le paragraphe concernant la loi du 13 juillet 1906 :

Depuis la loi du 13 juillet 1906, le Code du Travail **a posé trois principes fondamentaux :**

    1) **Il est interdit de…**
    2) Le repos hebdomadaire **doit avoir…**
    3) Le repos hebdomadaire **doit être…**

2. En suivant ce modèle d'organisation textuelle, rédigez un paragraphe sur un thème que vous avez choisi :

……

C. Observez une démarche de raisonnement.

1. Lisez ce paragraphe :

Dans le même temps, le commerce s'adapte. Les grandes surfaces apparaissent en 1960, à la périphérie des grandes villes. **Mais** le petit commerce ne s'effondre pas **pour autant. C'est** simplement **que** la demande augmente. **Donc** l'offre augmente également, et tout **devrait** baigner dans l'huile. **Pourtant** quelque chose achoppe : le temps.

2. Repérez les marques de :

a. La relation de simultanéité qui rattache dans le texte ce paragraphe au précédent :

……

b. La relation de cause qui explique l'apparition des grandes surfaces :

……

c. Les relations d'opposition liées à l'apparition des grandes surfaces :

……

d. L'explication d'un effet inattendu :

……

e. Les relations de conséquence de l'augmentation de la demande :

……

f. La marque de concession qui minimise les conséquences positives attendues :

……

3. Sur ce modèle de raisonnement, choisissez un « phénomène de société » et analysez-le. Quelles en sont les causes ? Quelles en sont les conséquences ? Quelle opposition peut apparaître par rapport à ce phénomène ? Rédigez votre texte :

……

D. Observez un autre type d'argumentation.

1. Lisez le passage suivant :

a. Déjà, dès le départ la loi de 1906 a été vidée de son sens.
Elle a fait l'objet d'innombrables dérogations.
Elle a été mille fois transgressée, ce qui se traduit, en définitive, par un véritable maquis juridique.

b. Et aujourd'hui elle paraît d'autant plus archaïque que les modes de vie des Français ont explosé.
La journée est passée de 12 heures à 8 heures environ, la semaine de 62 heures à 39 heures et l'année de travail de 3 600 à 1 850 heures. Autrement dit, tout le monde a plus de temps libre.

2. Repérez les marques argumentatives qui montrent que l'auteur :

a. Remonte à l'origine du problème :

......

Énumère des preuves de mauvais fonctionnement :

......

En tire un bref résumé :

......

b. Utilise une relation de cause supplémentaire qui rend actuellement la loi inutile :

......

Énumère des preuves :

......

Résume son analyse :

......

3. En suivant ce mode d'argumentation, rédigez un paragraphe sur un thème que vous aurez choisi :

......

Le point de vue

des syndicats

(cf p. 183)

| 2 | « Exercices de style » |

1. Faites votre choix de « style » :

a. Pour introduire un thème de discussion, choisissez parmi les formules proposées :
– La plus objective* :

......

– La plus subjective :

......

il est évident que…
le fait est que…
on sent bien que…
je suis frappé(e) par…

b. Pour montrer votre désaccord sur un aspect du thème, quelle est la formulation :
– La plus catégorique ?

......

– La plus atténuée ?

......

…laisse supposer que…
…paraît contraire à…
…implique que…
…remet en cause…
…compromet…

* Les linguistes s'accordent à dire que tout discours est subjectif, mais il peut revêtir la forme de l'objectivité (par le choix des pronoms, des formulations telles que « Le fait est que … » etc.).

c. Pour expliquer les causes d'un problème, quelle est la formule :

– La plus neutre ?

......

– La plus nuancée ?

......

d. Pour décrire une situation problématique, quelle est la formule :

– La plus neutre ?

......

– La plus nuancée ?

......

| c'est pour des raisons... que...
| c'est peut-être dû à...
| ... du fait de...

| on assiste aujourd'hui, me semble-t-il, à...
| on est confronté à...
| on se trouve face à...
| on est tenté de trouver que...

2. Écrivez deux textes sur le thème du travail ou du repos le dimanche, en choisissant deux styles clairement contrastés :

– Style neutre :

......

– Style marqué :

......

*Le point de vue
d'une revue
économique :
L'Expansion
(cf p.187)*

Objectif :
Pour manifester ses
revendications.

3   Écriture

Choisissez vos thèmes de revendication et la situation d'écriture (qui écrit à qui ?). Rédigez des textes revendicatifs en utilisant les mots et expressions suivants :

se battre pour...
défendre...
militer pour...
poursuivre le combat...
il n'est pas question de...

se méfier de...
provoquer...
risquer d'entraîner...
il n'est pas question de...

être nombreux à...
être déterminés à...
être contraints à...
être sensibles à...
être responsables de...

en apparence,...
mais en l'occurrence,...
en réalité,...

C. *L'État et nous*

(cf. Transcriptions p. 243)

Table ronde

Animatrice.

Marie-Jo, François et Laurence sur la délocalisation :

Animatrice : Vous, vous seriez prêts à partir si l'État vous l'imposait ?

François.

Marie-Jo : Pourquoi pas ? Ce serait peut-être une autre expérience à vivre.

François : Moi, je pense que je n'aurais pas de très grosses difficultés à changer d'endroit… je travaille où j'ai envie de travailler.

Laurence.

Sur le statut des fonctionnaires :

Delphine : Moi, je pense que si on choisit un statut, il faut en prendre les avantages et les inconvénients. Être fonctionnaire, c'est une sécurité de l'emploi… ça se paie très cher maintenant avec les problèmes de chômage.

Étienne : Moi, je pense que le choix, effectivement quand on a l'impression qu'il vient de soi et qu'on n'est pas trop contraint, je pense qu'il se fait sans trop de difficulté. Lorsque l'on est salarié d'une boîte, le problème se pose de façon très différente.

Marie-Jo.

Étienne.

Delphine.

Pourquoi la délocalisation ?

Animatrice : La délocalisation, c'est aussi pour faire bouger les Français, parce qu'ils sont connus pour rester dans la même ville pendant des années.

Delphine : Si on voulait vraiment délocaliser, c'était pas à Strasbourg qu'il fallait le faire.

Marie-Jo : Moi, je pense que l'individu passe beaucoup trop de temps à se plaindre.

ACTIVITÉ

Retrouvez dans ces extraits de la *table ronde* les énoncés susceptibles de convenir à la **gestuelle** et à **l'attitude** des trois personnages dessinés.

Repérages

Marie-Jo, François et Laurence sur la délocalisation :

● Après une première écoute, dites ce que vous avez compris et ce qui vous a frappé.

● En équipes, trouvez les trois points de vue suivants :

– Celui de Laurence : ......

– Celui de Marie-Jo : ......

– Celui de François : ......

● Quel exemple de délocalisation donne l'animatrice ?

● Quelle est la phrase qui résume le mieux :

– Le point de vue de Laurence : ......

– Le point de vue de Marie-Jo : ......

– Le point de vue de François : ......

● François n'est pas contre le fait de partir en province. Comment formule-t-il sa position ? Il a aussi un argument positif pour partir en province. Lequel ?

Sur le statut des fonctionnaires :

● Delphine est-elle pour ou contre la délocalisation et pour quelle raison ?

● Selon Delphine, quelle alternative est liée au statut des fonctionnaires ?

● Paraphrasez le commentaire de Marie-Jo à propos du départ de l'ENA à Strasbourg.

● Étienne parle de choix. Quel exemple donne-t-il ?

● Il oppose le choix à un ultimatum. De quel type d'ultimatum parle-t-il ?

● Les délocalisés ne sont généralement pas satisfaits. Comment Laurence explique-t-elle cette insatisfaction ?

Pourquoi la délocalisation ?

● Repérez la question de l'animatrice.

● Quelle est la réaction de Laurence ?

● Quelle est la réaction de Delphine ?

● Quelle différence y a-t-il entre les réactions de Laurence et de Delphine ?

● Quelle est la dernière question posée par l'animatrice ?

● Y a-t-il réellement une réponse à sa question ?

● Relevez la réaction de Delphine et celle de Marie-Jo.

Manières de dire

Les procédés syntaxiques de l'oral :

L'**extraction** et la **segmentation** sont deux procédés très caractéristiques du discours oral.

Exemples :

Oral	Écrit
Ya l'ENA **qu'**est parti en province. **Ya** Les Gobelins, **ils** ont dû partir aussi.	L'ENA est parti en province. Les Gobelins ont dû partir aussi.

Pour les énoncés suivants, retrouvez dans la *table ronde* les procédés de segmentation du discours oral :

– Personne ne me dira d'aller quelque part.

– Je pense que soit on accepte, soit on refuse la délocalisation.

– Le départ à Strasbourg de cette grande École est un problème un peu particulier.

– Ce choix présente un intérêt, il est profitable et valorisant.

– Ce choix n'a pas été généreux.

– Ce choix est politique et répond à d'autres intérêts.

– Les lieux choisis sont déjà des lieux qui sont développés.

– Si on voulait vraiment délocaliser, il ne fallait pas choisir Strasbourg.

Expression orale

Jeu de rôles :

Pour des raisons professionnelles, vous devez quitter votre ville. Le patron vous annonce la nouvelle de la délocalisation. Certains employés sont contre et disent pourquoi. Certains autres demandent des explications d'ordre pratique, et d'autres se plaignent pour des raisons personnelles. Le patron répond aux uns et aux autres.

Expression écrite

Pour votre entreprise, vous devez rédiger la circulaire annonçant la délocalisation. Utilisez le plan suivant :

– Les raisons de la décision.

– Les avantages pour l'entreprise.

– Les dédommagements prévus pour les employés délocalisés.

– Les intérêts sociaux et culturels de la nouvelle ville.

– La sécurité de l'emploi pour ceux des employés qui seront délocalisés.

LA DÉLOCALISATION

Les fonctionnaires menacés d'exil en province protestent

Trente ans après la première vague de déconcentration lancée par le régime gaulliste, dix ans après la décentralisation façon Defferre, l'État allait inventer un troisième mode d'amaigrissement du pouvoir central : la « délocalisation ». Trois mois après son lancement, le succès escompté n'est pas au rendez-vous.

Et pourtant, Paris souffre d'engorgement. Les conditions de vie s'y sont dégradées : logement, transports, pollution, les indicateurs virent au rouge. « Il y a un consensus en France pour dénoncer l'hypertrophie de la région parisienne, constate Édith Cresson. Alors, pourquoi ne pas agir ? » Jusqu'à maintenant, l'État Léviathan n'a jamais été sérieusement menacé. La France reste aux antipodes du modèle allemand. [...] Outre-Rhin, les centres de pouvoir sont éclatés entre les différentes capitales des Länder. Un gage d'efficacité ? Édith Cresson a tranché.

Les deux premiers comités interministériels d'aménagement du territoire (Ciat) d'octobre et de novembre derniers, au cours desquels a été annoncé le transfert en province de 4 200 emplois du secteur public, ont déchaîné de violentes passions. Manifestations, scrutins sans appel ont sanctionné une méthode dépourvue, au départ, de toute concertation.

Comment expliquer ce refus de mobilité ? Arrogance ? Masochisme ? Symptômes d'une société figée ? Face à ces blocages, la province, elle, ne comprend pas, et balance entre l'ire et l'ironie.

C'est sous-estimer les freins à la mobilité. Principal écueil : la réinsertion professionnelle des conjoints. « À Angers, il y a 15 % de chômage. Mon épouse n'a aucune chance de retrouver un emploi », s'inquiète un ingénieur de l'Agence française pour la maîtrise de l'énergie. Autres difficultés : l'éloignement de la famille ou des amis, le choix d'une école pour les enfants, la crainte d'un « désert » culturel. À croire que la province c'est l'enfer. Et pourtant, ceux qui acceptent l'aventure deviennent rapidement de fervents défenseurs de leur région d'adoption.

L'Express, supplément *Réussir,* 9 janvier 1992.

Des polytechniciens.

L'ENA s'installe à Strasbourg.

Témoignages

Ils ont quitté Paris

Las de perdre leur temps dans les embouteillages, ils ont franchi le pas pour concilier qualité de la vie et réussite professionnelle. Avec, parfois, quelques déceptions à la clé.

Anne Maldidier s'est décidée. Après vingt années de navette biquotidienne entre Marly-le-Roi et Paris, elle a choisi d'habiter un minuscule hameau breton. Pour cette directrice des ressources humaines de Cap Sesa-Ouest, qui en avait assez de Paris où « c'est la course permanente », la vie de tous les jours a vraiment changé : « Je fantasmais sur une maison à la campagne. Maintenant, tous les matins, je savoure mes douze kilomètres de voiture (sans embouteillages) pour rejoindre le centre de Nantes. » Émerveillée par le paysage, Anne Maldidier n'a pourtant rien d'une « baba cool » façon années 70. Le tailleur plutôt strict et la monture de lunettes un brin sévère, elle jure que si elle a émigré en province c'est après s'être assurée qu'elle y gagnerait en salaire, en responsabilités et en statut. Elle voulait simplement vivre mieux et concilier, enfin, qualité de la vie et réussite professionnelle.

« Je lisais beaucoup plus à Paris. Une heure de bus par jour, soit un roman par semaine. » Maintenant, dix minutes à peine séparent la maison, que Bruno Coulange vient d'acheter, de l'agence locale du cabinet de recrutement PA où il est consultant depuis bientôt cinq ans. « Elle a coûté deux fois moins cher que celle de mon frère en région parisienne. » Entré comme débutant au siège parisien de PA en 1982, il ne tarde pas à postuler pour la province et se décide pour Aix. Une agence en pleine création, « où tout restait à faire ». Car, pour lui, pas question de payer le prix de la mise au vert en s'enfermant dans un job au rabais.
Réussite sur les deux tableaux. Aix offre les avantages d'une ville de 200 000 habitants, « sans qu'aller au cinéma se transforme en expédition ». Ce fils de viticulteur de 36 ans se demande s'il ne va pas planter une vigne sur le terrain de sa nouvelle maison. Après des débuts difficiles, Bruno a retrouvé un salaire identique. Pourtant concède-t-il, « j'aurais du mal à trouver une autre entreprise à mon niveau ».

À Grenoble, Joël Clerc, publicitaire, a trouvé des gens « plus disponibles » : « S'il faut travailler le samedi après-midi, tout le monde est là en un quart d'heure. On sait aussi s'arrêter : entre midi et 14 heures, c'est vraiment le break. Cela permet d'aller skier, puisque les pistes sont à vingt minutes en voiture. Au total, on travaille moins "speed", mais finalement plus vite. » Lui aussi, comme Anne Maldidier, a profité de son passage en province pour brûler les étapes, professionnellement parlant : en quatre ans, il est devenu directeur du développement de son agence, bras droit du patron, avec un salaire de 20 000 francs par mois. Et pourtant « Trouver un paquet de "clopes" après 22 heures, à Grenoble, vous avez déjà essayé ? », plaisante-t-il. Même si « la province fait de gros efforts », elle ne parvient ni à combler sa fringale de théâtre, ni à satisfaire sa passion pour le rock. Sans parler du « dernier Woody Allen que vous voyez après tout le monde, en version française ». Il a préféré revenir à Paris où, « finalement, ce n'est pas l'enfer » redouté.

Un job de rêve ne met pas non plus à l'abri des mauvaises surprises. Martine Descamps, responsable du recrutement dans une grande entreprise de télécommunications, voulait vivre en Bretagne. Elle a réussi le tour de force de s'y faire muter dans un poste passionnant, tout en faisant recruter son mari. Verdict après cinq ans : « Ennui et vieillissement précoce ».

« Nous sommes venus ici pour la carrière de mon mari, mais maintenant nous y restons à cause de la mienne. » Marie-Françoise Lenon, 46 ans, a opéré un sacré retournement. Pour cette secrétaire de direction trilingue, en effet, la mutation de son inspecteur du Trésor de mari à Bourg-d'Oisans, dans l'Isère, ne pouvait pas plus mal tomber : enceinte de sa seconde fille, il lui faut quitter un patron qui lui avait promis une importante promotion à son retour de congé-maternité. Elle s'aperçoit vite que dans cette « bourgade de province, mortelle en hiver », il est « hors de question de trouver du travail sur place ». Pendant deux ans et demi, elle sera secrétaire à Grenoble, à 59 km de chez elle. Cette solution d'attente cesse enfin quand elle entre à l'Office de tourisme de la station des Deux-Alpes. Cette fois, dit-elle, « c'est ce que je recherchais depuis longtemps ». À tel point qu'en un an elle devient secrétaire générale, seul maître à bord. Mais s'il fallait repartir ? « Sujet tabou ».

Capital, juin 1992.

Les enchantés du lac

« Ô temps ! suspends ton vol,
et vous, heures propices !
Suspendez votre cours :
Laissez-nous savourer les rapides délices
Des plus beaux de nos jours ! »
Alphonse de Lamartine, *Le lac.*

Le lac du Bourget, en Savoie.

Une nuit d'avril de l'année dernière, Paul Audouy ne dort pas. Le PDG de Hasbro, au Blanc-Mesnil (Seine-Saint-Denis), sait que, en annonçant à ses 33 salariés leur déménagement, trois mois plus tard, au Bourget-du-Lac (à 10 kilomètres de Chambéry), il va leur « causer un préjudice ». Pourtant, dès que cette délocalisation est connue, sa nécessité économique n'échappe à personne. Le regroupement de Hasbro, l'américain leader mondial du jouet, et de sa principale filiale, Milton Bradley (déjà installée en Savoie), permet de réaliser des économies d'échelle. [...]
Seuls 8 des 33 salariés ont accepté de suivre la société au Bourget-du-Lac. Le score atteint 5 sur 11 chez les cadres. Parmi les récalcitrants, il y a les Parisiens purs et durs, célibataires et bringueurs. Significatif, également, le cas d'un commercial dont l'épouse gagne plus que lui. La nécessité d'un double salaire reste le principal frein à la mobilité vers la province. Elle n'est souvent possible qu'après un délicat arbitrage entre les deux conjoints. [...]
Côté très positif : la qualité de l'environnement. Les cadres délocalisés l'ont découvert au printemps dernier, lorsque Audouy leur a offert un week-end sur place. Installée au sein de la zone d'entreprise Savoie-Technolac, la société se trouve naturellement sur les rives du lac du Bourget,

entre deux montagnes, celle du Chat et celle du Revard. Un site qui plaît tout autant aux passionnés de ski qu'aux mordus de voile. « Je suis allergique aux bruits et à la pollution, à l'agressivité et au stress. Voir un paysage en relief lorsque j'ouvre mes fenêtres me remplit de joie », confie le barbu Pierre Debon, qui vient de quitter Londres. Mais, s'il rejette la grande ville, ce chef de produit d'origine lyonnaise sait que, pour progresser dans sa carrière, il devra un jour rejoindre Grenoble, Lyon ou Genève : les groupes de la taille de Hasbro-MB ne sont pas légion autour de Chambéry.
Pour l'heure, Paul Audouy dort sur ses deux oreilles, persuadé d'avoir réussi sa transplantation de « Parisiens ». Super-motivés. Séduits, comme lui, par le « beau lac » et ses « riants coteaux », les sapins et les rocs enivrés par le vent. Comme le fut Lamartine en 1817. Son célèbre poème – « le lac » – pourrait-il être un hymne à la mobilité ? « Hâtons-nous, jouissons ! L'homme n'a point de port. Le temps n'a point de rive, il coule et nous passons ! »

François Koch,
L'Express, supplément *Réussir,*
9 janvier 1992.

Nicole Laneelle, infirmière de profession, s'est vu proposer par l'hôpital de Vaison-la-Romaine un salaire deux fois moindre qu'en région parisienne. « Comme elle a refusé, nous avons perdu 50 % de notre pouvoir d'achat en arrivant, jusqu'à son installation comme infirmière libérale », se souvient Alain. Résultat : s'il ne peste plus contre la « promiscuité » du métro, sa femme est contrainte de sillonner la campagne et d'assurer des permanences le week-end.

« Bilan positif... parce que j'ai eu de la chance » avoue Alain Laneelle aujourd'hui. Promis, juré, il ne regrette rien. Mais il a eu chaud. Satisfait d'avoir laissé, à 30 ans, en décembre 1987, les tours de Saint-Cloud (Hauts-de-Seine) pour les ruines de Vaison-la-Romaine (Vaucluse), en échangeant un poste d'informaticien à la Chambre de commerce de Paris contre la responsabilité « organisation et méthodes » au Service central des titres (SCT) du Crédit agricole. Quand même, reconnaît-il, « l'atterrissage est plutôt douloureux ».

En bon informaticien, Alain Laneelle avait pourtant « fait son calcul » avant de choisir de placer sa carrière « hors des chemins statistiques ». Lesquels mènent tous à Paris... Côté passif, c'était perdre « au moins 40 % » des 300 000 francs annuels que lui allouerait aujourd'hui la Chambre de commerce. Pour n'y gagner qu'une « forme de marginalité » : « Je ne me suis pas mis au vert pour pantoufler, mais c'est un peu comme ça qu'on me considère lorsque je remonte à Paris ».

Qu'importe : il savait bien qu'« on ne choisit pas Vaison-la-Romaine pour la carrière ». Ce qui ne veut pas dire accepter n'importe quoi. Le parc informatique installé au SCT (« Ce qui se fait de mieux en France est ici, mais personne ne le sait ! ») gère les opérations de Bourse pour 24 caisses régionales du Crédit agricole. Nous sommes loin de l'impasse professionnelle.

Et s'il n'a pas retrouvé son salaire, Alain Laneelle revit. À Damien, 7 ans, et Florian, 4 ans, il offre les charmes du mont Ventoux à dix minutes de voiture plutôt que « les embouteillages à partir de Chartres en revenant de week-end ». Et surtout, leur petite maison, sa fierté : « Je la retape moi-même ».

Vaison-la-Romaine, dans le Vaucluse.

Ils sont restés

Neuf candidats sur dix refusent un poste en province

Facile à dire dans un sondage. De là à franchir le pas... La majorité des cadres parisiens, quelle que soit leur envie de jardinage et de calme, réfléchit à deux fois avant de choisir la province. Ils savent bien que 45 % des sièges sociaux sont à Paris. Et que les promotions y sont plus rapides, sauf exception (par exemple quand il faut prendre des responsabilités en région avant de revenir au « centre » négocier un avancement). Chantal Baudron, présidente d'un cabinet de recrutement dont 65 % des clients ont leur siège en province, s'arrache les cheveux quand elle doit dénicher un candidat à l'exil. « Lorsque nous avons une mission en province, avoue-t-elle, neuf candidats sur dix refusent. Bien sûr, ils recherchent, plus qu'avant, une certaine qualité de la vie, mais c'est justement le fait de déménager avec toute leur famille qui leur paraît perturbant ! » S'éloigner de ses amis, ou des grands lycées parisiens, serait-ce là le véritable stress, bien avant les queues sur l'autoroute du retour, le dimanche soir ?

Capital, juin 1992.

• Parmi les gens qui ont quitté Paris, dites ceux qui sont très satisfaits, globalement satisfaits, plutôt insatisfaits, et donnez leurs raisons :

	Très satisfaits	Globalement satisfaits	Plutôt insatisfaits
Nom			
Profession			
Lieu de délocalisation			
Leurs raisons			

• À partir des notes ci-dessus, énumérez les aspects positifs de la qualité de la vie évoqués par les délocalisés heureux.
• Énumérez les aspects négatifs de la province, même pour ceux qui sont globalement satisfaits.
• Et pour ceux qui restent, malgré les aspects négatifs de la vie à Paris, quelles sont les raisons de ne pas quitter la capitale ?
• Trouvez-vous importante ou normale la proportion de ceux qui ne veulent pas quitter Paris ?
• Avec l'ensemble de ces informations, faites un résumé écrit.

Pour fixer le vocabulaire

• Trouvez dans la colonne de droite un synonyme pour chaque mot ou expression soulignés :

Brûler les étapes.	être tranquille/ne pas avoir de soucis
Le succès n'est pas au rendez-vous.	constituer un obstacle à quelque chose
Déchaîner les passions.	explorer une région
Combler une « fringale ».	les passionnés
Sillonner la campagne.	un tort
Causer un préjudice.	un grand appétit
Les « mordus » de la voile.	franchir rapidement un parcours
Être un frein à.	ne pas réussir/rater quelque chose
Dormir sur ses deux oreilles.	causer de vives réactions

• Trouvez un contexte pour les expressions suivantes :
– Profiter de… pour…
– Y gagner en…
– En avoir assez de…

Expression orale

Discutez d'abord par petits groupes des avantages et inconvénients de la vie dans la capitale de votre pays et en province. Faites ensuite devant la classe un exposé qui sera la synthèse de votre discussion.

L'État doit « casquer »

Ils se disent libéraux et, pourtant, ils demandent toujours plus d'État !

Manifestation d'agriculteurs.

Les paysans attendent beaucoup de l'État. Que, par-delà Bruxelles, il leur garantisse un revenu consistant. Qu'il leur offre une bonne retraite et des crédits pas chers. Qu'il les protège des céréaliers américains, des viticulteurs italiens et du temps qu'il fait. S'il a trop plu, ils exigent des subventions. S'il n'a pas assez plu, un impôt sécheresse. S'il a grêlé, des réparations. S'il a gelé, des sous pour compenser. Et quand la météo est clémente, la récolte fructueuse et les cageots pleins, ils bloquent la convention du P.S. à Avignon pour protester contre la « mévente » de leurs tomates. Les paysans attendent beaucoup de l'État, qu'ils diabolisent cependant à qui mieux mieux. Il ne leur vient pas un instant à l'esprit qu'à raisonner de la sorte, en exigeant tout et en en refusant les contreparties, ils commettent une erreur de logique. Ils ont pourtant le sens pratique. Et, disons-le, une propension naturelle à ne pas s'embrouiller dans les additions quand il s'agit de leurs sous.

Les paysans ne sont pas les seuls à délirer. La plupart des Français font montre, vis-à-vis de l'État, du même infantilisme financier. Prenons la CSG, la fameuse contribution sociale généralisée, nouvelle taxe accueillie dans le pays par une bronca du diable. Est-ce pour payer des cravates en soie aux membres de son gouvernement que Michel Rocard s'est résigné à l'instaurer en 1990 ? Non. La CSG, tout le monde le sait, a été créée pour contribuer à équilibrer notre système de sécurité sociale. Pour financer, en somme, le maintien à un haut niveau des prestations maladie et des pensions de retraite. En cela, elle répond exactement à leur demande. N'importe, à plus de 60 %, ils la jugent scélérate. [...]

À chaque augmentation des impôts, fût-elle minime, la nation s'émeut. On parle de pression fiscale abusive. De seuil du supportable. La seule idée de voir la note s'alourdir met les Français en transe, on le comprend.
Sont-ils prêts pour autant à se satisfaire d'un État au rabais ? Bien au contraire. Ils exigent de lui toujours plus. Des nationales au macadam impeccable ; des profs en nombre ; une justice rapide ; une poste sans file d'attente ; des policiers à tous les carrefours ; des transports en commun performants ; des allocations familiales substantielles ; des milliards pour l'emploi, et des subventions pour tout. Jamais sans doute la demande sociale n'a été si forte, et si faible la volonté d'en payer le prix. Il y a quelques mois, l'hebdomadaire *Le Point* consacrait une bonne vingtaine de pages à détailler « *la grande misère des services publics* ». Il y dénonçait la paupérisation des

hôpitaux, l'état de délabrement des commissariats, l'extrême faiblesse des crédits alloués aux universités. Pour, dès la semaine suivante, reprendre l'antienne de son obsessionnelle croisade anti-impôts... Serions-nous collectivement givrés pour persister à réclamer ainsi le beurre et l'argent du beurre ?

La reine Elisabeth à Paris.

En fait, nous entretenons une étrange relation avec notre État. Nous en avons besoin et nous le rejetons. [...] Cette attraction-répulsion ne vaut pas que pour l'économie : l'âme française toute entière est tricotée ainsi, une maille d'anarcho-grognardise, une maille de rigueur jacobine. Comment pourrait-elle entretenir un rapport équilibré avec son État ? Lorsque, recevant pour un bicentenaire un aréopage de chefs d'États étrangers, les pouvoirs publics entreprennent de bloquer la capitale avec de clinquants cortèges de motards, les Parisiens s'offusquent des grotesques idiosyncrasies mitterrandiennes, pestent contre ce faste de république bananière. Mais le soir, debout par centaines de milliers dans les contre-allées des Champs-Élysées, ils regarderont, la fierté au cœur, l'impeccable ordonnancement du défilé, en remerciant les autorités de le leur servir si parfait. Les Français aiment leur État. Et ils le détestent !

Philippe Éliakim,
L'Événement du jeudi,
17-23 septembre 1992.

Repérages

Dans les différentes parties du texte, relevez les idées suivantes :
– Les exigences des agriculteurs (1re partie).
– Les exigences de la plupart des Français (2e et 3e parties).
– La contradiction illustrée par l'hebdomadaire *Le Point* (3e partie). Quelle formule résume cette contradiction ?
– Le comportement contradictoire du peuple lors de la visite de chefs d'États étrangers (4e partie).

Expression orale et écrite

● Faites un résumé du texte.
● Faites un exposé oral où vous commenterez les principales idées du texte.
● Choisissez une contradiction dans le comportement de vos compatriotes et rédigez un texte le décrivant. Utilisez, pour écrire ce texte, certaines des structures syntaxiques et logiques repérées dans l'*analyse*.

Analyse

● Dans la première partie du texte, repérez les différentes constructions syntaxiques répétitives.
● Dans la deuxième partie, repérez la construction logique à l'aide des concepts suivants :
– L'affirmation.
– La démonstration (structure rhétorique de la démonstration).
– La conclusion.
● La troisième partie est-elle construite de la même manière ? Analysez sa construction.
● Différents éléments linguistiques (verbes, adjectifs, substantifs) servent à caractériser les deux aspects contradictoires du sentiment des Français vis-à-vis de l'État.
Classez-les en deux colonnes : attraction/répulsion.

Les Français et la loi

Dans son rapport annuel, le Conseil d'État s'élève contre la prolifération anarchique et accélérée des textes de loi.

Comparez les deux textes ci-dessous qui rendent compte du rapport annuel.

Des dangers de l'inflation juridique

Nul n'est censé ignorer la loi. L'ennui, c'est que pour se conformer à ce principe, le citoyen français est supposé, aujourd'hui, connaître près de 150 000 textes de portée générale, dont plus de 7 500 lois, 82 000 décrets, 21 000 règlements de la Communauté européenne et plusieurs dizaines de milliers de circulaires. Le rapport annuel 1991 du Conseil d'État, rendu public hier[1], constate que la *« sécurité juridique »*, ce *« principe général du droit »* selon la Cour de justice des Communautés européennes, est actuellement menacée par la prolifération des textes en tout genre. De 7 000 pages en 1976, *le Journal Officiel* est passé à 17 000 pages aujourd'hui. En dix ans, le volume annuel des circulaires s'est accru, selon les départements ministériels, de 50% à...450%. *« Est-ce à dire que les États où la réglementation prolifère, où le droit change sans cesse et parfois sans cause, où les conditions d'élaboration de la norme juridique se dégradent, sont des États où le citoyen n'est plus protégé contre le risque d'arbitraire ? »*, s'interroge le rapport, rédigé par Françoise Jurgensen, alias Françoise Chandernagor, rapporteur général de la section du rapport et des études au Conseil d'État.

Plusieurs Premiers ministres se sont émus de cette inflation. En vain. *« Qui dit inflation dit dévalorisation ; quand le droit bavarde, le citoyen ne lui prête plus qu'une oreille distraite »*, note le rapport. Or non seulement il y a trop de textes, *« mais ces textes ont trop de mots »* : la taille moyenne d'une loi est passée de 90 lignes dans les années cinquante à 220 lignes aujourd'hui. Il est certes *« normal »* que *« les textes soient bouleversés quand les conditions politiques l'imposent »*, mais *« il faut savoir distinguer les grandes*

---

1. *Publié à la Documentation française. Études et documents n° 43. 150 francs.*

réformes des changements maniaques ». Exemples : en matière de loyers, *« la règle, au cours des dix-sept dernières années, a changé en moyenne tous les six mois »* ; le régime de l'audiovisuel *« a été modifié par 16 textes législatifs successifs depuis la loi du 29 juillet 1982 »* ; et pour la seule année 1990, *« 159 modifications législatives ou réglementaires ont été apportées au Code général des impôts et au Livre des procédures fiscales »*.

Comme si cela n'y suffisait pas, *« trop de textes ne permettent pas de distinguer l'intention de l'action, le possible du souhaitable, l'accessoire de l'essentiel, le licite de l'illicite. »* Or *« toute loi mal faite – parce qu'elle nourrit l'incertitude, provoque la désillusion ou facilite la fraude – est une atteinte portée à la sécurité juridique du citoyen »*. Parce que *« pour les médias, un bon ministre, c'est d'abord un ministre qui fait des textes »*, on assiste au *« développement des textes d'affichages »*, dont plusieurs articles se résument à un catalogue d'intentions et *« aussi généraux que généreux »*, dépourvus de tout contenu juridique. En conclusion, le Conseil d'État recommande huit *« actions fondamentales »*, destinées à opérer ce qu'il appelle un *« véritable changement de mentalité »*.

N.G., *Libération*, 21 mai 1992.

La loi qui tue la loi

Pour cultiver deux vertus, la concision et la précision, Stendhal lisait régulièrement une page du Code. S'il avait dû faire son miel dans l'un ou l'autre des 150 000 textes qui constituent aujourd'hui notre droit, *la Chartreuse de Parme* aurait la structure cartilagineuse d'un roman de Robbe-Grillet et *le Rouge et le Noir*, le style pelucheux de Guy des Cars. Droit *« bavard »*, *« mou »*, *« flou »*, *« gazeux »*, c'est en effet ainsi que le Conseil d'État, dans un rapport maigre et musclé, qualifie le résultat de notre inflation législative et réglementaire. Ce rapport est disponible à la Documentation française.

Des « lois fourre-tout », « préparées à la hâte », incohérentes, verbeuses, et qui n'en finissent pas de ne pas finir : la longueur moyenne d'un texte législatif a plus que doublé au cours de ces dernières années. Pour longue qu'elle soit, à peine finie, la loi est retouchée. On émonde un paragraphe, on en bouture un autre, on en greffe quelques nouveaux. Depuis celle du 29 juillet 1982, la loi sur l'audiovisuel a connu 16 modifications importantes, soit près de 2 par an. L'encre de certaines dispositions législatives ou réglementaires n'est pas sèche qu'un texte nouveau est déjà à l'imprimerie... C'est que chaque ministre voudrait laisser son nom à une loi, en même temps que chaque bureau de son ministère voudrait marquer sa puissance en allongeant la réglementation, en la peaufinant, en lui faisant recouvrir toutes les manifestations pos-sibles de la vie. Le Conseil d'État appelle cela « des changements maniaques » et souligne que l'inflation normative conduit aujourd'hui une entreprise moyenne à remplir 6 mètres de formulaires pour s'acquitter de la taxe professionnelle. Une situation à mi-chemin entre George Orwell et Georges Courteline, avec un zeste du Brazil de Terry Gillian.

Cet excès de lois et la confusion qu'elle entraîne nécessairement est pain béni pour les petits malins et manne céleste pour les escrocs et les mafieux. Avec de bons juristes, plus il y a de textes, plus on a de chances de passer entre les gouttes, d'opposer une loi à une autre, de profiter des contradictions entre deux réglementations ou des superpositions de deux règles. Tout compte fait, cela donne deux France. Celle qui subit la loi et celle qui en profite. « Dura lex ? Non, vae victis[1] ».

Philippe Meyer,
L'Événement du jeudi,
28 mai-3 juin 1992.

_____

1. Cette phrase est composée à partir de deux citations latines :
Dura lex, sed lex : la loi est dure mais c'est la loi.
Vae victis : malheur aux vaincus.

Repérages

Des dangers de l'inflation juridique :
• Retrouvez la formulation de l'idée suivante : tous les citoyens doivent connaître les lois de leur pays.
• Recherchez les différences entre : une loi, un décret, un règlement et une circulaire.
• Relevez des preuves de la prolifération des textes juridiques.
• Recherchez la conséquence de la prolifération des textes depuis 1976.
• Retrouvez les critiques contenues dans le rapport du Conseil d'État.
• Repérez les lois qui ont le plus changé depuis dix-sept ans.
• Retrouvez une des raisons de cette prolifération des lois.
• Relevez la recommandation du Conseil d'État.

Expression écrite

• Faites une liste où vous résumerez les informations communes aux deux textes.
• Relevez une ou deux informations majeures existant dans un texte et non dans l'autre.
• Analysez la différence entre les deux textes.
• Faites votre propre résumé comme si vous vouliez rapporter à quelqu'un d'autre ce que vous avez retenu de la lecture de ces deux textes. Ajoutez-y votre commentaire personnel.

Repérages-Analyse

La loi qui tue la loi :
• Distinguez, chaque fois que cela est possible, les critiques du Conseil d'État et les commentaires personnels du journaliste :
– La première critique :
  • critique du Conseil d'État : ......
  • commentaire du journaliste : ......
– La deuxième critique :
  • critique du Conseil d'État : ......
  • commentaire du journaliste : ......
– L'explication de cette prolifération des lois :
  • critique du Conseil d'État : ......
  • commentaire du journaliste : ......
• Relevez les conséquences de l'excès de lois.
• Quelle est la conclusion du journaliste ? Paraphrasez en français sa phrase latine.
• Repérez toutes les métaphores du texte.

Les rapports de l'individu et de l'État, d'après Faizant

J'EXIGE QUE MES ENFANTS FASSENT DES ÉTUDES GRATUITES

J'EXIGE QUE L'ANPE ME PROCURE UN TRAVAIL QUI ME PLAISE

J'EXIGE LA GARANTIE DE L'EMPLOI

J'EXIGE LE MAINTIEN DES AVANTAGES ACQUIS

J'EXIGE DE TOUCHER UNE ALLOCATION CHÔMAGE

J'EXIGE D'ÊTRE REMBOURSÉ DE MES DÉPENSES MÉDICALES

J'EXIGE DE TOUCHER DES ALLOCATIONS FAMILIALES

J'EXIGE L'AUGMENTATION RÉGULIÈRE DE MES REVENUS

J'EXIGE UNE RETRAITE CONVENABLE

J'EXIGE UNE ALLOCATION VIEILLESSE DÉCENTE

J'EXIGE DES HÔPITAUX, DES AUTOROUTES, DES MAISONS DE LA CULTURE

J'EXIGE UNE POLICE EFFICACE

J'EXIGE DES PARCS NATURELS ET DES ESPACES VERTS

J'EXIGE DES STADES ET DES PISCINES

QU'EST CE QUE J'EXIGE, ENCORE ? IL ME SEMBLE QUE J'OUBLIE QUELQUE CHOSE !... AH ! OUI...

J'EXIGE LA DIMINUTION DES IMPÔTS ET DES COTISATIONS SOCIALES

J. Faizant, *Sans Filet*, Denoël, 1980

ACTIVITÉS

- Repérez les différentes constructions du verbe « exiger ».
- Ce dessin humoristique de Faizant est-il vraiment comique ?
« Faut-il pleurer, faut-il en rire ? », comme disait Aragon.
- Sur ce thème imaginez une BD sur les exigences soit d'un employé vis-à-vis de son patron, soit de parents vis-à-vis de leurs enfants, soit d'un mari ou d'une femme vis-à-vis de son partenaire, soit des humains vis-à-vis de Dieu, etc.(rédigez le texte).
- Proposez pour ce dessin un titre humoristique.

La délocalisation

(cf p.197)

Objectif :
Pour rapporter des paroles : le discours rapporté et l'incise.

| 1 | **L'État et nous** |

1. Voici une série de verbes de discours :
préciser – protester – menacer – constater – trancher – annoncer – s'inquiéter – craindre – défendre – dénoncer – s'interroger – revendiquer – sanctionner – décréter – estimer – ordonner – confier.

a. Classez-les d'abord en grandes catégories :
● Verbes de discours qui ne peuvent appartenir qu'à l'autorité :
......
● Verbes de discours qui ne peuvent appartenir qu'aux mécontents :
......
● Verbes de discours communs aux deux :
......
b. Donnez des exemples des différents emplois :
......

2. Pour rédiger un article journalistique, rapportez les paroles suivantes à l'aide des verbes de la liste ci-dessus :
– soit en employant une incise avec inversion (faites les transformations syntaxiques qui s'imposent).
– soit en utilisant une phrase complétive.

– « Les fonctionnaires seront délocalisés », a décrété le gouvernement.
– Le gouvernement a décrété que certains fonctionnaires seraient délocalisés.

1. Bon gré, mal gré, la délocalisation se fera.
......
2. Il n'est pas question de nous imposer de partir en province.
......
3. Nous avons le droit de travailler où nous voulons.
......
4. La région parisienne est hypertrophiée, il faut que cela change.
......
5. Tout refus de délocalisation entraînera la mise au chômage.
......
6. En octobre, 4 200 emplois du secteur public seront transférés en province.
......
7. Pourquoi ce refus de mobilité ? Pourquoi cette crainte de la province ?
......
8. À Angers, il y a 15 % de chômage. Mon épouse n'a donc aucune chance de trouver un emploi si on me délocalise.
......
9. Tous nos parents et amis sont dans la région parisienne.
......
10. Les meilleures écoles sont à Paris.
......
11. En province, c'est le désert culturel.
......
12. La province c'est l'enfer.
......
13. J'ai accepté l'aventure de la délocalisation et j'adore l'Alsace, ma nouvelle région.

La délocalisation

(cf p.197)

Objectif :
Pour défendre une idée et pour dénoncer l'attitude de ses opposants.

2 C'est pourtant pour notre bien !

Dans votre pays, le port obligatoire de la ceinture de sécurité dans les voitures vient d'être décidé. Mais les automobilistes s'y opposent vivement. Ils contestent cette loi et refusent de l'appliquer.
Vous défendez le bien-fondé du port de la ceinture qui protège les automobilistes. Vous dénoncez leur attitude tout en tenant compte de leurs contestations.

1. Trois mois après ......, le succès n'est pas au rendez-vous. Et pourtant, ... De plus, il y a dans le pays, un consensus pour convenir ...... Alors pourquoi ne pas ...... ?

2. Mais les ...... restent aux antipodes de ......

D'ailleurs, on s'en souvient, ... au cours duquel/de laquelle avait été annoncé(e) ...... , avait déchaîné de violentes passions.

3. Comment expliquer ce/cette ...... ?

Face à ces ......, existe-t-il ...... ?

Ce serait sous-estimer ...... Principal écueil : ...... Autres difficultés : ......

À croire que ......

Et pourtant, ...

L'État doit

« casquer »

(cf p.202)

Objectif :
Pour critiquer des comportements paradoxaux.

3 Une attitude paradoxale !

Dans votre pays, les gens se plaignent de la mise en place d'un nouvel impôt. Cet impôt doit permettre à tous de profiter de meilleurs services sociaux mais tout le monde le juge quand même détestable !

1. Les ...... ne sont pas les seuls à ......

L'ensemble des ...... fait montre vis-à-vis de l'État du même/de la même ......

Prenons ......, le fameux impôt ......

Est-ce pour ...... que le gouvernement s'est résigné à l'instaurer ? Non. Cet impôt, tout le monde le sait, a été créé pour ...... ; pour ......

En cela, il répond exactement à ......

N'importe, à plus de 60%, la population le juge ......

2. À chaque ......, fût-elle minime, ...

La seule idée de ...... met les citoyens ......

Sont-ils prêts pour autant à ...... ? Bien au contraire.

Ils ...... toujours plus.

Jamais sans doute ...... n'a été aussi fort(e), et si faible ......

Les Français de l'an 2000

A. *La télévision* :

quelle influence sur nos modes de penser ?

(cf. Transcriptions p. 244)

Table ronde

Que regardez-vous à la télé, et pourquoi ?

Renaud : Les jeux, je trouve qu'on s'en lasse rapidement. [...] On ne regarde plus la télévision pour regarder la télévision, on regarde pour s'informer ou pour vivre une belle histoire.

Animatrice : La télévision, c'est plus un moyen de rêver à vos âges ?

Les sports à la télé :

Renaud : Le football, le tennis sont les sports les plus populaires, donc ce sont les sports auxquels on s'identifie peut-être le plus. [...] Le sport est encore un spectacle où la tricherie – ou peut-être le côté un peu subtil et malhonnête – ne se voit pas.

« On nous prend pour des imbéciles » :

Anne-Sophie : Ils se conduisent n'importe comment, il n'y a aucune moralité, c'est dégoûtant quoi.

Grégoire : On ne peut pas dire que tous les journalistes cherchent à tout prix à choquer les gens, à les blesser, qu'ils ont complètement perdu le sens de leur métier.

L'audimat :

Renaud : Que faire pour que des informations qui normalement doivent présenter les mêmes sujets, soient plus attrayantes sur une chaîne que sur l'autre ?

Grégoire : Même les chaînes publiques travaillent à l'audimat, c'est-à-dire qu'ils ont besoin de résultats, donc ils ont tous la même politique, c'est-à-dire attirer le plus possible de gens, au détriment d'une information plus complète.

L'influence de la télé :

Animatrice : Est-ce que vous croyez que la télévision peut changer le cours de l'histoire, peut changer les choses ?

Grégoire, Renaud, Cécile : Oui, c'est déjà fait.

Renaud : À moins vraiment d'un événement extraordinaire, je ne pense pas qu'elle modifie vraiment notre comportement.

Grégoire : On est dans le bain, la télévision nous montre régulièrement des guerres, donc ça ne nous étonne plus.

Anne-Sophie : On est rôdés.

Avez-vous compris ?

Que regardez-vous à la télé, et pourquoi ?

A. Deux types d'émissions sont mentionnés : les jeux et les journaux télévisés. Essayez de repérer les commentaires (appréciation/caractérisation) qui sont faits de chacune de ces émissions :

	Renaud	Anne-Sophie	
Les jeux			

	Grégoire	Christelle	Nathalie
Le journal télévisé			

B. • Renaud regardait beaucoup la télévision quand il était petit. Pour quelle raison ?
• Maintenant il regarde la télévision :
– pour la regarder ☐
– pour s'informer ☐
– pour vivre une belle histoire ☐
• Il a l'habitude :
– de zapper ☐
– de regarder quelque chose de précis ☐

C. • Grégoire préfère :
– la télévision divertissement ☐
– la télévision culturelle ☐
• Citez trois adjectifs qui lui servent à critiquer la chaîne *ARTE*.
• Par quelle phrase résume-t-il sa critique de cette chaîne ?

Les sports à la télé :
• Christelle critique les émissions de sport à la télé :
– Elle cite deux sports. Lesquels ?
– Quel reproche fait-elle à ces émissions sportives ?
• Quels types de sports voudrait-elle voir à la télé ?
• Renaud n'est pas du tout d'accord avec elle :
– Quel genre de sport regarde-t-il ?
– Citez deux raisons qu'il donne.
• Est-ce qu'il fait du sport ?
• Il compare le sport aux « reality-shows ». Quelles formules utilise-t-il en parlant des « reality-shows » ?
• Quel qualificatif applique-t-il aux émissions sportives ?
• Comment Anne-Sophie réagit-elle aux propos de Renaud ?
• Elle préfère regarder un match dans un village :
– Pour quelle raison ?
– Citez la formule qu'elle utilise.

« On nous prend pour des imbéciles » :
• Grégoire et Renaud ne sont pas d'accord sur le manque de déontologie des journalistes :
• Quel reproche fait Renaud ? Est-il clairement formulé ?
• Quel argument Grégoire oppose-t-il à Renaud ?
• Grégoire utilise deux formules pour manifester ce qu'il pense du jugement de Renaud. Lesquelles ?

• Comment Anne-Sophie explique-t-elle que les journalistes qui ont « de la moralité » sont moins présents à la télévision ?
• Quel reproche Renaud adresse-t-il à PPDA ?

L'audimat :
• Dans l'argumentation de Renaud :
– le principal responsable du vedettariat des journalistes c'est :
  • le journaliste lui-même ☐
  • le système ☐
– Pour faire de l'audimat, quelles qualités doit avoir un journaliste ?
• Pour Grégoire :
– les journalistes sont-ils libres ?
– les chaînes publiques et les chaînes privées ont la même contrainte. Laquelle ? Quelle formule utilise-t-il pour souligner cette contrainte ?
– Est-il entièrement contre l'audimat ? Quelle excuse trouve-t-il à l'utilisation de l'audimat ?
– D'après lui, les reporters sont-ils innocents ?
– Quel exemple donne-t-il du comportement de certains journalistes ?

L'influence de la télé :
• Grégoire et Renaud ne sont pas d'accord. Pour Grégoire on est influencé, pour Renaud on ne l'est pas. Citez un argument de chacun des deux jeunes gens :
– Grégoire : ......
– Renaud : ......
• Renaud cite l'exemple de l'ex-Yougoslavie. Quel souhait exprime-t-il en ce qui concerne les émissions sur ce pays ?
• Anne-Sophie donne une preuve de l'influence de la télévision. Laquelle ?
• L'idée est reprise par Grégoire, il utilise quatre formules montrant qu'on est influencé. Lesquelles ?
• Anne-Sophie reprend à nouveau l'idée sous trois formes différentes. Relevez-les.
• Grégoire termine en ajoutant que cette influence se produit *malgré nous*. Comment formule-t-il cette idée ?

À propos de la télévision
Quelques données

La télévision rend-elle violent ?

La recherche sur les effets des médias représente le domaine le plus riche dans la sociologie de la communication. La télévision a suscité nombre d'études, en particulier sur les images de violence qu'elle véhicule.

En 1982, on a recensé 2 500 études – seulement aux États-Unis – publiées sur ce sujet.

Différentes interprétations des effets de la violence à la télévision :

Une consommation prolongée augmente **la peur** et **l'angoisse.** Les adolescents qui regardent beaucoup la télévision pensent que le monde est plus violent et se sentent plus agressés que ceux qui la regardent moins. Ils surestiment le nombre d'actes de violence.

Parallèlement à ce sentiment de peur, on note au contraire un phénomène de **désensibilisation** face à la vie quotidienne.

Le **retrait de la réalité,** surtout chez les jeunes, fait aussi partie de la longue liste des effets de la violence divulguée à la télévision. Le monde extérieur n'existe plus ; on vit dans un film, violent de surcroît.

La télévision a une fonction **cathartique.** La catharsis est le soulagement de frustration au travers de la participation imaginaire à une scène agressive. Ce sont les personnes issues de milieux modestes qui sont les plus sensibles à ce phénomène, les milieux favorisés donnant plus de moyens de canaliser la violence.

La thèse du renforcement défend des arguments contraires. Des chercheurs voient en effet dans la télévision une source d'indices agressifs, capable d'exacerber le **comportement violent,** surtout lorsque la violence est légitimée.

Réf. : Judith Lazar, *La sociologie de la communication de masse,* 1991, Paris, Armand Colin, collection U Sociologie.

• Les débuts de la télévision
Elle est le résultat de trois découvertes : la photoélectricité, l'analyse ligne à ligne et point par point d'une image et la transmission hertzienne. C'est en Angleterre, en 1936, qu'eut lieu la première émission destinée au public. Dès le printemps 1939, la tour Eiffel émettait 15 heures de programmes par semaine. En 1948, la télé n'existait qu'aux États-Unis, en URSS, en Grande-Bretagne et en France.

• Gloire de l'AFP
L'Agence Française de Presse, grâce à sa rapidité de diffusion de l'information, constitue la principale source d'information des rédactions télévisuelles. L'AFP, première sur le plan international, tend à conquérir le terrain de l'information locale. L'écriture des dépêches colle au style audiovisuel : phrases courtes, vocabulaire simplifié. Utilisés à l'état brut, les communiqués se retrouvent parfois, à l'identique, d'une chaîne à l'autre !

• Zapping
Les chercheurs Ch. de Gournay et P.A. Mercier se sont penchés sur le phénomène du zapping. Après enquête, ils ont conclu que le zappeur est un expérimentateur, qui considère que le fait de zapper lui fournit une distanciation et permet d'envisager la télévision de façon critique. C'est une façon de déculpabiliser la surconsommation du média. Mais le zapping est une « pratique célibataire » qui enferme l'individu dans un monde où tout partage semble exclu.

• Les derniers chiffres
20 millions de foyers français sont équipés d'un téléviseur. Les magnétoscopes sont désormais au nombre de 4,9 millions. 670 000 personnes sont abonnées au câble. La part du marché publicitaire représente 24,6 % du budget des télévisions.

• *« The medium is the message »*
Le média est le message. La formule de Mac Luhan, le père de la sociologie des médias, signifie que l'information tient plus dans l'existence même du média, de son pouvoir de captation sur le public, que dans le contenu même du message.

• Les enfants la regardent de moins en moins
Contre toute attente, c'est ce qui ressort de l'enquête menée par l'IPSOS pour *Télérama* et le *Journal des Enfants*. La consommation télévisuelle des 8 à 12 ans a baissé de près de moitié en quinze ans.

Le point de vue d'un sociologue :
Dominique Wolton

Vive la télévision généraliste !

« Il faut oser réaffirmer une ambition politique et culturelle, une ambition de société, autant pour la télévision publique que privée. »

Sciences Humaines : *Les interprétations classiques supposaient, jusque dans les années 80, que la télévision était un outil de pouvoir. Avec Jean-Louis Missika, vous avez indiqué qu'elle était au contraire l'objet le plus démocratique dans les sociétés démocratiques.*

Dominique Wolton : Le spectateur n'est pas manipulé par l'image qu'il reçoit à domicile, pas plus qu'il ne l'était hier par la radio. Il a à sa disposition tous les codes, les représentations, les valeurs, les idéologies qui lui permettent de se défendre du message qu'il reçoit. Un message est accepté dans la mesure où il va plutôt dans le sens de celui qui le reçoit. Il n'est donc jamais reçu de la même manière et c'est en ça qu'il est un outil démocratique. Dans notre société de masse, qui est à la fois standardisée et hiérarchisée, où chacun est dans son coin, il faut bien un outil de communication qui s'adresse à tout le monde. C'est la télévision. Mais il y a quand même des effets à long terme, sur deux plans :

– Du point de vue de l'information, la télévision est une ouverture extraordinaire au monde. Mais l'information, trop souvent tragique, ne peut être consommée dans de trop grandes quantités. Il faut déterminer un seuil de tolérance.

– Sur le plan culturel, deux problèmes se posent. La télévision n'est plus l'objet d'une ambition aussi forte qu'elle le fut dans les années 60. Tout le monde pense normal d'investir du temps et de l'argent dans l'armée, dans la recherche, dans la science, dans l'éducation. Mais la télévision est réduite à une industrie de la communication banale. Or, compte tenu du relatif échec que la télévision essuie dans la communication de masse, il y a des priorités à établir. Il faut oser réaffirmer une ambition politique et culturelle, une ambition de société, autant pour la télévision publique que privée.

Télé - Vérité

S.H. : *Les politiques ont, eux, l'impression que la télévision manipule les consciences et qu'ils peuvent, en ce sens, l'utiliser. Les analyses que vous avez faites à partir de 83 ont-elles eu un impact sur la pratique politique elle-même ? Quel est le rapport actuel entre l'information politique et la politique ?*

D.W. : Il faut bien reconnaître que l'influence politique d'un intellectuel est quasi nulle… Je crois que les hommes politiques se sont trompés en croyant qu'arriver dans la salle à manger des gens par l'intermédiaire de la télévision les aiderait à convaincre. Il s'est en fait passé l'effet inverse : la télévision supporte assez mal la langue de bois. Personne ne peut contrôler la totalité de son image. La télévision est ainsi un outil de vérité, mais aussi un outil de démocratie, puisqu'il démystifie les hommes politiques.

S.H. : *La télévision soumise à la puissance financière n'organise-t-elle pas un laminage culturel et une uniformisation totale ?*

D.W. : L'universalisation culturelle a commencé bien avant la télévision. C'est l'économie de masse, en terme de production et de consommation, qui entraîne la standardisation, que la télévision soit là ou non. C'est vrai, on l'a vu tout à l'heure, qu'elle adresse le même message à tout le monde. Mais chacun ne fait pas le même usage de ce qu'il reçoit. En revanche, elle est le principal outil de divertissement et devrait alors proposer une offre qui soit la plus riche possible. Or, depuis quinze ans, on observe un appauvrissement de la qualité des programmes doublé d'une obsession de l'audience. On assiste à un paradoxe incroyable : les gens sont beaucoup plus curieux, plus ouverts sur le monde, et la télévision, outil de communication extraordinaire, délivre des messages de moins en moins ambitieux. C'est une trahison de l'idéal de la télévision. Et le public se sent lésé.

Câble = ghetto

S.H. : *On lui offre des chaînes cryptées, potentiellement des chaînes câblées, et un certain nombre de chaînes spécialisées. Vous expliquez que cette offre ne correspond pas à la nécessité d'une pluralité culturelle.*

D.W. : La télévision est un lien social fondamental dans la société de masse. Les divisions thématiques (le sport, la religion, le sexe, la politique) rendent chacun des créneaux performants, mais ne s'adressent nécessairement qu'à un public spécialisé. Or, l'élément intéressant de la télévision est plutôt sa dimension généraliste. Je suis donc hostile à l'idée de croire que l'avenir de l'audiovisuel sera dans les chaînes thématiques, parce qu'elles ne font que rehausser les inégalités sociales et culturelles, elles n'essayent pas de les transcender. Il est plus facile de créer une chaîne thématique que de réussir à peu près une chaîne généraliste. Le défi de la télévision est de maintenir la pluralité d'adresse des messages.

Les intellectuels ont raté la télévision

S.H. : *Pourquoi y a-t-il si peu d'études sur la télévision ?*

D.W. : La télévision est un outil banal et indispensable, d'ouverture, de délassement, de solitude, de divertissement. Il y a cent mille usages de la télévision. La banalisation de cet outil a pour contrepartie un désintéressement relatif vis-à-vis de ses implications culturelles et politiques. On la regarde, on n'en est jamais content, mais on ne veut pas analyser le problème. [...]

Les intellectuels ont raté la télévision. Parce que au lieu d'y voir un outil fantastique d'émancipation culturelle, ils y ont vu un outil d'appauvrissement et de standardisation. Ils ont confondu la cause et la conséquence. Si la télévision n'a pas contribué à rehausser le niveau culturel c'est à cause de ceux qui l'ont faite. [...]

Et je suis hostile à une chaîne culturelle, non pas en soi, mais parce qu'elle éviterait aux autres chaînes de créer des programmes spécifiquement culturels. Ce serait former un ghetto, et faire une télévision à deux vitesses, la télé généraliste, « bas de gamme », et le refuge de tous les programmes intéressants dans une succession de télévisions thématiques. Où est l'élément émancipateur ? L'ambition d'intéresser sans cesse le grand public à d'autres programmes ? La culture à la télévision, avouons-le, est dans l'ensemble ennuyeuse. Mieux vaut insérer les programmes à caractère culturel au sein des autres programmes plutôt que de les isoler. Cela relève d'une option théorique, d'une option démocratique et d'une stratégie de communication.

> Dominique Wolton est chercheur au CNRS, directeur de la revue *Herrmès* ; a publié en 90 « *Éloge du grand public* » et en 91 « *War Game* » aux éd. Flammarion.

Sciences humaines, janvier 1992.

Repérages

Relevez les points de vue de Dominique Wolton sur les aspects suivants :
– La manipulation par l'image.
– La transmission de l'information à la télé.
– L'influence des hommes politiques à la télé.
– Le rôle de la télé dans le domaine culturel.
– Le rôle des chaînes thématiques.
– La fonction d'une chaîne généraliste.
– L'attitude des intellectuels face à la télé.
– L'intérêt d'une chaîne culturelle.

Discussion-débat

• Parmi les différents points de vue exprimés par Dominique Wolton, lesquels vous semblent :
– vrais ?
– discutables ?
– idéalistes ?
• Faites un débat sur ce thème.

Le point de vue d'un journaliste : François de Closets

Le spectacle du monde

La télévision est aujourd'hui un objet, un média, un outil, un concept incontournable. Mais il faut apprendre à vivre avec elle, à décrypter les nouvelles tendances de son utilisation.

Les moyens techniques ont en effet considérablement progressé ces dernières années. Est-ce pour cela que l'information est véridique, pertinente ? En dépit de tous les réseaux dont on dispose, aux quatre coins de la planète, la télévision ne présente jamais qu'un tout petit aspect de la réalité. Ce n'est qu'un spécimen, souvent peu représentatif, jamais neutre, qui apparaît dans l'œilleton de la caméra. Et pourtant, ces quelques images, choisies en fonction d'un certain nombre de critères, donnent au téléspectateur l'illusion d'être mis en contact avec la réalité. À partir de ces bribes d'information, chacun essaie de se faire une opinion sur le monde. Cette information-échantillon est pire que rien. Elle est source d'égarement. Être en prise directe avec le spectacle du monde pousse à négliger l'analyse du journaliste : pourquoi prendre en compte son explication, puisque tout est là, devant soi ? Il ne faut pas tomber dans ce piège. Jamais la télévision ne pourra tout montrer. Le rôle du journaliste est, et restera indispensable. Son interprétation, son opinion aident à la reconstruction du réel. Son discours crée un questionnement chez le téléspectateur. Le doute réapparaît, la fausse certitude disparaît. Le journaliste doit garder un sens critique, polémique. Il n'est pas le greffier de l'actualité ; la pseudo-objectivité, qui consiste à énoncer les faits sans les analyser, déforme la réalité. La vérité qui s'offre au journaliste est une vérité manipulée ; à lui de la démanipuler en prenant de la distance, en donnant quelques repères aux spectateurs. La télévision est un média immédiat. Le journaliste doit être l'intermédiaire entre le direct et l'opinion générale. C'est un rôle primordial qui lui est réservé, et le défi à relever est de taille. L'image du monde est entre ses mains.

> François de Closets, auteur d'ouvrages à succès (*Toujours plus*, *Tant et plus*) anime une émission de télévision d'information-débat sur des sujets de société : *Savoir plus*.

Sciences humaines, Janvier 1992.

Repérages

Relevez les points de vue de François de Closets sur les aspects suivants :
– La transmission de l'information à la télé.
– La tendance générale en ce qui concerne le rôle du journaliste.
– Le rôle du journaliste.
– Les différentes fonctions du journaliste à la télé.
– L'objectivité du journaliste à la télé.
– L'objectivité des images à la télé.

Analyse

● Partagez-vous l'opinion de François de Closets sur :
– l'objectivité des images à la télé ?
– les fonctions du journaliste ?

Discussion-débat

Comparez le point de vue de François de Closets à celui de Dominique Wolton.
Duquel vous sentez-vous le plus proche ?

Le point de vue d'un sociologue américain : Neil Postman

Pour Postman, le mode de transmission de l'information favorise certains contenus et peut donc avoir une influence considérable sur la nature de la civilisation.

Chaque média ne rend possible qu'un seul mode de discours. La télévision est en train de transformer notre culture en une vaste arène pour le « show-biz » : Les sujets proposés requièrent le minimum d'efforts de compréhension et sont en grande partie axés autour de la gratification émotionnelle. Tous les sujets sont traités sous forme de divertissement, la télévision est un art du spectacle. Les images sont plus fortes que les mots et court-circuitent facilement l'introspection. D'ailleurs les consignes données aux animateurs ou présentateurs sont d'éviter la complexité, les nuances, de ne pas s'attarder sur les concepts parce que la stimulation visuelle est un substitut de la pensée et la précision verbale un anachronisme. Les informa-

tions sont présentées de telle façon que les téléspectateurs aient des émotions plutôt que des opinions, car l'information est toujours fragmentaire et superficielle.

Selon Postman la prédiction de Huxley va se réaliser : Huxley redoutait qu'on nous abreuve d'informations au point d'en être réduits à la passivité et à l'égoïsme. Il redoutait que la vérité soit noyée dans un océan d'insignifiances et que notre culture devienne triviale car l'homme a un appétit quasi-insatiable pour les distractions. La télévision, en lui apportant toutes les informations sous forme de distractions, ne lui permet pas de mettre une distance entre ces formes d'informations et la pensée. Bref, nous assisterons au déclin de la pensée critique.

D'après Neil Postman,
Se distraire à en mourir,
© Flammarion, 1986.

Analyse

• Pouvez-vous trouver des arguments contre Postman dans les opinions de Dominique Wolton et de François de Closets ?
• Duquel de ces trois points de vue vous sentez-vous le plus proche ?
• Rédigez un texte exprimant votre point de vue sur la question. Cette rédaction pourra servir à clarifier votre pensée et à mieux l'exprimer oralement dans le débat suivant.

Discussion-débat

• Après avoir lu et résumé les informations contenues dans les pages précédentes, préparez par petits groupes un débat en vous aidant des questions suivantes :
– À quoi sert la télévision ?
– Peut-elle être un outil d'enrichissement culturel et à quelles conditions ?
– Doit-elle être avant tout un moyen de se distraire ?
– Que pensez-vous de la télévision dans votre pays ?
– Quelles fonctions remplit-elle ?
• Organisez un débat général sous forme de table ronde.

B. Les découvertes scientifiques : l'espoir surmontera-t-il la crainte ?

(cf. Transcriptions p. 247)

Table ronde

Qu'est-ce que la bioéthique ?

Animatrice : On dit que dans quelques années on pourra choisir la couleur de son bébé.

Marie-Jo : J'espère que ça ne sera jamais autorisé. [...] On a déjà vu ce que ça a pu donner à une certaine époque.

Pour ou contre les manipulations génétiques :

Animatrice : On vous dirait aujourd'hui vous programmez votre enfant comme vous le voulez, vous le feriez ?

Laurence : Non ! C'est une des rares choses qu'on peut faire avec un petit peu de spontanéité, un petit peu d'élan, un petit peu d'enthousiasme.

Marie-Jo : On est passé par l'époque « un enfant quand je veux »... on est maintenant à l'ère « d'un enfant quand je veux et comme je veux. »

Choisir le sexe de son enfant :

Animatrice : Sans aller jusqu'à choisir la couleur des yeux ou la couleur des cheveux d'un enfant, on peut aujourd'hui choisir le sexe d'un enfant. Est-ce que ça, vous seriez prête à le faire ?

Laurence : En admettant que j'aie trois garçons et que je veuille absolument une fille – je ne sais pas – peut-être oui, peut-être.

Marie-Jo : Je ne vois pas la différence entre choisir le sexe d'un enfant et choisir la couleur de ses yeux.

Animatrice : Bientôt vous croyez qu'on pourra aboutir à la garantie d'un enfant sans défauts ?

Marie-Jo : Je pense que le défaut est nécessaire pour créer une société.

Avez-vous compris ?

Qu'est-ce que la bioéthique ?
- Marie-Jo définit la bioéthique :
– Elle oppose deux concepts. Lesquels ?
– Elle donne une définition. Laquelle ?
– Elle caractérise la programmation des bébés. Comment ?
- De quel danger parle-t-elle ? Quelle définition en donne-t-elle ?

Pour ou contre les manipulations génétiques :
- Relevez la question de l'animatrice.
- Laurence est contre la programmation des enfants :
– Pour quelle raison ?
– Selon elle, que devrait-on d'abord programmer ?
- Marie-Jo a une formule pour caractériser la situation des parents à l'heure actuelle. Quelle est cette formule ?
- Quels sont les aspects positifs évoqués par Marie-Jo ?
- D'après Marie-Jo, faut-il continuer les recherches en génétique ?

- Trouve-t-elle que la législation dans ce domaine est suffisante ?
- Quelle est la conclusion ?
– Conclusion positive de l'animatrice : ......
– Conclusion négative de Marie-Jo : ......

Choisir le sexe de son enfant :
- Relevez ce qui prouve que Delphine est contre le choix du sexe de l'enfant.
- Marie-Jo partage-t-elle totalement le point de vue de Delphine ?
- Et Laurence ?
- Pourquoi Delphine évoque-t-elle le problème de l'adoption ?
- Pourquoi Laurence prétend-elle qu'il y a certains cas où il vaut mieux programmer son enfant ?
- « Les enfants sans défauts » : quelle est la réaction des interviewés à cette question de l'animatrice ?

Bioéthique
Le point de vue de généticiens
Jusqu'à quel point peut-on appliquer les découvertes de la biologie ?

Les deux visages d'une révolution biomédicale

Le déchiffrage du génome et ses corollaires, la médecine prédictive et la thérapie génique, sont un enjeu fascinant, mais posent de redoutables questions d'éthique.

Comme toutes les grandes percées humaines – la conquête du feu, la domination de l'atome ou la maîtrise de la fécondité – le déchiffrage du génome et ses corollaires, la médecine prédictive et la thérapie génique, est un Janus à deux visages, l'un aimable, l'autre inquiétant. On peut en attendre le meilleur et le pire. Le meilleur, par exemple, avec le traitement, voire la disparition de maladies génétiques gravissimes ; le pire avec, à la convenance de parents pervertis, le choix du sexe, de la taille ou de la couleur des yeux des enfants à naître. On voit le débat. Et l'on comprend mieux que certains, comme Jacques Testart, ce provocateur, aient manifesté la volonté d'arrêter leurs recherches pour amener, avec la stupeur, à la réflexion.

Pas de doute : le déchiffrage du génome humain constitue le pas nécessaire au développement de cette médecine prédictive et de cette thérapie génique qui liront – lisent déjà, dans quelques rares cas – au fond de notre ADN les mutations qui condamnent ou prédisposent certains d'entre nous à telle ou telle maladie. Mais le nécessaire n'est pas le suffisant. Il faudra bien d'autres recherches, gène après gène – c'est déjà commencé lorsqu'on les connaît – pour aboutir à la connaissance fine de chacun des 100 000 gènes qui constituent notre génome. [...]

Quand on pose au professeur Jean Dausset, prix Nobel, père du système HLA, initiateur, inspirateur des travaux sur le décryptage du génome humain, la question : « *Peut-on et faut-il arrêter la recherche ?* », la réponse vient, douce et nette : « *Mon attitude a toujours été extrêmement simple et ferme : il n'y a pas de limite à la connaissance. Mais là où je suis en accord avec M. Testart, c'est qu'il faut être extrêmement vigilant sur l'exploitation des connaissances.* »

Jean Dausset prêche par l'exemple, lui qui préside le MURS (Mouvement universel de la responsabilité scientifique) : « *Il faut mettre des barrières,* dit-il. *Mais il n'est plus possible de*

s'enfermer dans les limites étroites des législations nationales. Il faut frapper plus haut. » Alors, Jean Dausset et le MURS frappent tout en haut. Il faut que l'ONU, disent-ils dans une proposition en forme de manifeste, se prononce solennellement et qu'elle ajoute à la Déclaration des droits de l'homme, avec quelques autres articles (les sources d'énergie, notamment l'atome, le patrimoine génétique de l'homme et le don d'organes), l'article suivant : « *Les connaissances scientifiques ne doivent être utilisées que pour servir la dignité, l'intégrité et le devenir de l'homme, mais nul ne peut en entraver l'acquisition.* » Problème de société que seule la société peut résoudre et clarifier.

Mais si l'on prend bien garde aux dérives et aux illusions (de croire, par exemple, que tout est possible, ce qui sera loin d'être le cas), l'enjeu est fascinant. Sur deux plans. Sur celui de l'individu, si l'on sait ou si l'on peut résoudre son problème personnel. Sur celui de la communauté, lorsqu'on aura réussi à faire disparaître des pathologies gravissimes qui pèsent d'un poids très lourd sur les familles. [...]

La médecine prédictive va donc s'appuyer de plus en plus sur la connaissance du génome pour rechercher comment éviter aux porteurs d'un gène muté l'anomalie grave qu'entraîne cette mutation, comme elle le fait déjà, par exemple, pour le myxœdème congénital. Cette maladie provoque après quelques mois, chez un bébé né normal, des retards qui deviennent définitifs. Il suffit, pour prévenir le mal, d'un simple dosage hormonal effectué à la naissance. Le trouble hormonal décelé, un traitement correcteur est donné qui empêche la survenue de la maladie. Tous les petits Français subissent ce dosage à la naissance. Pour le plus grand bien de tout le monde.

Même chose pour le cancer (héréditaire) de la thyroïde. Lorsque le gène existe, il suffit d'enlever cette glande. Mieux, un dosage hormonal suffisamment fréquent permet d'annoncer l'arrivée du cancer et de n'opérer qu'à bon escient.

Tous ces exemples, c'est le bon côté de notre Janus génétique. Il y a l'autre face. Plus sombre et contre laquelle il faudra des garde-fous. Un jour, on saura par exemple lire les risques génétiques qu'a un individu de développer un infarctus. Il serait bon alors de lui refuser l'accès aux écoles de pilote de l'aviation civile, la conduite d'un car scolaire. Mais ne risque-t-on pas de voir, à l'instar de ce qui s'est passé aux États-Unis pour les sidéens et les séropositifs, les entreprises refuser l'embauche des porteurs de risque d'infarctus, de refuser du travail à ceux que pourrait menacer la sclérose en plaques, Parkinson ou Alzheimer ? Les compagnies d'assurances, déjà si vétilleuses avant de signer un contrat sur la vie (bien qu'une compagnie britannique « casse la baraque » en ne demandant aucun certificat médical), ne vont-elles pas être tentées d'exiger la batterie complète des tests génétiques ? Lesquels, au demeurant, ne coûteront pas bien cher, tous les experts le prédisent.

Et si, demain, dès sa naissance, chaque homme, dûment muni de sa carte génétique, se trouvait prévenu de ses prédispositions au cancer du côlon ou de son pourcentage de risques de mourir d'une maladie rénale ? Ne serait-il pas changé dans sa psychologie ? Pourrait-il jamais se dire, se penser bien-portant ? « Le bien-portant n'est qu'un malade qui s'ignore », pérorait Knock. Avec notre système, restera-t-il des bien-portants ? Ou seulement des malades en sursis ? Questions pour demain, certes. Mais dès aujourd'hui troublantes.

François Giron,
Le Point, 26 septembre 1992.

Repérages

Relevez l'expression des idées ou interrogations suivantes :
– La formule qui synthétise les avantages et les inconvénients du déchiffrage du génome et ses corollaires :
  • les avantages :......
  • les inconvénients : ......
– Les 100 000 gènes du génome humain sont-ils tous connus ?
– D'après le professeur Jean Dausset, faut-il arrêter la recherche ?
– Et d'après Jacques Testart ? (Lire le chapeau de son interview.)
– Faut-il se contenter de législations nationales ?
– Citez les pathologies qui sont déjà traitées par la médecine prédictive.
– Quelles sont les conséquences négatives pour les porteurs de gènes de maladies graves ?
– Toutes les compagnies d'assurances se comportent-elles de la même manière ?
– Quelle sera la conséquence psychologique majeure quand chaque individu possédera sa carte génétique ?

L'interview de Jacques Testart

Jacques Testart est un chercheur scientifique et un humaniste. Ayant participé à la mise au point de la fécondation in vitro[1] permettant la naissance des bébés-éprouvette, il s'est aperçu que ces techniques risquaient d'entraîner la société sur une pente dangereuse : celle de l'eugénisme. Alors, fait rarissime dans sa corporation, il a refusé d'aller plus avant. Il s'est mis en tête de réfléchir et de nous faire réfléchir.

Jacques Testart : Le racisme et l'eugénisme sont de proches cousins. Si l'on prétend améliorer la race, c'est que l'on considère que certains individus sont supérieurs à d'autres, ce qui est la base du racisme. […]
Le programme *génome humain* entend décrypter tout notre matériel génétique, alors comme le poids affectif de l'embryon n'est pas grand-chose, on n'hésitera pas à éliminer à tour de bras. […] Force est de reconnaître que la géné-tique et les techniques nouvelles de reproduction apportent énormément à l'eugénisme.

Le Point : *Pourtant, ces travaux n'ont pas été développés avec des visées eugénistes ?*
C'est tout à fait exact. Il s'agissait, d'une part, de permettre à des couples stériles de procréer ; d'autre part, pour des couples risquant de procréer des enfants portant une maladie génétique, d'avoir des bébés indemnes de grosses anomalies.

1. FIV : *fécondation in vitro.*

Le Point : *Cette offre est un progrès, non ?*

Jacques Testart : Oui, si l'on était certain qu'elle reste cantonnée à ces cas. Mais, comme pour la FIV, le diagnostic préimplantatoire va i-né-vi-ta-ble-ment déraper. C'est la loi de l'offre et de la demande. Aujourd'hui, les femmes ayant les trompes bouchées, pour lesquelles nous avons développé la fécondation in vitro, ne représentent plus qu'une minorité parmi toutes celles chez qui on pratique la FIV. On en est à faire un bébé à une dame de 62 ans en Italie, à des couples qui n'ont jamais consommé leur mariage... Il y a dix ans, on sous-estimait grandement le nombre des couples qui seraient demandeurs de FIV. Dans ces conditions, penser que le diagnostic génétique va rester cantonné aux seuls cas d'anomalies graves, c'est ignorer tout ce qui fait le sel de la vie aujourd'hui : la prévention du risque. On a peur ; alors, on s'assure pour tout, y compris contre le risque d'avoir un enfant non conforme. Comme, en matière de procréation, le problème de la quantité ne se pose plus – on est capable d'aider pratiquement tous les couples chez qui l'enfant ne vient pas spontanément – reste le problème de la qualité. La qualité, c'est le symptôme de la société moderne, de gens évolués, de couples évolués. On ne peut plus se permettre d'avoir un enfant du hasard. Quand les gens verront, à la télé, le premier bébé garanti sans défauts, comme on a vu Amandine il y a dix ans, les réticences tomberont. Les gens diront : comme c'est formidable, pourquoi pas nous ?

Le Point : *Donc, d'après vous, la demande rejoindra inévitablement l'offre ? Alors, viendra le jour béni où l'on dira : « Docteur, j'ai été tellement malheureux d'avoir été chauve et myope toute ma vie, aidez-moi à faire un enfant chevelu et sans lunettes avec votre FIV et votre diagnostic préimplantatoire. »*

Jacques Testart : Vous poussez un peu loin le bouchon. Mais, dans une génération, on en arrivera à quelque chose de ce type. J'en suis persuadé. En tout cas, certains voudront un garçon à tout prix, bafouant la loi qui établit l'égalité des sexes. D'autres voudront diminuer la probabilité pour leurs descendants de devenir cancéreux, asthmatiques, diabétiques. Dès l'œuf, chacun aura sa carte de facteurs de risques génétiques. Elle en fera un malade en puissance. C'est oublier que « la vie est une maladie mortelle sexuellement transmissible ». C'est oublier que, tri ou pas, nous sommes tous des « tarés », que personne n'est « normal ».

Le Point : *En somme, bien qu'agnostique et ancien gauchiste, vous vous rangez dans le camp très judéo-chrétien des tenants de la souffrance rédemptrice ?*

Jacques Testart : Oh là là, non ! Absolument pas. Mais je constate que, dans plus de 95 % des cas, les couples informés après un diagnostic prénatal que le fœtus est porteur d'une grave anomalie décident l'avortement. C'est très dur. Mais ils font un choix responsable. Rien à voir avec la perspective consumériste du diagnostic génétique sur des embryons nombreux et déjà mis en compétition. Là, on ouvre la porte du « Magasin des enfants ». Pour une couche importante de la population des pays développés qui vit dans un confort jamais connu jusqu'ici, ce confort passe aussi par la qualité des petits. Cela va apparaître comme une liberté nouvelle, même si, à mon avis, il ne s'agira que d'un nouveau conformisme se pliant à une pression sociale diffuse. « Puisque j'ai déjà obtenu cela, de quoi vais-je désormais m'imposer le désir ? »...

Le Point : *Alors : on arrête tout ?*

Jacques Testart : Pas tout. Je demande que, dans la loi sur la bioéthique en préparation, le diagnostic préimplantatoire sur l'embryon hors la mère soit interdit. Il faut stopper dans l'œuf l'eugénisme nouveau. J'ai rencontré des parlementaires et des personnalités chargées de rapports sur la bioéthique convaincus par mes arguments, me semblait-il. Mais ni dans les rapports ni dans le projet de loi on n'envisage l'interdiction du tri des embryons, ni même les perspectives eugéniques nouvelles ainsi créées.

Le Point : *Votre cause n'est-elle pas perdue d'avance ?*

Jacques Testart : Sans doute. De toute façon, si on ne le fait pas en France, on le fera en Angleterre ou en Espagne, qui a voté la loi la plus permissive du monde en ce domaine. Il est des positions éthiques qui ne peuvent être contenues dans l'Hexagone, ni même en Europe. Pourtant je persiste à me ranger à l'avis du chef indien Seattle, qui disait : « Ce qui arrive aux bêtes arrivera bientôt aux hommes. Avant de faire quelque chose qui n'a jamais été fait, il faut en envisager les conséquences jusqu'à la septième génération. »

Propos recueillis par Hervé Ponchelet,
Le Point.

Repérages

- Retrouvez la formulation des idées suivantes :
– La définition du racisme d'après Jacques Testart.
– La raison qui poussera à éliminer des fœtus.
- La FIV est-elle réservée aux personnes pour qui elle a été mise au point ?
– Quelles conséquences Jacques Testart en tire-t-il ?
– En poussant les choses à l'extrême, quelle demande le journaliste prévoit-il ?
– Jacques Testart est-il d'accord avec lui ?
– Par quelle image Jacques Testart décrit-il la situation future ?
– Quelle est la mesure qu'il préconise pour l'avenir ?
– Est-ce qu'il pense qu'on écoutera son avertissement ?

Étude linguistique

- **L'expression de la certitude :**
Retrouvez dans le texte les expressions suivantes et trouvez d'autres contextes d'emploi :
Pas tout – C'est tout à fait exact – J'en suis persuadé – Absolument pas !

- **L'expression de la cause-conséquence :**
Les verbes suivants expriment une conséquence :
Condamner à – Prédisposer à – Entraîner quelque chose – Amener à quelque chose – Provoquer quelque chose – Prévenir quelque chose – Permettre quelque chose – Permettre à quelqu'un de.
– À l'aide d'un dictionnaire, recherchez leurs conditions d'emploi.
Par exemple : « Condamner ».

Sujet	**verbe**	**objet 1**	**préposition**	**objet 2**
Les mutations	condamnent	certains d'entre nous	à	des maladies graves.

– À l'aide de ces verbes, établissez des relations de cause à conséquence entre les noms suivants :

une forte tension	aux accidents cardiaques
le scandale	la chute du ministre
son attitude	de débloquer la situation
les recherches	à envisager l'importance d'autres facteurs
le nouveau médicament	une baisse du taux de mortalité
cette maladie	la perte de la mémoire
le diagnostic précoce	l'aggravation de la maladie
	une guérison rapide

- Relevez les fonctions des différentes **parenthèses** contenues dans le texte : « Les deux visages d'une révolution biomédicale ».

Discussion-débat

- À la lecture des deux articles, de quel chercheur vous sentez-vous le plus proche : Jean Dausset ou Jacques Testart ? Justifiez votre point de vue.
- Êtes-vous d'accord avec la définition que Jacques Testart donne du racisme ?
- Les prévisions de Jacques Testart vous paraissent-elles réalistes ou non ? Justifiez votre point de vue.
- Parmi les raisons d'interdire le diagnostic sur l'embryon qu'on va implanter (diagnostic préimplantatoire), laquelle vous paraît :
– la plus fondée ?
– la moins fondée ?

Astrophysique
Les enfants des étoiles

L'interview qui suit est extraite de l'émission de Jean-Marie Cavada, La Marche du siècle, du 6 novembre 1991, intitulée L'aventure de l'univers : les enfants des étoiles. Jean-Marie Cavada s'entretient avec des savants dont Hubert Reeves, astrophysicien, et Yves Coppins, anthropologue.

Nous sommes les enfants des étoiles

J.-M. Cavada : Monsieur Reeves, pourquoi dites-vous que nous sommes les enfants des étoiles ?

H. Reeves : C'est le message de l'astronomie contemporaine. C'est bien peut-être la plus grande découverte que nous ait donnée la science. C'est que, quand on a commencé à étudier l'évolution des étoiles, on a découvert que les étoiles produisent des atomes. C'est que tous les atomes qui nous constituent, le carbone, l'azote, l'oxygène, ont été engendrés dans des étoiles qui ont vécu et qui sont mortes avant la naissance du soleil. Donc, en ce sens, notre corps est fait de poussière d'étoiles. Nous sommes des enfants des étoiles.

J.-M. Cavada : C'est-à-dire que vos confrères qui se penchent, aujourd'hui, sur la biologie notamment, et qui font des recherches sur les cellules du corps humain, au fond, font exactement le même travail que vous, même si les disciplines sont différentes. À savoir qu'ils recherchent dans l'infiniment petit du corps ce que vous recherchez dans l'infiniment grand ?

H. Reeves : Oui, c'est la même histoire qui se produit à la fois dans l'infiniment grand, les étoiles, les galaxies et dans l'infiniment petit, les atomes, les molécules, les cellules. Aujourd'hui, nous avons les possibilités de faire une grande fresque qui nous raconte d'où nous venons. Et nous voyons que nous venons à la fois de l'infiniment grand et de l'infiniment petit.

L'univers n'est pas éternel

J.-M. Cavada : Je voudrais savoir, depuis que vous avez commencé à travailler, quelle a été la grande découverte, je dirais presque fondamentale, qui a renouvelé ou approfondi la connaissance ?

H. Reeves : La grande découverte, c'est le fait que l'univers a une histoire. C'est que dans ces dernières décennies, c'est tout récent, on a découvert que nous vivons dans un univers qui a une histoire. Cela est très nouveau parce que, pendant 2 500 ans, depuis Aristote jusqu'au milieu de notre siècle, en 1965, on a vécu dans l'idée inverse. On a vécu dans l'idée que l'univers est éternel, inchangeant, que rien ne change jamais. Et, tout d'un coup, grâce à l'observation des galaxies, grâce à l'observation des atomes des étoiles, on arrive à cette nouvelle formulation où on découvre que nous vivons dans un univers qui a une histoire. L'histoire de l'univers, c'est l'histoire de la matière qui s'organise et nous sommes partie prenante de ce que nous, les êtres humains, au même titre que les plantes ou les animaux, nous sommes un des produits les plus avancés de cette histoire de l'organisation de la matière qui se produit depuis quinze milliards d'années... ça, ça m'a vraiment stupéfait.

Et j'aime beaucoup raconter cette histoire, parce que je crois que c'est une belle histoire.[...]

Depuis 2 500 ans, on vivait dans l'idée que l'univers n'a pas d'histoire et tout d'un coup on est forcé d'admettre, ou il semble extrêmement plausible, que l'univers a une histoire. Ça c'est un grand moment, non seulement de la science, mais je crois de toute la pensée humaine. Le fait d'avoir eu cette preuve, cette observation, ça a été un tournant, je pense, de la pensée humaine...

On en a encore pour combien de temps ?

J.-M. Cavada : Comment va évoluer la terre et la vie sur terre en a encore pour combien de temps ?

H. Reeves : Alors là, il y a plusieurs réponses à cette question. Ce qui va limiter la vie sur la terre de façon certaine, disons, c'est la mort du soleil. La mort du soleil aura lieu dans environ cinq milliards d'années et le soleil entraînera dans sa mort la planète Terre. [...]

Ce n'est pas nécessairement la mort de la vie parce qu'on pourra peut-être, à ce moment-là, déménager autour d'une autre étoile ou quelque chose comme ça. Dans cinq milliards d'années, qu'est-ce qu'on pourra faire ? On ne le sait pas. Ce qui est beaucoup plus urgent, cependant, c'est bien sûr le problème de combien de temps notre planète va rester habitable... Et là, cela pose le problème de la détérioration de l'environnement dans lequel nous sommes aujourd'hui. Et ça c'est un risque qui pèse beaucoup plus à beaucoup plus court terme.

La vie sur la terre pourrait, si on continue à détériorer la planète comme on le fait, devenir impossible. Je crois que c'est la crise la plus importante que l'humanité ait connue. Est-ce que nous pouvons survivre à notre propre industrie ? À notre propre environnement ? À notre propre puissance ? Nous sommes l'espèce qui a dominé la matière plus haut qu'une autre espèce et plus que n'importe qui dans le passé. Et le problème que nous rencontrons aujourd'hui c'est : « sommes-nous en mesure de gérer notre puissance, de gérer notre domination de la matière, ou bien allons-nous laisser cette domi-nation nous exterminer ? » Je pense que c'est un problème qui va se régler dans les décennies à venir...

Y. Coppins : Je suis tout à fait persuadé qu'on va s'installer, un de ces jours, sur les planètes les plus proches de la terre, d'abord. Fabriquer une atmosphère, c'est pas une affaire ? Et puis ensuite, de plus en plus loin. Et puis, on a les moyens, de toute façon, de changer l'orbite de la terre. On est suffisamment puissants pour ça, pour s'écarter du soleil et aller en chercher un autre.

H. Reeves : On sait comment faire, mais on n'a pas les moyens de le faire...

Discussion-débat

● Selon Hubert Reeves, « la mort du soleil n'entraî-nera pas nécessairement la mort de la vie ».
Ce point de vue ne laisse-t-il pas entendre qu'il y a déjà d'autres vies hors de notre système solaire ? Qu'en dites-vous ?
● Imaginez sous quelles formes la vie pourrait enco-re se manifester sans notre soleil.

C. L'ouverture à l'Europe

(cf. Transcriptions p. 249)

Table ronde

Nous ne sommes pas très concernés :

Cécile : Depuis très très longtemps on nous parle de l'Europe, on nous avait dit en 92, vous allez voir tout va changer. On est en 92, pratiquement en 93 et pour l'instant je n'ai pas vu beaucoup de changements.

Grégoire : De toute façon c'est une obligation économique. Je ne pense pas que les gens qui dirigent le pays aient envie de se suicider... je suis plutôt optimiste.

Renaud : Maastricht a été signé en tant que bouée de secours et non en tant que quelque chose qui peut nous faire progresser.

Grégoire : On n'essaie pas d'apprendre à nager à quelqu'un qui est en train de se noyer.

L'Europe oui, Maastricht non :

Renaud : Tu vas complètement dans mon sens, à savoir que justement, l'Europe, on était en train de la faire, elle existe depuis le traité de Rome... on n'avait pas besoin de *Maastricht*, pour l'instant, pour faire l'Europe.

Cécile : On sera Européens, OK, mais on restera avant tout Français, et Allemands si on est Allemands.

Grégoire : On ne demande pas de s'habiller à l'allemande, de manger à l'allemande, c'est juste une question d'économie.

C'est important d'apprendre une langue étrangère ?

Cécile : On se rend compte que maintenant on a beaucoup plus besoin des langues qu'avant... mais il reste toujours un grave problème en France, c'est l'instruction des langues.

Animatrice : Mais il va falloir peut-être s'aligner sur les Allemands qui parlent très tôt plusieurs langues étrangères.

Christelle : C'est quand même essentiel de parler l'anglais quoi, ça sert pour tout.

Comment on apprend une langue étrangère :

Animatrice : Quelle est la meilleure manière d'apprendre une langue ?

Renaud : C'est d'être plongé dans le milieu, on est obligé de s'exprimer.

Cécile : Oui mais un enseignement préalable est quand même nécessaire. On peut approfondir en allant dans le pays, mais pas apprendre vraiment. [...] Je pense qu'il pourrait y avoir au moins un an ou même deux ans de grammaire ou de cours avant.

Grégoire : Ce qui apprend vraiment la langue c'est de rester longtemps dans le pays. Y séjourner un an, voire plus, c'est pas à la portée de tout le monde.

Ça sert à quoi les langues ?

Anne-Sophie : Si on parle anglais c'est quand même pour l'utiliser et non pas seulement pour traiter des affaires, pour son travail, c'est aussi pour avoir des contacts avec des Anglais.

Cécile : On peut aller dans un pays et avoir des contacts avec les gens sans forcément parler la langue.

Renaud : Je pense qu'il y a une culture francophone... Je trouve qu'il y a quand même une manière de vivre qu'on retrouve dans les pays francophones.

Grégoire : Au niveau de la culture, il n'y a aucun rapport entre des Québécois, des Suisses, des Maghrébins et des gens qui habitent à Djibouti par exemple, et pourtant ils parlent tous français... on se sent proches en tant qu'êtres humains, mais c'est tout.

Avez-vous compris ?

Nous ne sommes pas très concernés :
- Quel est le verbe important dans la première question de l'animatrice ?
- Cécile s'intéresse-t-elle à l'Europe ?
- Grégoire est-il pour l'Europe ? Quel est son principal argument ? Quelle est son attitude ?
- Renaud partage-t-il le point de vue de Grégoire ?
- Quel est son principal argument contre le traité de Maastricht ? Quelle métaphore utilise-t-il pour désigner ce traité ?
- La métaphore est reprise par Grégoire. Sous quelle forme ?
- Pour Grégoire, l'Europe doit-elle se faire rapidement ou progressivement ?

L'Europe oui, Maastricht non :
- Renaud critique les pays d'Europe dans leur attitude vis-à-vis de l'union. Relevez une ou deux phrases qui résument cette critique fondamentale.
- Grégoire a-t-il bien compris ce que veut dire Renaud ?
- Comment Renaud répond-il à Grégoire ? Par quelle phrase se défend-il ?
- Cécile introduit une idée dans le débat. Laquelle ?
- Anne-Sophie introduit une autre idée. Quelle est cette idée ? De qui vient-elle ? Quel verbe résume l'idée ?
- Comment Cécile répond-elle à l'objection contenue dans l'idée ?
- Grégoire reprend la réponse de Cécile. Quelle phrase utilise-t-il pour donner un exemple de la situation actuelle ?

C'est important d'apprendre une langue étrangère ?
- Quelles sont les langues apprises par :
– Cécile ?
– Anne-Sophie ?
– Renaud ?
- Renaud connaît-il bien les langues qu'il est en train d'apprendre ?
- Dans la question de l'animatrice, quelle est la raison associée à l'apprentissage des langues ?

- Cécile répond en critiquant l'apprentissage des langues en France. Quelle est sa critique ?
- Renaud oppose un argument à sa critique. Lequel ?
- Est-il pour ou contre l'apprentissage de l'anglais ?
- Dans la question suivante de l'animatrice, un peuple est cité. Pour quelles raisons ?
- Grégoire répond en citant son cas personnel. Quel est son cas et quelle conclusion en tire-t-il ?
- Est-ce que Nathalie lit Shakespeare dans le texte ?
- Quelle est la question posée par l'animatrice à Christelle ?
- Christelle répond en posant un problème. Lequel ?

Comment on apprend une langue étrangère :
- Pour Renaud, quelle est la meilleure façon d'apprendre une langue ?
- Cécile est-elle d'accord avec lui ? D'après elle, par quoi faut-il commencer ?
- Quel est le point de vue de Nathalie sur ce sujet ?
- Quel est le point de vue de Grégoire :
– Faire un stage dans le pays étranger ?
– Vivre dans ce pays ?
– Pendant combien de temps ?
- D'après lui, à quoi sert un stage ?

Ça sert à quoi les langues ?
- Pour Anne-Sophie, à quoi sert une langue étrangère ? Quelle utilisation de la langue critique-t-elle ?
- Cécile est-elle pour l'apprentissage des langues étrangères ? D'après elle, combien de langues est-il possible d'apprendre ?
- D'après Nathalie, peut-on se faire une idée exacte des pays étrangers ?
- D'après Christelle, la communauté de langue permet-elle de mieux comprendre un pays ? Et d'après Grégoire ?
- Connaître la langue, est-ce suffisant, d'après Grégoire ?
- Pour Renaud, la francophonie a-t-elle une réalité culturelle ? Comment l'explique-t-il ?
- Et pour Cécile ? Et Grégoire ? Citez une phrase de Cécile et une phrase de Grégoire qui résument leurs points de vue.

Les jeunes et L'Europe

Déboussolés, les jeunes Européens...

Cinquante jours à parcourir l'Europe pour parler avec des jeunes dans les bistrots de campus. Au final, un livre qui change des monographies savantes.

Les jeunes reprochent aux journalistes de leur renvoyer une image économique et froide de l'Europe : c'est une des principales leçons que François Malye, un journaliste de 34 ans, a ramenées d'un marathon de cinquante jours à travers les douze pays de la Communauté. Cinquante jours à traîner dans les facs et les bistrots de quatorze villes, à la rencontre d'étudiants pris au hasard. Pour en faire un livre impressionniste qui accompagne les Jeux du Troisième Millénaire[1]. [...]

Patrick Fauconnier, *Le Nouvel Observateur,* 17-23 déc. 1992.

« L'Europe des jeunes, ça n'existe pas »

Le Nouvel Observateur : *Dans quel état d'esprit avez-vous trouvé les jeunes Européens ?*

François Malye : Ils sont avant tout désorientés, déboussolés. Il faut dire qu'il y a de quoi ! Leur génération, les 18-25 ans, avait autour de 10 ans en 1980. Elle a vécu quatre révolutions : technologique, économique, politique, et même sociale avec le sida. Le problème, c'est que les jeunes n'ont participé à aucune de ces révolutions. Ils sont une génération plus spectatrice qu'actrice. Ils sont animés d'un sentiment européen, mais l'Europe fait aussi partie des choses sur lesquelles ils ont l'impression de n'avoir aucune prise.

N.O. : *Quels sont les espoirs de ces jeunes ?*

F.M. : Que leurs craintes ne se réalisent pas ! Éviter le chômage et le sida. Leur première préoccupation, c'est l'emploi, c'est leur vie à eux. Ils ont aussi peur du fascisme, de la guerre. Ils vivent avec un cortège d'images plus terribles les unes que les autres. Ils sont inquiets.

N.O. : *Ce sont les mêmes préoccupations partout ?*

F.M. : Non. L'Europe est une mosaïque avec des niveaux de vie très différents et des parti-cularismes forts. C'est une erreur de vouloir mettre les jeunes dans un même panier. Je ne crois pas non plus que l'habituelle opposition Europe du Nord-Europe du Sud soit pertinente. Il faut laisser à chacun sa part d'originalité. Les jeunes sont très attachés à leur pays, tout en voulant connaître les autres.

N.O. : *Connaissent-ils l'Europe ?*

F.M. : La plupart ont voyagé, ne serait-ce que dans un ou deux pays. Ils ont une curiosité, la palme d'or revenant sans conteste aux Hollandaises qui font presque systématiquement le tour de l'Europe quand elles sont adolescentes. En France, les jeunes connaissent mal les pays voisins. Les Français sont parmi les plus individualistes. Pour d'autres, c'est une question de moyens. Les jeunes Irlandais ou les jeunes Grecs sont très frustrés. Ils aimeraient voyager plus.

N.O. : *Comment parlent-ils de l'Europe ?*

F.M. : Ils sont nombreux à trouver le concept formidable même si les discours qu'ils entendent à longueur de journée dans les médias les rasent ! Ils reprochent aux journalistes de leur renvoyer une image très économique et froide de l'Europe.

Propos recueillis par Laure Panerai,
Le Nouvel Observateur, 17-23 déc. 1992.

---

1. « *Imagine l'Europe, espoirs et craintes de la jeunesse européenne* », Éditions Filipacchi.

Avez-vous compris ?

● Avez-vous retenu les informations suivantes ?
– Quel reproche les jeunes font-ils aux journalistes ?
– Comment ont été recueillis les points de vue des jeunes sur l'Europe ?
– Où et pendant combien de temps ?
– Les jeunes croient-ils qu'ils peuvent agir pour construire l'Europe ?
– Pour quelles raisons ?

– Quelles sont leurs craintes ?
– Tous les jeunes Européens se ressemblent-ils ?
– Connaissent-ils bien l'Europe ?
– Lesquels voyagent le plus ? Lesquels voyagent le moins ?
– Aiment-ils l'idée de « l'Europe européenne » ?
● Résumez oralement ce que vous avez retenu.

Les pères de l'Europe

L'Europe a eu ses pionniers et ses visionnaires. Les politiciens actuels qui ont milité pour le « oui à Maastricht » les ont ignorés. Et pourtant... c'étaient de grands noms : **Victor Hugo** qui dès 1848 parle d'États-Unis d'Europe, **Aristide Briand**, président du Conseil qui est mort peu après avoir dessiné les contours de l'Europe, **Léon Blum**, président du Conseil sous la 3e République, le futur chancelier de RFA **Adenauer**, **Paul Claudel** et **Paul Valéry**, les écrivains allemands **Rilke** et **Thomas Mann**, et l'Italien **Altiero Spinelli** qui, il y a 7 ans, a relancé l'idée d'un traité d'union politique au Parlement de Strasbourg.

Ces hommes n'étaient pas des rêveurs, bien au contraire, ils avaient été traumatisés par ce qu'ils appelaient « les deux guerres civiles européennes » et ils avaient forgé leur conviction unitaire du vieux continent dans le combat anti-fasciste, comme seule solution, à leurs yeux, pour éviter la rechute dans le cercle vicieux de la revanche des vaincus.

D'après « Pères de l'Europe où êtes-vous ? »,
G. Malaurie, *L'Événement du Jeudi*, 17-23 sept. 1992.

Voici ce qu'écrivait Victor Hugo, en 1849 :

Et voici ce qu'on écrit, aujourd'hui en 1992, dans un tract de la campagne électorale pour le « oui à Maastricht » (référendum du 20.10.1992) :

..." Un jour viendra où la guerre vous paraîtra aussi absurde et aussi impossible entre Paris et Londres, entre Petersbourg et Berlin, entre Vienne et Turin, qu'elle serait impossible et paraîtrait aujourd'hui absurde entre Rouen et Amiens. Un jour viendra où vous, France, vous Russie, vous Italie, vous Angleterre, vous Allemagne, vous toutes nations du continent, sans perdre vos qualités distinctes et votre glorieuse individualité, vous vous fondrez étroitement dans une unité supérieure et vous constituerez la fraternité européenne. Un jour viendra où il n'y aura plus d'autres champs de bataille que les marchés s'ouvrant au commerce et les esprits s'ouvrant aux idées. Un jour viendra où les boulets et les bombes seront remplacés par les votes"...

Victor Hugo

VICTOR HUGO
au Congrès de la paix
Paris, Août 1849

oui
vive l'Europe pour que vive la paix.

Depuis près de 50 ans, les peuples européens, déchirés lors de 2 conflits mondiaux, se sont réconciliés. Cette paix n'est pas le fruit du hasard mais d'une volonté tenace, continue. Elle est le résultat de la construction européenne. **Quand des peuples choisissent de s'unir pour se développer ensemble, ils perdent toute raison de s'affronter.**
Pourtant les risques de conflit n'ont pas disparu. Depuis l'écroulement des dictatures en Europe de l'Est, les nationalismes, les égoïsmes, les menaces resurgissent. On se bat aujourd'hui dans l'ex-Yougoslavie, on se bat dans une partie de l'ex-Union Soviétique. Là-bas, l'idée de paix doit encore se frayer un chemin.
L'Union Européenne après la ratification du Traité de Maastricht, c'est :
• Plus jamais la guerre entre nos 12 pays.
• L'exemple d'une paix bâtie sur la coopération volontaire des pays souverains.
• Des moyens politiques, militaires et diplomatiques mis en commun, au service de la paix dans tout le continent européen et du respect des droits de l'Homme partout dans le monde.

Comment les Européens
voient les Français

Allemagne :
kolossal emmerdeur

À mesure que s'efface le citoyen de la RFA et que se dessinent laborieusement les contours d'une nouvelle identité allemande, le regard sur le voisin occidental devient sensiblement plus critique.

La France reste le pays du savoir-vivre, de la bonne bouffe, et l'accent français n'a, grâce à Dieu, pas encore perdu sa connotation sensuelle et érotique. La France reste un pays de culture dont on prend les intellectuels très au sérieux. On admire le panache des *« grands travaux du président »*, et on lui envie son cinéma, le dernier en Europe à être encore capable de produire de vraies stars.

Mais c'est fini, l'Allemand honteux et maso de jadis. Celui qui pensait et disait même parfois : *« Que vous avez de la chance d'être français ! »* Il n'est plus interdit d'être sévère, et beaucoup s'en donnent à cœur joie. Quand l'Allemand désigne l'Hexagone, en parlant de la *« grande nation »* (en français dans le texte), c'est presque toujours de manière ironique. L'interview de Jack Lang récemment parue dans le *Spiegel* est, à cet égard, exemplaire. Les journalistes prennent un malin plaisir à interroger avec insistance le ministre sur ce qu'il entend par *« l'âme du peuple français »*. [...]

Alain Auffray.

Espagne :
tous des bêcheurs !

Conformistes, arrogants, snobs… Les adjectifs péjoratifs ne manquent pas aux Espagnols pour décrire leurs voisins français. En haut de la liste, le chauvinisme. Leur propension au nombrilisme national agace les Espagnols.

« En fait, les Français ne sont peut-être pas plus chauvins que les autres. Mais ils projettent davantage cette image », constate un journaliste.

Les Espagnols reprochent aux Français un excès de fierté nationale et de confiance en leurs capacités, qu'elles soient professionnelles ou culturelles, qui les conduit parfois à une attitude quelque peu méprisante. Car, si les Espagnols sont prêts à leur reconnaître des compétences en bien des domaines, ils trouvent exagérée leur tendance à se croire « meilleurs » que les autres. Et l'Espagne a encore des comptes à régler avec la France. Elle n'a pas oublié les hordes de touristes qui envahissaient ses plages à bas prix dans les années 60 et 70 et comparaient – toujours désavantageusement – l'Espagne à leur pays. *« Cela n'a fait que renforcer l'image d'un Français dédaigneux, traitant l'Espagne de voisin pauvre et sous-développé. Mais ce ressentiment est profondément ancré dans notre histoire. Il remonte en fait, à l'époque napoléonienne »*, explique José, professeur d'histoire.

D'où la victoire – symbolique – accordée par le Comité olympique choisissant Barcelone plutôt que Paris pour les JO de 1992. Une façon pour l'Espagne de faire un pied de nez à ses voisins arrogants. De leur montrer qu'elle ne pouvait être traitée comme quantité négligeable, qu'elle est un partenaire européen incontournable… En somme, qu'il est temps pour les Français d'en finir avec leur complexe de supériorité.

Agnès Maillot.

Grande-Bretagne :
« love or not love »…

« Si vous voulez avoir une vision de l'enfer, il vous suffit simplement de franchir la Manche », déclarait Edmund Burke après l'exécution de Louis XVI. Deux cents ans plus tard, 15 millions de Britanniques négligent l'avertissement du grand idéologue conservateur, adversaire implacable de la Révolution. Ils se risquent, chaque été, dans la patrie des sans-culottes. Sans même parler des milliers de retraités anglais qui préfèrent couler des jours tranquilles en Dordogne plutôt que dans les brumes de Bradford ou de Newcastle. Est-ce à dire que les « rosbifs » n'ont plus rien à redouter des « froggies » ?

Tout prouve au contraire que les vieilles hantises ont la peau dure. Vus de Londres, les Français sont d'autant plus redoutables qu'ils sont imprévisibles et contradictoires : tantôt des anarchistes qui brûlent les moutons et sectionnent les filets des chalutiers anglais ; tantôt des enragés de la bureaucratie qui – tel Jacques Delors – veulent régenter l'Europe entière à coups de normes et de réglementations. Comment ne pas craindre ces républicains, ennemis des privilèges, qui collectionnent les dérogations et les passe-droits ? [...]. L'arrogance, la suffisance, le manque d'humour, sont les vices hexagonaux les plus souvent cités. Interrogé au téléphone, Jonathan Fenby, rédacteur en chef du *Guardian*, confirme ce diagnostic : « *Vous avez tendance à vous prendre pour le nombril du monde, mais le problème est que, selon moi, vous êtes bel et bien le nombril du monde* », conclut-il gentiment. Le *Sun*, lui-même, est tout miel lorsqu'on l'interroge sur les névroses des « Frenchies » : « *On vous aime bien au fond.* » [...]
À noter qu'un compliment peut souvent cacher une perfidie : l'écrivain Anthony Burgess salue notre aptitude à raisonner, « *mais*, ajoute-t-il, *si la Grande-Bretagne avait été cartésienne en 1940, elle aurait sans doute comme la France baissé les armes devant les nazis* ». Francophile déclaré, Théodore Zeldin nous invite à ignorer ces menues malveillances : « *L'important*, dit-il, *c'est votre art de vivre, la qualité de votre conversation et la place accrue des valeurs féminines dans la société française.* » Les Britanniques sont vite intarissables lorsqu'ils parlent des Français, ces « *adversaires bien-aimés* ».

Éric Dior.

Italie :
l'homme idéal est italo-français

Sans surprise. Le portrait-robot du Français moyen vu de Rome est lapidaire. Une vraie image d'Épinal. Râleur – les Italiens ont assisté avec un mélange d'étonnement et d'effroi aux scènes de révolte des paysans et des camionneurs –, individualiste avec un grand sens de la dignité personnelle, correct mais peu généreux dans ses transactions commerciales comme dans ses relations personnelles. Le Français a tous les vices de ses vertus. Franco Ferrarrotti, sociologue très attentif à ce qui se passe de ce côté des Alpes, y voit l'héritage de la Révolution française. L'aspect le plus préoccupant ? Cette autosuffisance orgueilleuse, cette tendance à la fermeture sur soi-même. Le côté positif ? La vision cartésienne des choses, une certaine attitude rationnelle et déterminée. Dommage, nous confie le sociologue – hélas ! c'est l'histoire qui détermine le caractère d'un peuple et non pas les sociologues –, que l'on ne puisse pas faire un hybride du Français et de l'Italien moyens. Cela donnerait un résultat formidable avec les Français apportant en dot leur esprit de clarté raisonnée et de pragmatisme celtique qui ne cède pas aux influences sentimentales, et les Italiens, eux, tempérant le caractère français, qui tend à être figé, avec leur profusion méridionale. Ce serait aussi la fin du complexe de supériorité des uns et d'infériorité des autres...

Salvatore Aloise.

L'Événement du Jeudi, 17-23 sept. 1992.

Analyse

• À votre avis, lequel de ces portraits des Français est :
– le plus indulgent ?
– le plus sévère ?
– le plus drôle ?
– le plus injuste ?
– le plus juste ?
– le plus surprenant ?
• Relevez dans les portraits les adjectifs et les substantifs qui servent à caractériser les Français et classez-les en trois catégories : positive, négative et neutre.

• Quel pays utilise le plus grand nombre de traits négatifs pour caractériser les Français ? Le plus grand nombre de traits positifs ? Avez-vous une explication ?

Expression orale

En petits groupes, faites le portrait stéréotypé des Français tels que vous pensez qu'ils sont vus par vos compatriotes. Cherchez des illustrations si c'est possible.
Comparez ensuite vos différents portraits et discutez-en.

Le point de vue d'écrivains

André Frossard

Excusez-moi d'être Français

André Frossard, de l'Académie française, est un écrivain pamphlétaire d'inspiration religieuse. Il est également chroniqueur au Figaro.
Dans son ouvrage Excusez-moi d'être Français, *publié en juillet 1992, il s'inquiète de la montée du matérialisme qui, à ses yeux, risque d'entraîner la disparition du « bon sens moral » et du sens de l'honneur qui, pour lui, est « lié à la dignité de la personne ».*

Dès le début de ces courtes pages, j'ai dit qu'au rebours d'une étonnante formule ministérielle, je me sentais « coupable, mais pas responsable » de tout le mal qui s'est fait chez moi, français, depuis que j'ai une histoire. Et il m'a fallu constater, pénible évidence, que si je suis un peuple intéressant, je ne suis pas un peuple parfait. Tristesse. Sans nul doute, j'ai beaucoup à envier aux peuples qui m'entourent et qui ont assez souvent, grâces leur en soient rendues, la bonté de me signaler les défauts, défaillances et déficits qui les empêchent de me témoigner toute la considération qu'ils aimeraient m'accorder.

Que de vertus et de qualités me manquent ! Je ne peux en dresser la liste sans frémir.

De l'Anglais, je n'ai pas l'opiniâtreté qui le fait invincible sur terre et sur mer, l'élégant pragmatisme, ni la parfaite éducation qui lui permet de maîtriser si bien ses sentiments qu'un observateur superficiel pourrait croire qu'il n'en éprouve aucun, ce que seul un observateur pénétrant serait en mesure de prouver.

De l'Allemand je n'ai pas la persévérance dans l'effort, qui se remarque à la longueur de ses opéras, ou de ces concertos qui recommencent chaque fois que l'on se lève en croyant qu'ils sont terminés ; je pense beaucoup moins que lui, surtout depuis deux siècles ; ma pensée n'a pas le poids de la sienne, ni cette belle épaisseur qui permet de la travailler sans fin pour lui donner toutes sortes de formes étranges, baroques ou appétissantes, et je n'ai pas sa dextérité à hacher menu la thèse et l'antithèse pour en faire de la saucisse dialectique, aliment quotidien de nos universitaires, qui le préfèrent de beaucoup aux olives grecques.

En outre je suis moins bon soldat, Machiavel l'avait déjà remarqué, notant que j'étais fait pour gagner les batailles au premier choc, et les perdre au second. Machiavel avait raison. Je suis toujours surpris que l'on me résiste.

Je n'ai pas l'imagination de l'Italien, qui suspend ses villes au rocher ou les fait flotter sur les eaux, ni le courage qu'il montre et qu'il lui faut pour arracher sa subsistance à un sol ingrat ou bourbeux, à une terre qui se dérobe sous ses pieds, ou à des montagnes qui lancent contre lui de la mitraille et des serpents de feu. Il a tous les talents, et il ne m'en veut pas trop de l'appeler quelquefois, par mégarde, ma sœur latine.

C'est en vain que l'Espagnol me montre l'exemple de la fierté, et le Suisse celui de la précision ; je ne m'imagine pas non plus repoussant inlassablement la mer avec mes mains pour sauver les tulipes dans lesquelles je bois mon soleil, comme le Hollandais ; ou pratiquant à la fois le réalisme et la mystique, comme le Flamand ; Dieu, que de leçons j'ai à recevoir de mes voisins !

Mais j'y songe tout à coup, ne sont-ils pas déjà venus m'enseigner à domicile ? Et non seulement les plus proches, mais quelques-uns des plus éloignés aussi ?

Ne suis-je pas un assez trouble mélange de Germains, Francs, Wisigoths, Alamans, venus en foule m'apprendre à devenir français ; d'Italiens du Nord, qui étaient peut-être des Gaulois ; d'Espagnols transitaires et transitoires ;

de Nordiques devenus bourguignons, ou villageois du pays d'Auge, leurs drakkars ensablés formant les célèbres planches de Deauville ; d'une pincée de Grecs qui m'ont appris tout ce que les Juifs ne m'ont pas révélé ; peut-être d'Irlandais, qu'un naufrage aurait faits bretons, si ce n'est pas l'inverse ; d'Arabes, qui m'ont apporté le zéro, dont mes gouvernements font grand usage, et qui ont été battus à Poitiers mais qui ne sont pas repartis, cela se voit bien, il me semble ; j'en passe, j'en oublie, ils sont trop. A-t-on jamais vu peuple plus métissé que le mien ? Le nationalisme, chez moi, ne devrait s'énoncer qu'au pluriel.

Est-ce à dire que je n'ai point d'identité ? Non pas. La voici : je suis né de mère chrétienne, et de père inconnu.

La fille aînée de l'Église est une fille mère.

Nul déshonneur à cela, bien au contraire. La fille mère a fait preuve, à travers les âges, d'une belle vitalité, et d'une forte aptitude à surmonter les difficultés de l'existence quotidienne. Sa situation irrégulière au regard de la morale bourgeoise l'a gardée d'un grand nombre de préjugés, et c'est sûrement de son célibat initial que lui vient ce goût de la liberté qu'on lui voit depuis toujours, et qu'elle a communiqué à plusieurs ; le désordre de ses débuts étant trop connu pour qu'elle puisse songer à le cacher, elle ne dissimule rien d'elle-même, elle avoue tout de ce qu'elle est, non porte close et volets tirés, mais en public, sans hésitation, et parfois sans pudeur. Elle a rencontré nombre d'épreuves, dont elle a eu la chance de ne pas toujours sortir victorieuse, avantage important pour le bon équilibre de l'âme. Des désastres qu'elle a traversés, elle a retiré l'agréable conviction qu'il n'en est point d'irréparables, ce qui est peut-être le secret de l'étrange sorte de gaieté qui lui est propre, et qui ne l'abandonne jamais tout à fait, même dans l'adversité.

En retour de sa franchise, et de sa promptitude à reconnaître ses torts, il lui a été accordé – par qui, je ne sais, je vous le demande – de cheminer dans l'histoire avec une petite lumière qui brille et virevolte au-dessus d'elle, et qui est peut-être ce que l'on appelle l'esprit.

Telle est la France. Les peuples riches ne l'apprécient guère, mais les autres ne la quittent pas des yeux. Tout le bien que l'on peut lui souhaiter est de rester digne du regard des pauvres. Ils l'aiment. Ses enfants aussi.

Que l'on veuille bien les excuser d'être français !

Ils ne le resteront plus très longtemps, s'ils se laissent réduire à l'anonymat par les employeurs de la Babel matérialiste ; s'ils ne congédient pas les politiciens qui les croient incapables de se surpasser et ne leur proposent plus que des programmes en forme d'Introduction à la vie des veaux ; s'ils ne veillent pas mieux sur l'intégrité de leur sens, ou plus précisément de leur bon sens moral, et enfin s'ils oublient que leur pays, pour tous ceux de par le monde qu'il a aidés à espérer, est d'abord, est avant tout une donnée spirituelle de l'histoire.

André Frossard,
Excusez-moi d'être Français,
© Librairie Arthème - Fayard, 1992.

Analyse

- En combien de parties peut-on diviser ce texte ?
- Donnez un titre à chacune des parties que vous avez trouvées.
- Faites la liste des caractéristiques des différents Européens cités. Dites ce que vous en pensez.
- Comment expliquez-vous la phrase : « Je suis né de mère chrétienne et de père inconnu. » ?
- Que pensez-vous de l'avertissement lancé dans la conclusion ?

Le goût de l'autre

*On le forme en enseignant très tôt aux écoliers
la langue de leurs voisins.
Une discipline que les Français s'obstinent à ignorer.*

Est-ce une langueur fin de siècle ? Aurions-nous perdu toute capacité d'enthousiasme ? Pourquoi les plus convaincus d'entre nous, les plus cosmopolites, les plus gourmands d'autrui entrent-ils dans l'Europe avec le sourire pâle de la résignation ? Aux maniaques de l'identité, aux nostalgiques de l'État-nation d'antan nous n'opposons que des arguments venus d'ailleurs que de nous-mêmes : l'Europe nous permettra d'éviter la guerre, l'Europe nous permettra de résister à la concurrence. Raisons fort raisonnables, qui en douterait ? Mais raisons sans rêves ni chair, car elles ignorent le principal : le goût.

Contrairement aux dictons et moqueries populaires, j'ai la passion des belles-familles, familles « par alliance », familles « par la cuisse ». L'une des saveurs du mariage est cette masse de beaux-frères, belles-sœurs, cousins, cousines, oncles, tantes, ancêtres, légendes et tristesses qui, d'un coup, vous entrent dans la tête et dans le cœur. Ce n'est rien d'entrer dans une famille quand vous attendent l'Italie, l'Espagne, l'Allemagne, l'Angleterre... J'ai le goût des pays, des villes, des paysages, des écrivains, des femmes d'Europe. Comme dit Aragon, j'aimais déjà les étrangères quand j'étais un petit enfant. Sans goût de l'autre, sans fierté d'appartenir à la même Communauté que l'autre, pas d'Europe. Et l'on marchera vers le 1er janvier 1993 comme on se prépare à une noce pour raisons fiscales : sans joie, avec un col amidonné – habit oblige – qui vous étrangle le cou.

Bien sûr, pour goûter, il faut quitter un instant ses habitudes, daigner ouvrir un jour sa porte. Et la porte, c'est la langue.

Les Français, traditionnellement avec les Anglais, les plus rétifs, commencent à comprendre l'importance aujourd'hui des langues étrangères. Pour préparer l'avenir de leurs enfants, 65 % d'entre eux estiment que l'essentiel, c'est l'apprentissage des langues. De même les hommes d'affaires.

Les Français l'ont compris, mais pas l'Éducation nationale. Alors que tout le monde se prépare en grande fièvre à cette révolution qu'est l'entrée dans l'Europe, l'école, ici, demeure telle qu'en elle-même : riche en talents et en dévouements, mais paralysée par la lourdeur de l'institution. On n'apprend toujours pas l'anglais, l'allemand, l'espagnol avant la sixième. En dépit de tous les bilans (désastreux) et de tous les efforts des professeurs (méritoires), un élève de terminale, après sept ans d'apprentissage, est toujours incapable de tenir une conversation courante. L'outil formidable que pourrait être la télévision n'est pas, ou si peu, utilisé. Comment l'Éducation nationale, qui fut durant plus d'un siècle une formidable machine à ouvrir les esprits au savoir, a-t-elle été jusqu'à aujourd'hui incapable de nous entrebâiller aux langages de nos voisins ? De même que notre système de formation prépare mal les Français à la vie professionnelle, de même il ne nous entraîne pas à assumer cette nouvelle dimension de notre vie : l'Europe.

Si les pays européens, tous les pays européens, à commencer par la France, ne font pas l'effort d'apprendre une deuxième langue étrangère, alors l'Europe perdra peu à peu son goût, issu de sa diversité, et nous perdrons le goût d'elle. Chaque pays choisira sa langue, bien sûr, ainsi qu'un volapük, qu'on baptisera anglais ou allemand, 300 mots de communication, un minimum, qui seront à la langue ce que ces boîtes où l'on enferme, dit-on, les cadres japonais pour la nuit sont à la chambre d'hôtel avec alcôve, vaste lit et compagne mutine. Alors les Français seront seuls à parler français en Europe. Elle sera belle, notre identité, identité d'Indien dans sa réserve, béret basque sur le crâne et baguette de pain sous le bras !

Erik Orsenna, in *Belvédère*,
La revue européenne de *L'Express*, avril-juin 1992.

Romancier, Erik Orsenna est l'auteur de *Loyola's Blues* (1974), *La vie comme à Lausanne* (1977), *Une comédie française* (1980), *L'Exposition coloniale* (1988), prix Goncourt 1988. (Tous ces livres sont parus aux éditions du Seuil).

Avez-vous compris ?

● Comment est introduit le problème ? Reformulez-le en deux ou trois phrases courtes.
● Quelle est l'idée principale développée dans le deuxième paragraphe ?
● Quelle est la conséquence de cette idée, telle qu'elle est exprimée dans le troisième paragraphe ?
● Quelles sont les conditions pour sortir de l'impasse (quatrième et cinquième paragraphes) ?
● Quel est le principal responsable du fait que les Français n'apprennent pas, ou apprennent très mal, les langues étrangères ? Quelles sont les raisons de cet état de fait ?
● Quelles sont les prévisions sur la communication future à l'intérieur de l'Europe et la solution pour résoudre le problème (sortir de l'impasse) ?

Expression orale

● Êtes-vous d'accord avec toutes les idées contenues dans ce texte ?
● Donnez votre point de vue sur l'importance de bien connaître une langue étrangère pour accéder à la culture de l'autre.
● Comparez les idées contenues dans ce texte avec les idées des jeunes de la *Table ronde* sur le même sujet.

Transcriptions des enregistrements

P. 8, micro-trottoir A : Les rêves d'évasion
Est-ce que vous aimeriez partir ?

Marie-Paule, secrétaire : Oui, j'aimerais bien partir. J'aimerais faire le tour du monde déjà, et puis j'aimerais bien, si j'étais médecin j'crois que j'partirais avec Médecins sans Frontières ou Médecins du Monde. J'partirais, j'reviendrais, j'repartirais, reviendrais, etc. Pour mon plaisir, j'ferais l' tour du monde.

Dominique, institutrice : Partir ? Alors euh… peut-être… En fait la réponse c'est peut-être parce que j'n'ai pas envie de partir n'importe où ni dans n'importe quelle condition, ni pour n'importe quel coin. Partir où ? Partir pour quoi faire ? Je n'sais pas, non. A priori, l'idée de partir me séduit mais partir de manière gratuite, complètement désintéressée m'intéresse peu.

Marie-Françoise, journaliste : Oh oui, oh oui partir très loin, très loin. Au soleil, au bord de la mer, sur une île. Voilà, c'est très précis, c'est très cliché mais c'est très sincère ! Parce que Paris en c'moment c'est… Non et puis même, moi j'aimerais bien vivre dans une… Chaque fois que j'pars en vacances sur une île — j'suis une insulaire — j'crois qu'c'est peut-être parce que ma petite enfance je l'ai passée sur une île et j'me sens vraiment comme dans une bulle sur une île. Tu en fais vite le tour et tu trouves ton coin et tu as tes repères facilement, parce que tu sais qu'au bout de l'île y a, j'sais pas, un pêcheur ou, enfin moi j'adore les îles, j'adore le poisson !

Sabine, directrice d'école : Qu'est-ce que j'aimerais partir ! C'est pas parce que j'suis mal en c'moment mais j'suis très fatiguée, c'est la fin de l'année, c'est le mois de juin. Non mais, même quand j'éprouve pas de lassitude, que ça aille mal ou que ça aille bien, même de toute façon pour moi la solution c'est d'partir au bord de la mer, m'évader de tous mes soucis, du quotidien. Partir où ? Alors là, j'vais être très carte postale : les Seychelles, l'Ile Maurice, voilà quoi ! J'suis allée en Martinique, j'ai beaucoup aimé la Martinique. Et pourquoi l'Ile Maurice ? Ben parce que j'ai vu des photos tout simplement ! Bon, c'sont des îles avec du sable blanc, il fait beau, la mer est bleue, voilà !

Roger, chômeur : Ouais partir c'est les vacances ! Pour travailler, je n'me vois pas partir ailleurs !

Christian, artiste : Moi c'que j'aime, c'est partir sans partir ! Ben y a des moyens artificiels, comme dirait mon cher Baudelaire ! Mais moi, mon moyen d'partir sans partir : j'vais au cinéma ! C'est un moyen d'évasion très très fort.

Jeannette, commerçante : Partir ? Non, j'y pense pas. J'suis bien ici. J'ai mes enfants, ma famille, mon commerce. Non, j'aimerais pas partir et puis je n'pourrais plus le faire, c'est trop tard.

Jacques, technicien : Oui, moi j'aimerais l'Amérique du Sud ! J'ai toujours été attiré par l'Amérique du Sud. Parce que j'trouve que les sud-américains ont… ont beaucoup d'imagination. Et puis j'aime le côté exotique de l'Amérique du Sud, le Brésil surtout.

Michèle, étudiante : Oui, oui j'aimerais bien partir dans un pays où il fait toujours beau, chaud. Où j'pourrais être sur la plage tous les jours ! Voir la mer ! Et oui, oui si j'pouvais, j'partirais sûrement, plutôt vers les Antilles. Pour changer d'vie, pour être plus tranquille qu'à Paris.

Maria, étudiante : À vrai dire, j'aimerais partir dans l'sud. En Espagne, en Italie, au Portugal ou encore plus loin. C'est l'mode de vie d'ces pays qui m'convient, un rythme de vie différent, j'sais pas, les gens sont moins agressifs, moins stressés, toujours de bonne humeur. On peut aussi trouver la bonne humeur dans l'sud de la France. Y a des villages dans l'sud de la France où on peut trouver tout ça mais, j'pense partir plus loin, l'année prochaine, certainement. J'pense travailler quelques mois pour mettre un peu d'argent de côté et partir au moins avec de l'argent en poche pour pouvoir survivre quelques mois sans être dépendante de quelqu'un.

Vincent, étudiant : Moi, j'rêve pas d'partir. J'rêve d'avoir rien à penser, être tranquille, sans m'dire demain faudra faire ceci, faudra faire cela, y a ça à faire, y a machin à aller voir. Prendre le temps. M'allonger. Prendre un bouquin. C'est ça l'rêve ! Ici, ça va trop vite ! j'aime pas. J'aimerais être millionnaire non pas pour être célèbre, mais pour rien faire, me la couler douce, quoi. Avec mes millions, je m'achèterais des années de liberté.

Alice, éditrice : J'rêve de vacances perpétuelles ! Une éternité sans contraintes domestiques ou professionnelles. J'ferais du piano, pour mon plaisir. J'lirais des romans. J'aurais pas d'horaires, plus d'montre, plus d'réveil ! J'ferais c'que j'veux quand j'le veux ! C'est ça mon rêve d'évasion à moi.

Sandrine, sans domicile fixe : J'ai commencé à faire la route vers 18 ans. L'hiver j'squatte dans un immeuble. En mars-avril, j'prends mon sac à dos et j'fais la route. J'suis à Nîmes depuis Noël, ici à *La table ouverte* on peut manger un repas pour 5 francs. Tous les zonards s'y retrouvent. Y a aussi la douche municipale pour s'laver. Cette vie-là, j'l'ai choisie, j'ai aucun regret. Le confort, ça m'manque pas. Le jour où j'décide d'arrêter, j'me remets à bosser. Pour l'moment, j'ai pas envie d'entrer dans l'système mais d'vivre une vie originale.

P. 30, micro-trottoir B : Les rêves d'amour
L'amour, qu'est-ce que c'est pour vous ?

Irène, employée de bureau : J'crois qu'il aurait fallu que vous posiez cette question-là à quelqu'un d'autre que moi ! Pour moi, c'est surtout l'amour filial et l'amour parental. Je pense que ça existe quand même l'amour entre homme et femme mais ça devient, après, une habitude ou plus du tout la même chose avec les années qui passent. J'sais pas, j'ai pas l'impression qu'on puisse toujours être amoureux. Mais quand on est amoureux, on est heureux, on est gai, on plane. On est heureux de vivre. Mais l'amour, j'ai pas besoin de ça pour être heureuse, moi !

Anna, employée de maison : L'amour pour moi c'est aimer et être aimé. C'est quand même important.

Jean-Louis, instituteur : L'amour ? C'est le « no man's land ». J'suis incapable de le définir comme ça de but en blanc. Non non, je n'veux pas. Je n'peux pas, je, oui voilà, je n'veux pas.

Françoise, commerçante : L'amour, c'est les enfants, les parents. Enfin, j'ai passé l'âge de dire « l'amour c'est celui qu'on va rencontrer ». C'est peut-être parce que j'ai fait ma vie, quoi. Peut-être parce que j'ai tout c'qu'il me faut. À mes enfants, je souhaite qu'ils rencontrent l'amour, qu'ils y croient, qu'ils vivent un grand amour ou plusieurs.

Paul, technicien : L'amour c'est l'échange. C'est peut-être un peu rapide mais c'est déjà pas mal. L'amour, oui, c'est l'échange.

Sylvie, étudiante : L'amour, c'est... vivre à deux, c'est... la confiance, c'est aussi partager quelque chose. Voilà, c'est ça l'amour. C'est quelque chose de très important.

Carmen, étudiante : L'amour ? L'amour, c'est un sentiment qu'on partage à deux, mais c'est aussi l'amour envers les siens, les gens qu'on aime, les gens qui nous sont proches. Pour moi l'amour, c'est quelqu'un avec qui je m'entendrais bien, avec qui j'aurais des points communs. C'est surtout ça qui m'intéresse : être bien avec quelqu'un. L'amour c'est plus fort que l'amitié. J'pense pas passer ma vie sans rencontrer l'grand amour. Je vais bien sûr le rencontrer. On trouve toujours quelqu'un avec qui on s'entend. Y a des périodes où on se sent seul et où on aimerait bien avoir quelqu'un à ses côtés mais en attendant, ça va !

François, étudiant : Bon ben j'suis jeune m'enfin pour moi l'amour, c'est déjà de longues années d'amitié avant d'être de l'amour. C'est quoi encore l'amour ? C'est d'la complicité, c'est aussi des engueulades assez souvent ! Enfin, bon, c'est partager les problèmes, les bons moments, les vacances. Vraiment la plus grande preuve du manque d'amour, ce serait ne pas faire attention à ce que j'peux dire. La fidélité, c'est important mais j'pense qu'on peut accepter une infidélité passagère. Mais, mais alors maintenant pour pouvoir accepter l'infidélité, faut voir !

Saïda, monitrice : L'amour ? Oh là là ! L'amour c'est déjà donner sans avoir l'intention de s'sacrifier et sans exiger trop d'l'autre. Euh recevoir une satisfaction. Savoir recevoir. Partager plein d'choses. Les bons et les meilleurs moments. Je peux pas imaginer ne pas aimer. Quand j'parle d'aimer, c'est pas forcément un homme. Moi, j'suis toujours avec les enfants, j'aime beaucoup les enfants. Plus tard, je serai avec des enfants ou des adolescents. Je serai enseignante. J'veux réparer les dégâts que les parents ont fait à certains enfants. J'aime bien être avec les enfants, ils sont authentiques. Euh prendre le temps d'être avec les enfants, les respecter, se faire respecter aussi. Être de bonne foi, toujours, toujours, c'est ça l'amour.

Claude, professeur : L'amour ? C'est une expérience extraordinaire. C'est une méta-communication. C'est s'tenir à côté de l'autre, toujours prêt à l'comprendre, à l'écouter. C'est prévenir ses moindres désirs. Penser à l'autre, avant de penser à soi-même. L'amour, ça rend vraiment le meilleur des capacités humaines. C'est un don gratuit, inattendu. Parfois, l'amour est exigeant mais cette exigence même est aimée. Par l'amour on décuple ses potentialités. On est un surhomme. L'amour est le plus beau fleuron de notre espèce. Ce n'est pas l'intelligence qui nous caractérise qui fait notre supériorité, c'est l'amour que nous éprouvons pour telle ou telle personne, et par elle, pour l'humanité. L'amour nous rapproche de ce que l'on appelle la divinité. Dieu est amour. L'humain qui aime, a accès à la divinité. Enfin, l'amour nous permet de nous surpasser : on est meilleur en tout quand on aime. L'amour, c'est l'accès à la divinité !

Philippe, informaticien : Pour moi l'amour c'est la confiance entre adultes. C'est pas évident. J'dirais aussi que c'est... la souveraineté de chacun dans la relation. C'est pas un mot de moi, c'est un mot de Roger Vaillant. Je tiens beaucoup à ça dans ma relation. C'est assez rare, c'est exceptionnel, même, m'enfin je crois.

Julien, étudiant : L'amour, c'est rire ensemble. Quelle angoisse de passer sa vie à côté d'quelqu'un avec qui on s'ennuie !

P. 42, micro-trottoir C : Le culte du corps

Qu'est-ce que vous pensez du culte du corps ? Est-ce que vous avez le culte du corps ?

Sébastien, professeur de yoga : Oui, oui, j'fais attention à mon corps, j'pense que oui. C'est pas qu'je pense, j'en suis sûr. Par exemple, je fais attention à mon mode de vie, à mon alimentation, à ma façon de m'habiller, voilà, j'fais attention à tout ça. J'essaie de n'pas m'faire de mal physiquement et psychologiquement à travers mon corps.

Marie-Françoise, journaliste : Le culte du corps ça a été très important pour moi mais ça n'l'est plus. C'est vrai que comme j'ai fait d'la danse, le corps était hyper important à une époque pour moi. J'sais pas c'qu'on entend vraiment par le culte du corps, m'enfin j'étais très sensible, enfin j'y suis encore, à la beauté du corps. Mais ça, ça vient du fait que j'ai fait d'la danse euh, quand il y avait un mouvement qu'l'on devait faire, découper, selon le corps qui traduisait ce mouvement euh, eh bien le mouvement était plus ou moins beau, quoi ! Mais c'était pas un culte. À un moment on essayait de faire faire de la danse à des gens qui étaient un peu ronds, tout ça. Bon, chez Carlson, par exemple, moi je m'souviens d'une fille qui était assez ronde. J'étais contente qu'elle soit sur scène pour elle et que Carlson lui ait donné la possibilité d'être sur scène, mais toutes les grandes danseuses peuvent pas être boulottes, quoi ! Non, c'que j'voulais dire, c'est qu'j'étais attentive au corps, mais je sais pas c'qu'on entend par *culte*. Culte, si ça veut dire euh, non moi j'suis plus dans le culte du corps de l'autre. Dans le choix de l'autre, alors là, c'est déterminant ! Beaucoup moins maintenant, m'enfin, la personne, il fallait qu'elle soit mince, qu'elle ait un corps mince, svelte. Il fallait qu'il ait des proportions qui correspondent à l'image idéale. J'pouvais pas sortir avec quelqu'un qui avait une bedaine. Bon ben les kilos en trop euh c'était pas « ma tasse de thé » !

Christine, mère de famille : Oui, ça y est, depuis 3 ou 4 ans, j'mets des crèmes antirides. Avant je n' mettais pas de crème mais maintenant je l'fais, oui. C'est vrai, je n'ai pas fait très attention à tout ça, pendant très longtemps. Je n'en sentais pas le besoin. Mais maintenant, avec l'âge, j'm'y mets !

Germaine, commerçante : Le culte du corps ? J'pense que c'est lié à des gens qui ont du temps et qui sont seuls. J'pense que ça correspond plutôt à des gens qui sont seuls et qui bon... c'sont plutôt des solitaires, des célibataires. Ils s'embêtent peut-être un peu, alors ils pratiquent le sport. Ils ont du temps, de la disponibilité. C'est pas que j'aimerais pas, c'est que j'peux pas. Le sport, non ! j'suis trop branchée par mon travail, par mes soucis.

Adrien, retraité : Je serais plus attiré par une personne qui a un beau corps, un beau physique. J'fais un effort pour ne pas, j'fais moi-même, de mon côté, un effort pour être plus agréable, pour être plus attrayant. J'fais un régime et puis j'aime bien plaire. Je m'efforce à rester jeune ! J'aime beaucoup le sport. J'ai fait de la compétition : tennis, natation, basket. Mais maintenant, je suis cardiaque, alors...

Michèle, étudiante : Oh ! le culte du corps, on en a toujours parlé. Non non, ça me... J'vois pas trop c'qu'on veut dire par « le culte du corps » euh, enfin quand même quand approche l'été, j'fais un peu attention à c'que j'mange. J'fais attention pour moi-même surtout, plus que pour les autres. J'dépense un peu pour le maquillage mais pas beaucoup. J'fais beaucoup de sport. J'aime beaucoup marcher, j'aime beaucoup la montagne. Le sport en salle, ça m'intéresse pas.

Anna, employée de maison : J'adore les vêtements... c'est quelque chose que j'adore. Pour moi, les vêtements ça compte beaucoup. Surtout les grandes marques. Les belles choses, j'adore ça... J'pense que si j'avais beaucoup d'argent, j'dépenserais tout pour m'acheter de beaux vêtements. J'aime bien *Yves Saint Laurent, Cardin, Kookaï, Benetton, etc.* Si j'en avais la possibilité, j'aimerais bien être très bien habillée. Pour aller au travail, j'mets de préférence des vêtements sport, pour être à l'aise.

Corinne, étudiante : Quand j'avais 16-17 ans, je faisais très très attention, enfin, j'étais euh complexée par mes rondeurs. Je m'empêchais de manger, je faisais des régimes, je sautais des repas et je voyais que les résultats n'étaient pas convaincants. Enfin, alors euh, j'ai décidé de m'accepter comme j'étais. Et à partir de ce moment-là, bizarrement, j'ai, j'ai maigri. Je je m'sentais bien dans ma peau, je m'acceptais comme j'étais et c'est comme ça que j'ai perdu du poids. Le principal, c'est d'être bien dans sa peau. J'adore les pâtes, je n'me prive pas, je mangerais un bon couscous, une bonne paella et des pâtes à la bolognaise. Je n'me prive pas mais je ne me goinfre pas non plus. Je fais attention à la façon dont je m'habille. Parfois je fais moins attention mais d'autres

fois oui, je mets un tailleur, je me maquille. Une belle femme, c'est une femme bien faite, bien habillée. Celles qu'on voit dans les magazines, les modèles, mais je ne calque pas les autres. Une belle femme, pour moi, c'est Catherine Deneuve. Ça c'est une belle femme !

Bernard, technicien : Moi, j'ai l'culte du corps. Pas pour maigrir, pas pour être beau, mais pour la santé ! Manger des fruits, boire de l'eau. J'mange de tout mais je fais attention à mon alimentation : fruits, légumes et peu de viande, voilà.

Nicole, employée de banque : Le culte du corps ? On l'a tous nécessairement. Notre apparence physique est essentielle dans la société. Si par hasard on s'laissait aller, le, le regard des autres nous avertirait vite que ça n'va plus ! C'est la société qui nous oblige à nous occuper de notre corps. Le culte du corps, c'est, en fait, une sorte de politesse pour les autres. Pour moi, ça signifie avant tout être impeccablement propre, nette. Les artifices vestimentaires, les maquillages, c'est une question d'goût personnel. La propreté est une exigence incontournable !

P. 54, micro-trottoir D : Dis-moi quel est ton héros...
Quel est votre héros ?

Marie-Hélène, attachée de direction : Oh ! ma pauvre ! Ah vous m'coupez la chique là ! Mon héros ? Blanche neige et les sept nains ! Ben non écoutez, mon héros, j'sais pas du tout. Qui ça pourrait être ? L'abbé Pierre, tiens ! Parce que j'trouve qu'il est très dévoué et il a pas peur de dire c'qu'il a à dire. Malgré son âge, il est très ouvert aussi. Et puis il a toujours défendu les bonnes causes.

Dominique, institutrice : Est-ce que j'ai droit au jocker là ? Le héros ? Qu'est-ce qu'il peut être ? À vrai dire, l'anti-héros, j'arriverais peut-être mieux à le définir. Qu'est-ce que c'est un héros ? Le héros pour moi, c'est quelqu'un de plus classique et pas du tout médiatique... Un héros, j'vois pas trop là, j'vois pas comment j'pourrais l'définir. Dans la vie de tous les jours, le héros n'a pas de place pour moi. J'avoue que c'est une question très embarrassante parce que le héros on n'le rencontre pas tous les jours et il est de l'ordre de la fiction pour moi. Mon héros, mon héros ? Qui peut-il être ? Un héros, c'est un modèle ? Un personnage fictif ou réel auquel je m'identifierais le plus ? J'ai jamais envisagé les choses sous cet angle-là ! Non, j'vois pas. J'penserais éventuellement à Gaston Lagaffe. C'est-à-dire le niais qui traverse son époque sans se rendre compte de rien. Moi, ça m'plaît beaucoup comme idée, mais à part ça, un héros, j'vois pas.

Inès, étudiante : Mon héros, c'est mon copain, mon ami anglais... Ah j'l'aime beaucoup. Il a la mentalité et les qualités que j'recherche. Il est très gentil. J'l'aime beaucoup, pour moi, c'est un héros.

Christelle, avocate : Alors là, je n'sais pas quoi dire. Même si c'est pas des héros, j'suis très admirative des gens qui sont, qui adorent la vie. Moi, j'aimerais avoir ça, une une boulimie de vie. J'envie ça ! J'aimerais ça ! Ça bout voilà ! Je je crois qu'la majorité d'mes amis sont très boulimiques de vie, ce sont des héros pour moi. Réussir, atteindre son objectif, c'est bien mais c'n'est pas la définition d'un héros, pour moi. Pour moi, le terme « héros » ça appartient aux romans. Solal, dans *Belle du Seigneur*, c'est un héros. J'aurais bien aimé l'rencontrer. C'est un héros de de roman qu'j'ai aimé. Pour moi, le héros, c'est un concept de littérature, quoi.

Grégoire, graphiste : Un héros, j'sais pas. Attendez, j'vais peut-être trouver. Non mais c'est difficile parce que j'pense qu'y a aucun homme qui soit digne d'admiration, alors, j'sais pas. Si, tenez, mon héros, ce serait Don Quichotte parce qu'il a une recherche d'absolu. Se battre contre des choses difficiles à atteindre. Se battre contre des moulins à vent, ça c'est héroïque.

Monique, commerçante : Qui sont mes héros ? Ben je n'sais pas, je n'sais toujours pas. J'ai pas vraiment de héros, non. Quand j'étais enfant, comme tous les enfants, j'ai dû en avoir, mais j'm'en souviens plus, peut-être Gandhi. Mais c'est tellement dur, c'est tellement difficile d'avoir un héros, là en c'moment. Y a des chanteurs qui sont de bons chanteurs, qui ont de bons textes mais ce n'sont pas des héros. Quant à celui que j'aime, je n'crois pas qu'il puisse être mon héros. Un héros, c'est quelque chose d'idéal, donc c'est pas vraiment quelqu'un qui partagerait ma vie.

Marco, étudiant : Avoir un héros, c'est aimer quelqu'un, l'imiter. J'vois là, les enfants qui aiment Michael Jackson et qui vont jusqu'à s'habiller comme lui ou qui vont jusqu'à s'coiffer comme lui. Ceux qui regardent les feuilletons de Mac Gyver qui euh veulent avoir un sac à dos ou ceci cela enfin. Non, moi, j'ai jamais eu de héros comme ça. Mais y a des gens qui sont dignes d'admiration. Comment il s'appelle déjà, en France, euh l'abbé Pierre. J'suis en admiration devant cet homme. Ça pourrait être un héros, ouais. C'est quelqu'un qu'j'estime, que j'trouve formidable mais c'est pas mon héros. J'en ai pas, quoi.

Valérie, étudiante : En c'moment, mon héros, c'est un ami. S'il le savait, il s'moquerait peut-être de moi mais, c'est un héros. Il est en train de s'occuper des personnes qui ont été délogées et qui sont sur l'esplanade de Vincennes. Il y passe tout son temps. Et alors, il m'a raconté tout ce qui s'passe et qu'on ne montre pas à la télévision, tout c'qu'il fait, le temps qu'il prend : pour moi, en c'moment, c'est un héros.

Jacqueline, puéricultrice : À mon avis, y a plus de héros. Un héros, c'est quelqu'un qui ferait des choses hors du commun. Quelqu'un qu'on admirerait mais auquel on voudrait pas ressembler. Ce qu'il fait, c'est beau mais je n'aurais pas l'courage de l'imiter. Le héros est capable de donner sa vie pour les autres. Notre époque ne connaît pas de héros.

P. 74, micro-trottoir F : Le retour de la morale ?
Quelles sont les grandes idées qui vous touchent actuellement ?

Bernard, technicien : Pour moi, y a que les idées humanitaires qui comptent. Aider les pays sous-développés ou les nouveaux pauvres en France, le quart monde. J'aimerais lutter contre la misère.

Marianne, boulangère : Sur terre, y aura toujours des malheureux. On n'y peut rien, c'est comme ça. Mais pour moi, le rêve ou ou l'espoir le plus grand, c'est la paix. La plus belle chose qui pourrait arriver, c'est que l'monde soit en paix. Ça m'semble réalisable. Il suffirait d'un peu d'bonne volonté. Plus d'armes, plus d'guerres ! Chacun chez soi, en paix.

Florence, musicienne : Pour moi, j'sais qu'y a un truc qui me tient très très à cœur c'est tout c'qui touche aux enfants. J'supporte plus qu'on fasse du mal à un enfant. Si j'vois un, comment un un reportage sur des enfants maltraités, j'sais pas moi, j'ai j'ai les larmes aux yeux tout de suite. Donc ça c'est un truc qui me tient très à cœur. Quand j'vois tous ces enfants battus, maltraités, torturés, c'est horrible ! C'est un truc que j'supporte pas. Y a un organisme, *Enfance et partage*, j'ai commencé à prendre contact pour agir avec eux.

Marcel, ouvrier : Moi, j'crois encore aux idées d'gauche. J'suis un homme de gauche convaincu. Y a certaines valeurs de gauche que j'admire. Pour moi, c'est un état d'esprit, c'est la justice sociale, c'est la démocratie, enfin tout c'qui entoure la gauche. Si vous voulez, je m'sens plus près d'un d'un Papou de gauche que d'un Français de droite. Je rêve d'un monde plus juste, d'un monde de paix où les gens s'aiment et s'parlent.

Liliane, mère de famille : Je crois qu'le principal idéal, c'est l'égalité. Mais ça tout l'monde en parle et c'est, c'est tellement difficile. J'aimerais qu'ça s'réalise sur terre mais mais j'pense que c'est impossible. Bon enfin, si l'égalité règne un jour, ça sera le paradis sur terre !

Ali, lycéen : Moi, j'ai toujours été très sensible à la tolérance. Respecter autrui, sa façon d'vivre, sa façon d'être, les droits de l'homme. J'm'énerve facilement, j'm'emporte facilement quand j'vois des reportages sur un pays où j'vois des gens qui subissent une dictature, qui n'peuvent pas s'exprimer, ça je suis très sensible à ces choses-là.

Jean-Pierre, coursier : Ma grande idée c'est... la peine de mort. C'est terrible parce qu'il se passe pas un mois sans que j'm'« engueule » avec quelqu'un sur cette idée-là. J'sais pas pourquoi j'suis agressif : c'est souvent moi qui provoque mais j'me bats farouchement contre la peine de mort. J'sais bien qu'en France, la peine de mort ça n'existe plus, mais c'qui m'révolte, c'est l'nombre de gens qui voudrait bien qu'ça revienne. Mais si y a la peine de mort, on sait forcément qu'un jour ou l'autre, y aura une erreur judiciaire. Donc pour éviter d'prendre le risque de tuer un innocent, on doit lutter contre la peine de mort.

Antoine, architecte : Une grande idée qui m'touche ? Oh là là ! Yen a tellement, j'y crois plus trop aux grandes idées vous savez ! Ben c'est un cercle infernal, parce que pour imposer sa grande idée, chacun est prêt à tuer son voisin ! Pour avoir la paix, on fait la guerre. Pour avoir la démocratie, il faut d'abord écraser et même exécuter jusqu'au dernier, ceux qui n'pensent pas comme nous ! Pour qu'il y ait plus de liberté, faut commencer par des interdits etc. , etc. Je m'demande si les grandes idées n'ont pas fait plus d'tort que d'bien à l'humanité. Vous voyez j'suis pas optimiste. Non, c'qui faut en vérité, c'est éduquer.

Par l'éducation, petit à petit, on obtiendra des résultats, tout naturellement. Non mais, y a encore une grande idée à laquelle je crois, il faut balayer devant sa porte comme dit le proverbe. Oui, ou si vous voulez, il faut cultiver son jardin !

DOSSIER 2 : Les Français et l'argent

P. 88, micro-trottoir A : Dis-moi ce que tu consommes, je te dirai qui tu es
Qu'est-ce qui vous fait le plus plaisir à acheter ?

Christophe, commerçant : J'dépense tout pour les voyages et c'qui est amusement : les plaisirs de la vie, les joies de la vie.

Marie, professeur : J'adore acheter des magazines, des revues. Surtout des revues de cinéma, ça « c'est mon dada ». J'prends beaucoup d'plaisir à lire des magazines, j'suis une grosse consommatrice de magazines : *Express, Nouvel Obs, Événement du Jeudi* euh, j'sais pas, dans la semaine, j'suis sûre que j'dépense facilement, entre les quotidiens et les magazines ou hebdos, j'suis sûre que j'dois dépenser presque 100 francs. Oh oui, oui. Sinon, oui les fringues aussi, mais c'est plus par périodes, tandis que les magazines, c'est des achats très réguliers dans mon budget.

Pascale, secrétaire d'édition : Qu'est-ce qui m'fait l'plus plaisir à acheter ? Euh... des livres, de la musique, des vêtements. Aller dans les fripes dénicher des petites choses pas chères mais uniques et originales, oui, oui surtout ça !

Véronique, femme au foyer : Qu'est-ce que j'consomme le plus ? D'la nourriture ! Ah ça j'suis obligée d'aller faire les courses tout l'temps ! C'est assez « gonflant », d'ailleurs ! Bon sinon les sorties, les restaurants. Ah ça on y va beaucoup trop. Les voyages. Mais sinon, sinon, j'me rends pas compte, parce qu'on dépense souvent d'l'argent sans savoir, pour des tas de petites choses. Pour mon fils, j'dépense beaucoup. Pour le tennis, pour le sport, les chaussures de tennis, les shorts, les T-shirts, les habits. Ça a beaucoup d'importance pour lui parce qu'à son âge, il faut soigner son look ! On va aux puces et il prend des blousons, des ceintures, des boucles de ceinture, etc. etc.

Claudine, femme d'affaires : De la nourriture et des vêtements pour ma fille. Des produits de consommation courante et des produits qui plaisent à chaque membre de la famille. Des vêtements, essentiellement pour ma fille. Des robes, des maillots de bain, des choses très inutiles. Pour moi-même des tailleurs. J'y vais d'ce pas. J'vais retrouver une amie styliste qui me fait des tailleurs que j'aime beaucoup. Elle me fait, par exemple, un tailleur en soie sauvage pour 500 francs.

Jean, cadre supérieur : En règle générale, c'que j'consomme le plus, moi ? Peut-être le temps perdu. J'sais pas, mais moi, je je fais une grosse consommation d'temps perdu. J'fais pas grand'chose de mes heures, en fin de compte. Et comme le temps, c'est d'l'argent, donc euh j'en perds beaucoup. Non mais euh, je dépense pour faire plaisir aux autres : des cadeaux, disons, des cadeaux. J'aime beaucoup faire plaisir aux autres et je me fais plaisir à travers ça, bien sûr.

Yves, comptable : C'que j'ai tendance à consommer l'plus ? Allez, disons des, disons des nourritures terrestres. Oui, alimentation euh, boisson, cigarettes euh toutes ces choses-là, parce qu'on parle de consommation pure, hein ? Mais c'qui m'fait l'plus plaisir à acheter, moi je pense que ce sont des... le plus plaisir ? C'est des livres ou des disques mais surtout des livres. Par an, mon dieu, par an j'achète 3 fois 12, disons 36 livres par an. Entre 36 et 40. C'est très diversifié, ça peut être des romans, des essais. En disques, j'achète moins qu'en livres, c'est par crises. 12 à 15 compacts, plutôt d'la musique qu'on qualifie de classique, généralement. J'veux dire par là que j'achète assez peu de variétés, voilà.

Marie-Jo, médecin : Quand j'étais jeune, j'pense que j'dépensais beaucoup en sorties. Maintenant, j'pense que j'dépense très peu en restaurants et en choses de cette sorte. J'ai pas l'impression d'avoir de consommation excessive. Ah si, j'suis heureuse quand j'ai acheté 4 ou 5 bouquins, et dans leur édition originale. J'n'ai pas l'impression d'avoir de maximum de consommation. J'ai pas l'impression qu'il y ait quelque chose qui surpasse le reste. Ah, si c'n'est, éventuellement, de temps en temps, champagne, caviar et saumon fumé !

P. 102, micro-trottoir B : Les cordons de la bourse
À votre avis, est-ce qu'il faut un peu, assez ou beaucoup d'argent pour vivre bien ?

Patrick, grossiste : L'argent n'a rien à voir avec le fait de vivre bien ! L'argent ne fait pas l'bonheur ! Le bonheur, ça n's'achète pas. Si l'bonheur c'est d'voyager, eh bien c'est évident qu'il faut d'l'argent pour voyager ! M'enfin, c'est pas l'argent qu'est important. On peut voyager en auto-stop aussi ! On peut vivre bien, sans beaucoup d'argent. Ici, à Paris, il faut beaucoup d'argent. Oui, parce que les logements sont chers, la nourriture est chère, les sorties sont chères. Il faut 10 à 15 000 francs pour vivre à peu près bien à Paris, voilà. Mais moi, j'sais pas combien j'gagne et j'sais pas combien j'dépense.

Thérèse, fonctionnaire : Moi, assez. Pour moi, c'est assez. Beaucoup, non. Assez. Si j'gagnais tous les mois 10 000 francs net, entre 10 000 et 13 000, pour moi, c'est bien. J'ai pas besoin d'plus. C'est un salaire moyen, surtout quand on habite dans une grande agglomération. Peut-être qu'à la campagne, bon, c'serait 9 000 francs, parce que les loyers sont moins chers. Mais en ville, ceux qui ont des enfants, moins de 10 000 francs, j'sais pas comment ils font pour s'en sortir !

Isabelle, technicienne de fabrication : De l'argent, il en faut pas mal pour vivre bien. Assez. Plutôt plus que moins. Tout dépend, tout dépend où on vit. Mais quand on vit, par exemple à Paris, il en faut assez, puisqu'y a déjà une grande partie de l'argent qui est dépensé pour des choses comme le loyer.

Anne, artiste peintre : Ah ! Bonne question ! Mais qu'est-ce que c'est vivre bien ? J'pense que si on a beaucoup d'argent, c'est plus facile parce qu'on peut choisir on n'est plus obligé d'regarder c'qu'on dépense. Donc euh, pour moi, il en faudrait beaucoup, pour être bien. Mais pas forcément pour en dépenser. Beaucoup, mais pour pas y penser. Tu veux un truc, tu l'achètes sans penser à la dépense. S'il faut réfléchir deux jours avant de s'acheter un truc, ça « prend la tête », quoi. Oh excusez-moi cette expression, j'parle comme mon fils !

Pierre, assureur : Moi, j'dirais qu'il faut beaucoup d'argent. J'ai une bonne notion de ce qu'est vivre bien et j'crois qu'il faut beaucoup d'argent. Pour moi, vivre bien ce serait être être libre de mon temps, pouvoir faire c'dont j'ai envie, pouvoir disposer d'une très belle maison, pouvoir y inviter... inviter des amis, ne pas avoir de soucis financiers et puis peut-être, peut-être, dans l'fond, aider ceux qu'en ont besoin. Oui, j'suis assez généreux donc effectivement par rapport à l'argent, j'pense avoir une certaine forme de générosité. Bien vivre, ce serait une nouvelle abbaye de Thélème.

Chantal, visiteuse médicale : Pour vivre bien, il en faut beaucoup. Par beaucoup, j'veux dire, c'est qu'je puisse, quand quelque chose me fait plaisir le, l'avoir. Pouvoir s'offrir quelque chose dans l'immédiat, sans avoir besoin de se frustrer ou de reporter ça à plus tard. Bon dans ma conception à moi, je pense que je pourrais vivre bien avec 30 000 francs par mois.

Laurent, ingénieur du son : Pour vivre bien, il faut assez d'argent. Assez d'argent, ça veut dire ne pas être « smicard ». Un « smicard » peut pas avoir mon train de vie. Mais vivre bien, ça dépend euh exclusivement des besoins d'chacun. Moi, j'estime que j'ai peu d'besoins, hormis les besoins qu'j'ai à travers mes loisirs, c'est-à-dire, le sport, les livres, les disques, la peinture. Mais en dehors de ça, j'ai pas d'gros besoins. J'vais pas passer mes vacances à aller faire un safari au Kenya, ou à aller m'« éclater » comme on dit euh au Sénégal, j'trouve que l'jeu n'en vaut pas la chandelle !

P. 118, micro-trottoir C : Le bas de laine
Est-ce que vous épargnez et pourquoi ?
Comment faites-vous pour épargner ?

Fabrice, commerçant : Des économies ? J'en fais par obligation, à cause de mon travail. J'peux pas faire autrement. Si c'était pas pour mon travail, j'n'en ferais aucune ! Je hais les banques ! J'trouve ça stupide d'épargner. L'argent est fait pour être dépensé et non pour être mis de côté. J'ai un livret A à la Caisse d'épargne, c'qui rapporte le moins. J'crois qu'ça rapporte 6 ou 7 %. Et encore, j'suis même pas sûr. Peut-être même moins encore, je n'sais même pas, en fait. J'pourrais acheter des actions, c'est évident. Je sais que ça existe mais ça n'm'intéresse pas. Je consomme tout l'argent que j'peux avoir, au maximum ! Je l'consume au maximum ! Si j'pouvais l'brûler, j'aurais un plaisir dingue !

Nadine, journaliste : Oui, j'épargne. En effet, effectivement j'épargne parce que j'ai un statut euh pas du tout stable, c'qui fait que j'épargne pour le jour où j'n'aurais plus assez d'travail. Donc, c'est fait plus par anxiété, en fin d'compte, que par besoin d'économies réelles. Je crois que si j'gagnais régulièrement ma vie, enfin si j'avais un statut fixe et une paie régulière, je je pense que j'mettrais moins d'argent de côté. Tous les mois, j'mets quelque chose de côté même si c'est que 300 francs. J'ai un plan épargne-logement et un compte épargne-logement. En fait, j'suis pas quelqu'un de naturellement porté sur l'épargne. Si j'épargne, c'est qu' j'm'« angoisse » pour l'avenir.

Renaud, cadre moyen : : Pour épargner, il faut déjà avoir assez d'argent pour vivre. Il faut avoir les moyens d'épargner et puis il faut s'les donner aussi, d'accord ! Mais j'économise un peu, un petit peu, avec l'espoir d'acheter peut-être un jour une maison, un logement ou quelque chose qui m'appartienne, qui soit à moi. J'ai un plan épargne-logement, donc y a un petit peu d'argent qu'je verse tous les mois, c'est un prélèvement automatique sur mon compte courant, sinon de moi-même, j'épargne peu.

Bénédicte, femme au foyer : Non, j'fais pas d'économies. J'veux pas y penser justement. Mais j'évite de dépenser trop spontanément. J'arrive pas à économiser. J'dépense toujours plus que c'que j'ai. Mon mari est pareil, il est comme moi, on dépense tout, on dépense plus que c'qu'on a. Un jour peut-être, on y viendra, si on devient adultes ! Mais pour l'instant, on n'y arrive pas. On vit au jour le jour, et oui ! Mais épargner ça comporte une notion de responsabilité, il faut réfléchir, il faut organiser son temps, son argent, c'est dur dur !

Guy, vétérinaire : J'épargne très peu. Par contre, j'achète des appartements que j'léguerai à mes enfants. J'achète un appartement, je l'revends cinq ans après et j'essaie d'acheter mieux, et je l'revends ainsi d'suite, c'est très fatigant ! Moi, j'suis du monde paysan. Je veux des murs. Chez moi, on transmet soit d'la terre, soit des murs. Je n'veux surtout pas transmettre une affaire. Je n'mets presque rien à la Caisse d'épargne, d'ailleurs j'ai pas beaucoup d'argent d'avance.

Charles, cadre moyen : Non, non, j'n'épargne pas, parce que de toute façon j'n'en ai pas la possibilité. Si j'avais la possibilité d'épargner, je pense que j'ferais une sorte d'épargne en plaçant mon argent dans des choses agréables comme euh... J'achèterais par exemple une maison de campagne ou, ou pourquoi pas acheter des livres précieux ? Des choses comme ça ou euh des tableaux, c'est une forme d'épargne. Je n'le mettrais pas à la banque en attendant euh des intérêts ou des dividendes !

Denis, cuisinier : J'épargne uniquement parce que j'ai des démarcheurs qui m'ont fait comprendre qu'il fallait que j'prenne une assurance-vie. Sinon, ça m'serait jamais venu à l'idée ! Et mon épargne, c'est euh l'argent que j'verse chaque mois à un organisme d'assurance-vie qui m'servira éventuellement, si j'arrive jusque-là, de retraite complémentaire, oui. Ou si j'meurs, ce sont mes héritiers qui toucheront cette épargne.

Laure, professeur de faculté : Je n'sais pas épargner. C'que j'sais faire, c'est d'essayer de n'pas trop dépenser. Les histoires d'actions, de SICAV et « tutti quanti », j'n'y connais rien. J'ai acheté un appartement à crédit, c'est une sorte d'épargne. J'n'ai pas de plan épargne-logement parce que j'pense que c'est d'l'« arnaque ». Au bout du compte, les banques prêtent plus aux riches et les petits épargnants passent leur vie à repayer de lourds intérêts. Comme tout l'monde, j'ai un livret de Caisse d'épargne. J'ai aussi un Codévi. Ça m'sert à payer mes impôts.

P. 132, micro-trottoir D : Le cœur sur la main

Si vous aviez de l'argent à donner, à quelle cause humanitaire aimeriez-vous donner cet argent et pourquoi ?

Christophe, commerçant : Les enfants dans l'monde. Cette cause humanitaire, elle est pas trop mal faite. Mais une cause humanitaire qui demande sans cesse de l'argent, elle est pourrie, complètement pourrie à la base. Coluche et les Restos du Cœur, c'est tout juste à la limite. C'est méchant d'dire qu'c'est presque pourri, mais moi, j'suis pas d'accord, j'suis pas d'accord avec ces causes humanitaires. Elles sont fausses au départ. C'est mal analysé au départ. C'est vrai qu'y a des pauvres, c'est vrai qu'y a des gens qui meurent de faim. Malheureusement, les gens qui viennent profiter des Restos du Cœur, c'est malheureusement pas ceux qui en ont vraiment besoin. Parce que les vrais pauvres, ils sont trop fiers pour aller dans c'genre d'endroit. Les gens qui vont aux Restos du Cœur, c'est une fois d'plus des débrouillards et des profiteurs, donc euh, en fait, y a beaucoup d'gens très pauvres qui vont pas du tout aux Restos du Cœur, parce qu'ils ont une fierté. Moi, j'préfère donner à des gens qu'la vie m'fait rencontrer et puis juger par moi-même si ces gens-là ont besoin d'être aidés et puis si j'peux les aider ben j'le fais, c'est c'que j'fais. Pour les causes humanitaires, c'est à l'État d'donner. Nous avons un État assez riche qui dépense de l'argent bêtement dans l'armée et dans les armes. Il ferait mieux d'donner l'argent à des causes comme ça. C'est pas au peuple d'aider des organisations, qui en profitent en plus !

Catherine, assistante dentaire : En premier lieu, j'donnerais à un ami très proche qui serait vraiment dans le besoin. Mais si y a pas d'amis dans le besoin, alors là, c'est à une cause humanitaire que j'donnerais quelque chose. Soit la recherche médicale, soit les enfants. On n'arrête pas d'faire des quêtes : téléthon, sida, cancer. Le budget national pour la recherche est trop faible.

Lynn, traductrice : J'donne un petit peu d'argent aux Restaurants du Cœur et puis de temps en temps dans l'métro, comme ça, à des petites causes humanitaires individuelles. Hier encore, j'ai donné. Y a tous ces gens qui viennent mendier dans l'métro. Je donne parce que j'me sens quand même... même si j'suis pas particulièrement privilégiée, je sens que j'ai plus de chance qu'eux. C'est donc donner à plus malheureux que moi.

Béatrice, femme au foyer : Là là ! Ben y en a tellement des causes humanitaires ! J'sais pas à laquelle j'donnerais de l'argent. Y en a trop. Y en a pas une qui m'touche de près. Ah si ! J'donne bien quelque chose pour l'cancer mais c'est tellement minable c'que j'donne ! Quand on commence à s'pencher sur les causes humanitaires, y en a tellement, tellement ! Moi quand j'reçois dans ma boîte aux lettres toutes ces demandes pour des causes humanitaires, à part pour l'cancer, j'réponds plus maintenant, parce que y en a trop ! Ah j'arrive pas à choisir !

Alain, professeur de maths : Donner ? Ça m'arrive, le sida, pas forcément des organismes mais des hôpitaux, Villejuif par exemple. Même si Villejuif gagne beaucoup d'argent. La recherche médicale qui concerne en particulier les enfants et le tiers monde. J'participe, par exemple, à une action de vente de petits pains au chocolat. J'fais manger mes élèves tous les jours à 10 heures et avec l'argent des petits pains, nous finançons une école au Togo, une ferme-école. C'est-à-dire que l'important dans ces pays-là, c'est pas d'apporter de l'argent, c'est d'apporter en même temps l'éducation et les moyens de survivre. Donc euh, oui, j'pense qu'il y a deux causes prioritaires actuellement. C'est le sida et l'tiers monde, de toute urgence.

Jean, cadre supérieur : Donner d'l'argent à une cause humanitaire ? Ce serait certainement pas parmi mes premiers choix. Si j'avais de l'argent à donner, je l'donnerais parmi mes proches, parmi les gens que j'connais mais j'aimerais bien savoir à qui j'le donne. Pour moi les causes humanitaires qui ont d'la valeur, c'est c'est plus la Croix rouge, c'est pas Médecins du Monde, non plus non. Une cause humanitaire qui m'semble intéressante, en fait, j'en connais aucune ! J'ai horreur de toutes ces lettres qu'on reçoit et qui nous sollicitent pour donner. Tout c'courrier, je le lis même plus.

Thierry, infirmier : Euh plutôt que donner d'l'argent, j'préférerais donner du temps à une cause humanitaire. Mais d'l'argent, comme ça euh, non. J'préférerais euh m'déplacer et faire quelque chose euh agir. Médecins du Monde, par exemple. Mais y a d'autres organisations intéressantes qui apportent davantage une technologie plutôt que d'l'argent. J'me vois bien, par exemple, partir dans un village du tiers monde et voir ce que l'on peut faire, sur place.

Carole, orthophoniste : Si j'donnais de l'argent, si j'avais d'quoi en donner, j'en donnerais à ceux qui m'en demandent. J'en donnerais à ceux qui en ont besoin mais j'ai pas envie d'donner mon argent à une cause humanitaire, parce que j'aurais besoin pour donner cet argent-là de participer à cette cause. Sans y participer, j'ai pas envie d'envoyer d'l'argent. Les causes humanitaires c'est pas du tout l'idéal. Ils dépensent l'argent un peu n'importe comment. Pourtant, j'crois que c'que font les Médecins du Monde ou les Médecins sans Frontières, c'est quand même respectable. Disons qu'à défaut d'avoir trouvé des solutions, ils ont eu l'mérite de mettre le problème humanitaire en pleine lumière, de l'faire connaître grâce aux médias. C'est très médiatisé ces organismes humanitaires...

Armand, professeur de faculté : Non, les causes humanitaires, surtout quand elles sont très médiatisées, ne m'intéressent pas. C'est vrai que j'ai donné une fois aux Restos du Cœur, mais c'est plus pour avoir bonne conscience qu'autre chose. En fait, j'ai l'impression que l'État nous pompe assez d'argent pour qu'il puisse s'occuper directement des causes humanitaires. Il suffirait qu'il y ait un ministère du malheur social, ce serait l'abbé Pierre qui en serait le ministre, ou quelqu'un comme lui. Je n'me sens pas solidaire du malheur mondial, mais si on veut vraiment faire quelque chose, il faut qu'ce soit au niveau gouvernemental. Je me méfie de toutes ces organisations qui soi-disant aident les malheureux du monde entier. Depuis l'temps que ça existe et vu le nombre toujours croissant, ça doit être un bon business !

▨▨▨ DOSSIER 3 : Le triomphe de l'individu ?

P. 148, table ronde A : La vie en solo

Avantages et inconvénients du célibat :

Animatrice : « La vie en célibataire ». Autour de cette table, y a des gens qui vivent seuls, des gens qui vivent maritalement, y a des gens qui sont mariés ou qui l'ont été euh quels sont les avantages d'être seul, de vivre seul et quels sont les inconvénients ? Laurence ?

Laurence : Euh en célibataire, je vais commencer par les avantages euh les avantages c'est une grande liberté, une grande disponibilité de soi, de son temps, de ses préoccupations. C'est la possibilité d'être franchement égoïste et sans avoir le regard de l'autre pour corriger cet égoïsme donc on peut être tranquillement égoïste euh j'pense que c'est l'avantage. Enfin tout se résume à cet avantage-là de disponibilité, de liberté par rapport à soi, ouais.

Animatrice : Pierre, vous êtes d'accord avec Laurence ?

Pierre : Euh oui et non euh parce que moi je pense qu'on analyse très souvent la vie en célibataire comme une vie égoïste. Bon, bien sûr on est libre de faire ce qu'on veut à tout moment, mais euh je crois que par nécessité on recherche peut-être d'autant plus les autres quand on est euh célibataire.

Animatrice : Marie-Jo ?

Marie-Jo : J'voulais demander à Laurence si elle était heureuse de vivre seule.

Laurence : Au fond oui et dans la forme aussi euh. Oui je suis heureuse de vivre seule. Cela dit, je suis prête à euh à vivre à deux. Bon, j'ai déjà vécu à deux euh.

Animatrice : C'est un choix que vous faites de n'pas revivre à deux, aujourd'hui ?

Laurence : Non, c'est pas un choix. C'est-à-dire je décide pas tous les jours : « je vis seule ». C'est euh c'est un choix un peu contraint dans la mesure où j'ai pas rencontré quelqu'un avec lequel partager un appartement euh en plus du reste mais euh non non je suis contente de vivre seule.

Animatrice : Marie-Jo ?

Marie-Jo : Oui, j'pense que vivre seule n'est jamais un choix. C'est toujours une contrainte et en même temps, j'pense qu'on passe beaucoup d'temps à rechercher l'autre même si on a le loisir de choisir cet autre. On passe son temps à une recherche.

Animatrice : Donc il faut s'y faire. Il faut se faire à la vie de célibataire quand on n'a pas le choix de vraiment trouver quelqu'un avec qui l'on s'entend.

Marie-Jo : Oui, mais ce n'est pas un choix. C'est une contrainte.

Vie matérielle et sociale des célibataires :

Animatrice : Et matériellement, c'est plus facile de de vivre à deux ? Delphine ?

Delphine : J'pense qu'y a pas d'différences à faire euh sur la vie à deux, en couple ou euh sur la vie en tant que célibataire. Le matériel, enfin pour moi, est totalement extérieur et n'a pas de conséquences.

Animatrice : On dépense pas plus quand on est tout seul parce qu'il faut justement sortir beaucoup pour s'occuper l'esprit ?

Delphine : J'pense pas. Surtout en tant que femme, j'pense qu'à la limite on dépense moins peut-être seule.

Animatrice : Le point de vue d'un homme, Pierre ?

Pierre : Oui, j'pense que euh l'aspect matériel euh est assez euh marginal dans cette affaire. C'est-à-dire que euh, je n'crois pas qu'on puisse tenir les comptes en disant euh : un célibataire dépense plus ou moins que euh un homme marié euh moi j'pense que c'est à c'moment-là, c'est un problème d'organisation euh c'est-à-dire que euh l'argent devient un moyen d'organisation de vie et euh peu importe enfin euh je ne pense pas. Je pense qu'au contraire qu'une famille ou un couple doit avoir plus d'occasions de dépenses.

Animatrice : Laurence vous avez pas peur de tomber dans l'travers de la vieille fille dans quelques années ?

Laurence : Mais non enfin.

Animatrice : C'est un spectre qui peut planer comme ça non ? À force de dire que le célibat ça a des avantages, on est bien obligé de se dire que le célibat ça a des avantages mais...

Laurence : Oui, oui, la caricature de la vieille fille, j'pense que, j'pense que je tomberai pas dedans. J'pense que je tomberai pas non plus dans euh dans le travers de la « business woman » parce que c'est pas mon tempérament et puis parce que le souhait fondamental c'est c'est pas de finir seule, c'est pas de vieillir seule. Moi j'ai envie de faire des enfants, j'ai envie, j'ai envie d'tout ça. Donc moi j'pense qu'à partir du moment où on a envie de de de cette vie-là, moi bon, j'suis pas pressée, bon j'me dis peut-être dans cinq ans peut-être dans dix ans peut-être dans quinze ans mais ça va forcément arriver !

Animatrice : Vivre seule, c'est forcément une position d'attente, Marie-Jo ?

Marie-Jo : Je l'pense oui, je l'pense. C'est la démonstration qu'elle nous donne en tout cas.

Animatrice : Pierre ?

Pierre : Oui, moi j'pense qu'y a un phénomène qui est typique des gens qui vivent seuls, c'est euh les coups d'folie. C'est-à-dire qu'on peut faire des grosses dépenses euh pour compenser peut-être à certains moments euh un effet de, j'sais pas moi, de d'isolement et on n'a de comptes à rendre à personne.

Donc, je crois que il peut y avoir de grosses dépenses qui sont euh liées au statut de euh d'une personne qui vit seule.

Animatrice : Hum votre coup de folie à vous, Pierre, ça a été quoi, par exemple ?

Pierre : Ah ben, j'sais pas, ça peut être un tableau, ça peut être quelque chose comme ça, oui.

Animatrice : Marie-Jo ?

Marie-Jo : Je pense qu'on peut avoir des coups de folie à deux aussi.

Animatrice : Delphine ?

Delphine : J'espère que, j'espère qu'on a encore de la folie à deux, oui ! Et même plus que tout seul, oui.

P. 176, table ronde B : Sauve qui peut le dimanche !

François et Laurence :

Animatrice : Alors, aujourd'hui, en France, y a une polémique autour de l'ouverture des magasins le dimanche. Pour ou contre. On a vu ça notamment pour le magasin *Virgin Megastore*. Est-ce que vous êtes pour ou est-ce que vous êtes contre ? François ?

François : Eh bien moi, a priori, je suis pour. Pour diverses raisons, notamment parce que je suis un consommateur, parce que j'ai une vie un peu particulière, avec des horaires qui sont totalement décalés et pour moi, c'est très important de faire un minimum de courses le dimanche. Donc, de mon point de vue strictement personnel, c'est une nécessité.

Animatrice : Laurence, vous avez écrit un livre qui s'appelle *Sauve qui peut le dimanche*, j'imagine que vous n'êtes pas tellement d'accord avec François ?

Laurence : Euh c'était pas tellement un livre, c'était un projet d'études euh. Si, je suis euh d'accord avec François, dans la mesure où il faut réinventer le dimanche. Tout est à faire. Le dimanche est un jour à prendre, donc euh pourquoi pas pour la consommation ? Pourquoi pas pour d'autres modèles à réinventer aussi euh. D'un pur point de vue personnel de consommatrice, c'est vrai que pour moi, c'serait… enfin j'pense pas d'ailleurs que j'irais faire les courses le dimanche euh mais…

Animatrice : Pourquoi pas ?

Laurence : Parce que sans doute, j'fais autre chose le dimanche.

Animatrice : Quoi ?

Laurence : J'vais danser le dimanche. Et puis moi j'ai des horaires très décalés aussi. Donc, j'peux faire mes courses euh n'importe quand, en plein milieu de semaine euh. Donc j'ai pas besoin du dimanche pour ça euh. Cela dit, on a quand même entériné le principe de la liberté du commerce, etc., etc. Et dès lors que des gens, des travailleurs, expriment expriment le souhait de travailler le dimanche, peut-être qu'on pourrait les entendre aussi !

Animatrice : Est-ce que vous pensez que c'est à l'État de dire : « on ferme ou on ouvre le magasin, le dimanche ». Notamment pour *Virgin,* ils ont fait fermer le magasin le dimanche.

Laurence : Oui, sous la pression des syndicats euh. C'est bien évident qu'il faut des lois pour réglementer, pour réglementer le travail euh. Il existe un certain nombre de dérogations. Elles peuvent être étendues. Bon, cela dit, dès lors qu'il y a dérogation, c'est aussi la porte ouverte à des abus. Il y a des gens qui ne veulent absolument pas travailler le dimanche. Ces gens-là doivent pouvoir ne pas travailler le dimanche. Ceux qui le souhaitent, par contre, doivent pouvoir le faire aussi. Bon, là, c'est une loi pratiquement impossible à à rédiger. Oui euh, c'est effectivement au législateur d'intervenir.

Marie-Jo et François :

Animatrice : Marie-Jo ?

Marie-Jo : Oui donc, Laurence vient de donner un point de vue un petit peu juridique hein sur la chose. Moi, j'vais me placer sur un plan strictement humain. Je suis totalement contre l'ouverture des magasins le dimanche euh. J'estime que l'être humain, quel qu'il soit, même celui qui n'a pas le temps de faire ses courses à un autre moment, doit profiter du dimanche comme d'un espace de liberté. Et je ne pense pas que ce soit une liberté d'aller faire ses courses le dimanche. Je pense qu'y a d'autres moyens de créer le rêve, de créer une forme de créativité. Et c'est certainement pas dans les magasins qu'on peut faire ça. Et pensez aussi à une chose qui m'semble très importante c'est les gamins, les gamins qu'on traîne dans les magasins et qui finissent par y prendre goût et dont ça devient le seul mode éducatif.

Animatrice : François, vous n'êtes pas d'accord avec Marie-Jo ?

François : Ah non, pas du tout ! Parce que justement, en parlant d'espace de liberté, moi je suis travailleur indépendant, j'organise ma vie comme je l'entends et j'ai besoin de certains services, pas exclusivement celui de faire les courses le dimanche ! Je ne vois pas pourquoi on devrait accorder particulièrement au dimanche certains plaisirs ou certains services ou certaines activités. Y a pas de liens définis entre un jour et des activités, pour moi. Y a une telle multiplicité raciale et religieuse aujourd'hui dans nos pays, en Europe, que je pense, si vous voulez, qu'y'a pas d'liens particuliers, y a pas d'activités particulières à accorder au dimanche.

Marie-Jo : Je pense que vous avez un point de vue qui est tout à fait privilégié, qui est spécifique, parce que vous êtes sur un rythme privilégié. Mais je pense que la majorité des Français et des travailleurs ont un rythme obligatoire par leur travail, par la scolarité qui ne leur laissent que cet espace de liberté du dimanche.

François : Probablement. C'est certainement beaucoup plus contraignant, j'imagine, pour des gens qui ont en charge l'éducation de leurs enfants, avec un rythme scolaire qui est concentré autour du dimanche. Mais euh le problème est tout à fait le même pour les parents qui travaillent et qui n'ont pas le choix, en ce qui concerne le mercredi, puisque le mercredi est un jour de congé pour les enfants. Y a des centaines de femmes qui n'ont pas les moyens de mettre leur enfant en garderie et le problème reste entier. J'veux dire que ce soit le dimanche, le samedi ou le mercredi.

Etienne, Delphine et les autres :

Animatrice : Etienne, qu'est-ce que vous en pensez ?

Etienne : Oui, moi, moi j'ai la chance d'habiter un quartier qui est très populaire. Donc ça, effectivement, c'est une chose qui me plaît énormément. Simplement, c'est vrai que le métier que j'exerce ne me permet pas de faire des courses à n'importe quel moment de la journée et à n'importe quel jour de la semaine. Et je suis très content lorsque je m'aperçois que le dimanche ces magasins sont tous ouverts et qu'ils insufflent en fait une vie à ce quartier. Simplement, c'est vrai que lorsqu'on déambule dans un quartier et qu'il n'y a que des habits ou des objets éventuellement des objets d'art à vendre ou des bijoux, c'est un peu triste d'y amener ses enfants. Je pense que le marché que je viens de traverser en venant ici est une chose extraordinaire et je crois que j'y amènerais très volontiers, si j'avais des enfants, mes enfants. Simplement, il est vrai aussi que coincer son enfant sur un caddie et l'emmener au milieu de centaines de milliers de gens d'une façon très très passive dans un très très grand magasin, qui en plus de ça, se trouve à l'extérieur d'une métropole, c'est très très ennuyeux.

Marie-Jo : Oui, c'est cela, excusez-moi, mais il faut faire la différence entre le marché, le petit magasin, les petites boutiques qui sont de toute façon… sur lesquelles on fera jamais de problèmes quant à leur ouverture le dimanche, et puis ces grandes zones industrielles, ces grands supermarchés. Là est le problème.

Etienne : Voilà.

Delphine : C'est ridicule de vouloir tout légiférer en amont et en aval. Soit… y a un principe de liberté. Ceux qui veulent travailler le dimanche peuvent travailler le dimanche. Toutes les professions du spectacle ou du transport, le métro, le bus, ces services fonctionnent le dimanche et on n'interdit pas leur fonctionnement, parce qu'il est nécessaire. D'autres ouvertures de magasins le dimanche sont également nécessaires et je pense qu'il faut laisser le principe de liberté fonctionner.

Animatrice : Et c'est à l'État de gérer tout ça, selon vous ?

Marie-Jo : J'vois pas qui d'autre aurait cette possibilité !

François : L'individu lui-même, j'pense. J'pense qu'on est chacun à même de choisir ce qu'on a envie de faire un jour déterminé de la semaine, y compris le dimanche.

Laurence : Moi j'pense pas qu'il y ait de lien entre l'ouverture des magasins le dimanche et ce qu'on va faire le dimanche. Ça revient un petit peu à ce débat ancestral où, sous prétexte qu'on allait mettre la pilule en vente libre, ou du moins par l'intermédiaire des médecins, ça allait donner lieu à la débauche sexuelle. C'est pas vrai, c'est pas vrai ! Et ce n'est pas parce que les magasins seront ouverts le dimanche que tout d'un coup le peuple français va être « a-culturé » et va s'précipiter dans les magasins le dimanche, etc. , etc.

P. 194, table ronde C : L'État et nous

Marie-Jo, François et Laurence sur la délocalisation :

Animatrice : Autre domaine dans lequel l'État intervient, c'est la délocalisation. On en a beaucoup parlé dernièrement. Y a l'ENA qu'est parti en province. Y a les Gobelins, ils ont dû partir aussi. Euh vous, vous seriez prêts à partir si l'État vous l'imposait ? Laurence.

Laurence : Mais non ! C'est bien pour ça que je suis travailleur indépendant. Y a personne qui m'dira d'aller quelque… Enfin, moi j'suis travailleur indépendant donc j'suis pas fonctionnaire.

Animatrice : Quand on est fonctionnaire, qu'est-ce qui se passe ? On est obligé de partir ? Vous seriez prête, vous, Marie-Jo, à partir ?

Marie-Jo : En tant que fonctionnaire ?

Animatrice : Oui. Si l'État délocalisait votre entreprise et…

Marie-Jo : Pourquoi pas ? Ce serait peut-être une autre expérience à vivre et…

Animatrice : Vous le prendriez aussi facilement ? Du jour au lendemain, on délocalise l'entreprise euh.

Marie-Jo : Je pense que j'aurais pas d'autres possibilités, d'autres choix. Ou alors de changer de travail et de reprendre, de me faire réembaucher ailleurs, enfin dans la région où je vis.

Animatrice : François ?

François : Moi, j'pense que j'aurais pas de très grosses difficultés à changer d'endroit. Maintenant, je n'suis pas confronté au problème puisque c'est pareil, j'ai le problème, j'ai l'problème total du choix. Je travaille où j'ai envie de travailler. Je suis pas sûr que ça n'me gênerait pas un petit peu mais je n'suis pas sûr que je n'le ferais pas. Justement par curiosité ou… par simplement comme un enjeu.

Animatrice : Ce serait aussi par attrait de la province ? Ou de la campagne ?

Marie-Jo : Non pas du tout. En tant qu'expérience. En tant que changement de mode de vie. Découverte d'autre chose. Peut-être d'une autre mentalité.

Sur le statut des fonctionnaires :

Delphine : Moi, j'pense que si on choisit un statut, parce que c'est quand même un statut de fonctionnaire, il faut en prendre les avantages et les inconvénients. Y a une sécurité de l'emploi, y a certains inconvénients qui font que euh peut-être la délocalisation pour ou contre. Alors il reste toujours le choix de refuser donc de démissionner donc de refuser et de rester où on en a envie. Y a un équilibre à trouver. Être fonctionnaire, c'est une sécurité de l'emploi. C'est… ça se paie très cher maintenant avec les problèmes de chômage. Donc la délocalisation, moi j'pense que soit on l'accepte avec son statut de fonctionnaire, soit on la refuse, on quitte.

Animatrice : Marie-Jo ?

Marie-Jo : Y a ce problème quand même un peu particulier qui est celui de cette grande école qui vient de partir à Strasbourg. Moi, j'étais assez contente parce que j'estimais que ce serait peut-être une forme d'humilité.

Animatrice : Etienne ?

Etienne : Moi, j'pense que le choix effectivement quand il vient de soi et qu'on n'est pas trop contraint, j'pense qu'il se fait sans trop de difficultés. Et puis l'expérience est effectivement très tentante. J'pense que lorsqu'on est étudiant, par exemple, et que l'on veut mener un certain type d'études, toutes les écoles ne font pas les disciplines forcément que l'on aimerait suivre et on est à même, même si on habite à Lille, on est à même d'accepter de suivre nos études à Strasbourg, par exemple. Et ça se fait, en fait, sans trop de problèmes, parce que le choix vient de nous et on est en fait très très contents de faire cette expérience. Alors, c'est vrai que lorsque l'on est salarié d'une d'une boîte et qu'il y a un ultimatum et que c'est la condition *sine qua non* pour continuer à vivre, le problème se pose de façon très différente, effectivement.

Laurence : Puis, c'est aussi le choix. Vous citiez le choix de partir dans une certaine ville de province qui offre une certaine possibilité d'études, ce choix-là, il présente un intérêt, il est profitable, il est valorisant. On a toujours présenté la délocalisation comme : « on envoie tout le monde en province, au fin fond etc. etc. ». C'est pas un choix, c'est pas valorisant euh voilà !

Pourquoi la délocalisation ?

Animatrice : Est-ce que vous croyez que la délocalisation, c'est aussi pour faire bouger les Français, parce qu'ils sont connus pour peu déménager, pour rester dans la même ville pendant des années, euh complètement à l'inverse des Américains, par exemple. Laurence ?

Laurence : Ce choix, ça a pas été un choix généreux ! Euh on l'a pas fait pour les gens, pour faire bouger les gens et parce que ça allait leur faire du bien. Ce choix, il est politique, il est… il répond à d'autres intérêts que le bien-être ou l'ouverture d'esprit des gens. Faut pas se raconter des histoires !

Animatrice : Delphine ?

Delphine : Oui, non, j'suis tout à fait d'accord. J'pense que ça c'est un autre pan d'une politique de décentralisation et de faire vivre des, enfin… la province. En même temps, les lieux qui sont choisis, Strasbourg, Toulouse, c'est déjà des lieux qui sont développés où l'industrie est installée où la… ce sont des grandes villes. Donc une véritable délocalisation, ce serait également un choix d'autres, d'autres lieux.

Animatrice : D'autres lieux, lesquels ?

Delphine : Ben des provinces qui sont en train de de mourir. Parce que je pense que Strasbourg, enfin, en tant que capitale de l'Europe, se porte bien et que si on voulait vraiment délocaliser c'était pas à Strasbourg qu'il fallait qu'il fallait le faire.

Animatrice : Ne faut-il pas un peu céder à l'État pour que le pays aille mieux, Delphine ?

Delphine : Je trouve la question un peu… céder quoi ?

Animatrice : Dire et ben on part quand même en province, puisqu'il le faut, quitte à revenir sur Paris euh.

Delphine : Oui, j'pense pas que les individus soient aussi aussi généreux surtout en face d'une entité comme comme celle de l'État. C'est quand même assez abstrait, même si y a des organes concrets mais j'pense pas que ce soit en tout cas dans les mentalités françaises.

Animatrice : Laurence ? Marie-Jo ?

Marie-Jo : Moi, j'pense que l'individu passe beaucoup trop de temps à se plaindre.

▋▋▋ DOSSIER COMPLÉMENTAIRE : Les Français de l'an 2000

P. 210, table ronde A : La télévision : quelle influence sur nos modes de penser ?

Que regardez-vous à la télé, et pourquoi ?
Animatrice : Les jeux télévisés, ça t'intéresse pas non plus ?

Renaud : Les jeux, heu, j'trouve qu'on s'en lasse rapidement, au début je regardais heu de temps en temps genre *La famille en or, La roue de la fortune*… Bon c'est gentil heu trois ou quatre fois, quoi, mais euh, après heu, on s'rend compte que y a, y a rien là-dedans, quoi. C'est c'est c'est uniquement commercial, euh, enfin y a, c'est pas profond du tout, quoi ! c'est…

Animatrice : Anne-Sophie, tu es d'accord avec Renaud ? Tu crois que *La roue de la fortune* n'apporte rien ?

Anne-Sophie : Non sincèrement, moi ça m'apporte un peu de rigolade mais c'est tout, enfin j'trouve ça tout à fait ridicule et euh, non, même à la limite j'ai honte de regarder des fois ce genre d'émission, parce que j'trouve ça totalement inintéressant, quoi.

Animatrice : Est-ce que vous regardez les journaux télévisés ? Grégoire ?

Grégoire : Oui, mais irrégulièrement, par manque de temps plus que par manque d'intérêt. La radio me suffit à ce niveau-là. Les images, euh, ce sont de plus en plus des images « choc » qui sont pas forcément nécessaires.

Animatrice : Quel type de radio ?

Grégoire : France-info.

Animatrice : L'information à l'état pur.

Grégoire : Ben pour l'information oui, sinon, euh, musicale, mais ça c'est… complètement différent.

Animatrice : Christelle, tu regardes le JT ? Ce qu'on appelle dans notre jargon le JT, le journal télévisé ?

Christelle : De temps en temps… quand j'ai le temps, sinon euh, non.

Animatrice : Vous lisez beaucoup par ailleurs ? Vous lisez plus que vous ne regardez la télévision ? Nathalie ?

Nathalie : Ouais moi j'lis énormément, parce que j'fais du théâtre donc euh je suis obligée de lire. Et, oui, j'préfère lire que regarder la télé. Ça m'apporte autre chose.

Animatrice : Si tu n'étais pas obligée de lire, tu lirais quand même ?

Nathalie : Ouais.

Animatrice : Et les même choses ?

Nathalie : Certainement oui.

Animatrice : Par exemple ?

Nathalie : Bien toutes les pièces de théâtre qui m'plaisent, les auteurs que j'aime bien.

Cécile : Et j'trouve qu'on prend plus le temps de lire que d'regarder la télévision parce qu'on peut lire n'importe où, alors que pour regarder la télévision, il faut être chez soi devant le poste, aujourd'hui on a plus de temps pour lire.

Animatrice : Quand vous étiez petits vous regardiez beaucoup la télévision ? Renaud ?

Renaud : Euh ouais ouais, beaucoup, beaucoup, beaucoup, ouais.

Animatrice : Plus qu'aujourd'hui ?

Renaud : Beaucoup plus ouais, beaucoup plus. Ben, y a beaucoup plus d'émissions, dites de jeunesse, de qualité. Parce que j'pense qu'en France les émissions de jeunesse sont de qualité, que pour nos âges euh c'est très très limité quoi. Donc on fait une sélection plus importante, on est peut-être un peu plus euh sévère vis-à-vis du programme. On juge de façon un peu plus stricte et, euh, on regarde un peu moins n'importe quoi. On n'regarde plus la télévision pour regarder la télévision, comme je faisais plus jeune, maintenant on regarde pour s'informer ou pour vivre une belle histoire en regardant un film, mais plus pour être devant un écran de télévision. Alors que, c'est vrai que, jeunes, on a souvent le réflexe de s'installer devant le poste de télévision, de zapper, euh, pour s'occuper, tandis que là, j'pense que, quand on gran-

dit, c'est de moins en moins ça. On va pour regarder quelque chose de précis.

Animatrice : La télévision, c'est plus un moyen d'rêver à vos âges ?

Renaud : Ah si, si ! C'est quand même un moyen d'rêver, si, si, si, si.

Animatrice : Grégoire ?

Grégoire : Je suis entièrement d'accord, c'est quand même un divertissement, pour moi ça reste un divertissement.

Animatrice : Elle te vide la tête ?

Grégoire : Ah non non ! un divertissement on n'est pas obligé de complètement être abruti, c'est pas…, j'veux dire c'est pas…, la télé c'est…, enfin moi j'trouverai un exemple euh plus large, c'est-à-dire que, actuellement *ARTE* a très peu d'audience parce que c'est, c'est peut-être trop trop ciblé. Très peu de gens s'intéressent à chaque sujet, qui sont peut-être passionnants en eux-mêmes, mais comme c'est pas notre sujet de prédilection… comment dirais-je, moi j'trouve qu'ils sont trop ciblés, ils sont trop pointus.

Animatrice : Trop culturels ?

Renaud : Ouais, trop culturels à tout prix, quoi. Vouloir faire d'la culture à tout prix, ça en devient aberrant, quoi, c'est euh, on regarde deux minutes, on s'endort. Honnêtement, mettre de la culture dans un dans un cadre attrayant, c'est, c'est agréable mais la culture pour la culture, c'est c'est c'est mortel, quoi.

Les sports à la télé :

Animatrice : Et tu regardes pas les émissions de sport à la télévision ?

Christelle : Si, c'est, le plus je dirais, mais quand c'est un sport qui m'intéresse, sinon dès que c'est du foot ou comme ça, c'est pas la peine, quoi, donc euh…

Animatrice : Y en a assez, selon toi, du sport à la télévision ?

Christelle : Y en a trop, mais trop de sports, c'est trop les mêmes sports, quoi, toujours tennis, foot, c'est vraiment lassant à force. Ils devraient passer des des sports plus, euh, moins connus, plus spectaculaires que taper dans un ballon, ça n'a rien de, de passionnant, quoi.

Animatrice : Renaud, tu n'es pas d'accord avec elle ?

Renaud : Pas du tout, pas du tout, du tout ! Non, j'trouve que le sport euh si j'ai le câble c'est en partie pour le sport. Parce que bon moi j'adore le sport de toute manière donc, bon j'en fais, donc j'aime bien mais euh… c'est vraiment une question de goût, euh bon ben, il s'trouve que l'football, le tennis sont les sports les plus populaires, donc ce sont les sports auxquels on s'identifie peut-être le plus. Bon euh, quand on est en plus chauvin, euh, ça fait euh… bon c'est vrai qu'on a l'impression à la limite de jouer avec eux. Enfin moi j'sais qu'j'suis très chauvin, très, euh, équipe donc euh…

Animatrice : En général tu regardes les matches avec des des copains ?

Renaud : Ouais, ça arrive ! ou, bon, de temps en temps, j'y vais souvent aussi mais quand j'suis chez moi c'est qu'j'ai pas pu y aller, donc ouais de temps en temps avec des copains, mais, euh, euh, euh, moi j'aime bien le sport, quoi. C'est, euh, disons que le sport est encore un spectacle, euh, où y a pas trop enfin, où la tricherie ou peut-être le côté un peu subtil et malhonnête ne se voit pas… parce que, bon, on pourra toujours m'répondre on pourra toujours m'répondre qu'il existe, mais lorsqu'on le regarde à la télévision, euh contrairement à, aux « reality-shows » ou aux trucs dans c'genre, où c'est vraiment, où la…, où on nous trompe, mais on nous prend pour des imbéciles, quoi j'comprends même pas comment on peut regarder un truc comme ça, sans être un un cré-tin, euh, le sport au moins c'est, les deux équipes sont là normalement pour gagner, se battre, pour gagner, donc euh, c'est plus moral, que, que les émissions où vraiment on nous prend pour des imbé-ciles quoi, c'est, euh…

Animatrice : Anne-Sophie, j'vous voyais sourire ?

Anne-Sophie : Oui, oui, ça m'fait sourire mais dans la théorie, je pense, je pense que c'est vrai. Voir un beau match, bon d'accord, c'est bien, mais, euh à la limite, je trouve qu'il vaut mieux avoir un match, euh, dans un petit village comme ça, bon où y a on sait qu'y a pas d'argent, c'est, c'est le jeu pour le jeu. C'est, c'est vraiment deux équipes, une en face de l'autre, mais juste après un match, quand on voit les informations, et quand on voit c'qui s'y passe, sur les terrains, j'me demande si vraiment c'est c'est l'jeu pour le jeu, quoi.

Christelle : Ça c'est l'opinion de chacun, hein ! Y en a qui aiment le foot, d'autres qui n'aiment pas. Moi j'aime la gymnastique, toi t'aimes le foot, euh si… chacun a son choix, quoi.

« On nous prend pour des imbéciles » :

Animatrice : Vous croyez que les journalistes et les animateurs sont vides de toute déontologie, ils ont plus du tout de règles qui régit *(sic)* leurs émissions ?

Renaud : Oui, maintenant, j'pense que oui.

Anne-Sophie : Moi, c'est c'que j'pense… enfin on a cette impression quoi. On nous prend vraiment pour des imbéciles, ils s'conduisent n'importe comment, y a, y a aucune moralité, enfin j'sais pas, non j'ai j'ai vrai-ment l'impression que c'est un, c'est, c'est dégoû-tant, quoi. C'est, non, y a pas d'morale, c'est…

Animatrice : Grégoire ?

Grégoire : Non, moi j'pense, j'pense que c'est une généralisation hâtive. À mon avis, y a énormément, mais justement, on retient toujours c'qui nous gêne, on retient pas tout c'qui… et c'est vrai que, à la limite, on n'a plus tellement le choix maintenant, y a pas d'alternative, la télé elle est quand même assez constante, à part quelques chaînes genre *Canal Plus* ou le câble, bon je n'connais pas. Mais, heu on peut pas dire que tous les journalistes cherchent à tout prix à choquer les gens, à les blesser, qu'ils ont complète-ment perdu le sens de leur leur métier, ça ça m'paraît dur, un peu, quand même.

Anne-Sophie : J'suis d'accord, mais heu, bon, le le problème c'est que malheureusement on voit que ceux qui ont plus de moralité, bon bien sûr il en existe qui ont encore de la moralité, mais ceux-là on n'en veut pas, ils sont pas intéressants, ils font pas assez « choc », ils sont pas assez heu.

Renaud : Moi j'suis pas d'accord dans le sens que maintenant un transfert de de de de journalistes sur une autre chaîne, à la limite, fait la une, on parle même plus des autres actualités, c'est c'est c'est toujours le journaliste qui passe là-bas qui est le plus important. Quand on voit que Patrick Poivre d'Arvor qui s'appelle même PPDA, bon on dirait un joueur de foot, JPP, maintenant on donne même des diminutifs aux pré-sentateurs, c'est très bien bon, c'qui prouve qu'ce sont des stars, alors est-ce que c'est le présentateur qui doit être une star ou justement est-ce qu'il doit se mettre en recul pour que ce soit l'information qui vien-ne au premier plan, moi j'ai vraiment l'impression que les animateurs veulent devenir, heu, l'argument princi-pal pour faire vendre une émission.

L'audimat :

Renaud : Ils doivent faire de l'audimat, bon ben ça c'est la règle, hein, c'est pas eux qui sont en cause, c'est le système, ils doivent faire de l'audimat euh. Que, que faire pour que des des des informations qui normalement doivent présenter les mêmes sujets, parce qu'il se passe exactement la même chose, soient plus attrayantes sur une chaîne que l'autre ? Bon ben faut un, faut un animateur, plus, je sais pas moi, plus, qui a plus de charme, ou heu, j'sais pas, mais on on sort du cadre de l'information, parce que j'pense que les journalistes sont aussi pro-fessionnels sur *Antenne 2,* qu'sur *TF1,* qu'sur *FR3* qu'sur *Canal Plus* mais le problème c'est la façon de présenter les infos les informations.

Animatrice : Mais ils n'ont pas les mêmes moyens sur une chaîne privée que sur une chaîne publique, non plus ?

Grégoire : À mon avis, c'est pas une question de moyens, la différence des chaînes, c'est une question de politique de la chaîne. Ils n'font pas forcément c'qu'ils veulent à mon avis parce que justement ils s'font virer dans ces cas-là. C'est, heu, j'suis persua-dé qu'les les chaînes ont, bon le problème c'est qu'maintenant les chaînes, même les chaînes publiques travaillent à l'audimat, c'est-à-dire qu'ils ont besoin de résultats, donc ils ont tous la même poli-tique, c'est-à-dire attirer le plus, le plus possible de gens, au détriment d'une, d'une information plus complète et peut-être moins intéressante, à vrai dire. Il faut être honnête, si les gens les regardent c'est que ça les attire plus que quelque chose, de, de sérieux entre guillemets bien-sûr. Heu quant au scoop à tout prix, à mon avis heu, c'est pareil, les reporters, heu, peuvent faire autant d'abus qu'le présentateur en montrant les images « choc ». S'il ne cherche que le scoop, il verra, il n'verra rien à côté.

L'influence de la télé :

Animatrice : Est-ce que vous croyez qu'la télévision peut changer le cours de l'Histoire, peut changer les choses ?

Grégoire, Renaud, Cécile : C'est déjà fait, oui c'est déjà fait.

Animatrice : Quel exemple concret ? Grégoire ?

Grégoire : Heu tout à l'heure quelqu'un a dit : « on n'est plus influencés à notre âge à la télé », moi j'pense qu'on l'est… on en est moins conscient, mais on l'est toujours autant à mon avis, la preuve on a on a beaucoup à en dire, elle rentre quand même beaucoup dans notre vie et rien que là, elle nous influence.

Animatrice : Renaud ?

Renaud : J'trouve qu'on émet plus de critiques, mais je je pense pas qu'elle nous influence. Je ne pense pas qu'elle nous influence dans la vie de tous les jours quoi. Enfin moi personnellement je n'pense pas. Mais la télévision j'ai envie de dire quotidienne, telle qu'on la voit tous les jours, à moins vraiment d'un événement extraordinaire j'pense pas qu'elle modifie vraiment notre comportement quoi. À tel point que j'trouve le le problème en Yougoslavie choquant parce que, heu, on nous montre la guerre de Yougoslavie à longueur de temps, heu, mais, est-ce qu'on sait vraiment quel est le problème là-bas ? Je m'demande pourquoi y a pas de débats, de débats mais avec des gens représentant vraiment, heu, tout le monde, euh, qu'ils feraient avec des spécialistes, des personnes qui poseraient des questions et qui feraient vraiment comprendre à tout le monde ce qui se passe là-bas.

Anne-Sophie : Quand tout à l'heure on disait qu'la télévision nous influençait plus, moi j'suis pas d'accord parce que bon, euh, j'pense que ça nous influence puisque maintenant ça y est, on est habitués à ce qu'il y ait la guerre. Elle nous a habitués à voir plein d'horreurs.

Grégoire : On est complètement influencés, on est dans le bain, c'est fini on est dépendants. On vit au rythme de la télévision, la télévision nous montre régulièrement des guerres, donc ça n'nous étonne plus.

Anne-Sophie : Ça ne nous émeut plus, on a l'habitude, on est rôdés.

Grégoire : Moi j'trouve, qu'on est justement complètement influencés par la télévision, qu'on le veuille ou non d'ailleurs.

▸

P. 217, table ronde B : Les découvertes scientifiques : l'espoir surmontera-t-il la crainte ?

Qu'est-ce que la bioéthique ?

Animatrice : Alors Marie-Jo qu'est-ce que la bioéthique ?

Marie-Jo : La bioéthique ce n'est pas la programmation. La programmation des bébés, c'est un sujet tabou à l'heure actuelle, fait partie des problèmes que se pose la bioéthique. La bioéthique c'est en fait un ensemble de règles morales qui tendent à définir une conduite par rapport à toutes ces fécondations, à toutes ces manipulations génétiques.

Animatrice : La fécondation in vitro euh…

Marie-Jo : Ben, par exemple, oui.

Animatrice : Oui mais on dit que dans quelques années on pourra choisir la couleur des yeux de son bébé… on pourra euh…

Marie-Jo : Ben ça, j'espère que ça n'sera jamais autorisé mais ça fait partie des choses qui sont possibles dès maintenant, qui sont déjà possibles.

Animatrice : Et vous croyez qu'on peut aller jusqu'où dans la bioéthique ?

Marie-Jo : C'est pas à moi de le définir. J'crois que le gros danger de la bioéthique c'est effectivement, c'est c'qu'on appelle l'eugénisme euh euh c'est quelque chose de très dangereux. On a déjà vu c'que ça a pu donner à une certaine époque. Maintenant euh…

Animatrice : Euh Marie-Jo ?

Marie-Jo : Oui ?

Animatrice : J'vous coupe deux minutes. Eugénisme, c'est quoi ?

Marie-Jo : C'est le débordement de la sélection et c'est la manipulation euh par la médecine et par le savoir pour obtenir une domination d'un groupe d'humains sélectifs.

Pour ou contre les manipulations génétiques :

Animatrice : Laurence, on vous dirait aujourd'hui vous programmez votre enfant comme vous l'voulez, vous le feriez ?

Laurence : Non… non.

Animatrice : Pour des raisons de de morale surtout ?

Laurence : Non ! Pour des raisons de… C'est une des rares choses qu'on peut faire avec un petit peu de spontanéité, un petit peu d'élan, un petit peu d'enthousiasme. Vraiment non ça c'est… y a, y a… non. Avant l'enfant y a des tas d'choses qui seraient plus simples à, enfin plus évidentes, à programmer déjà, les horaires d'avion, par exemple, des choses comme ça, pour les correspondances. Mais sans sans rire non non.

Marie-Jo : On est passé par l'époque « un enfant quand je veux » qui a été donc possible grâce à la contraception ; on est maintenant à l'ère du « un enfant quand je veux et comme je veux » et ça c'est là où se situent justement les limites que sont chargées de définir la bioéthique *(sic)*.

Animatrice : Les aspects positifs quand même de la bioéthique il y en a forcément ? On peut éviter des maladies graves, par exemple.

Marie-Jo : Bien sûr, il faut en parler parce que c'est là-dessus qu'on se penche à l'heure actuelle et non pas sur la programmation des enfants mais sur effectivement euh, on va dire un terme que j'aime pas bien employer, sur l'éradication de certaines tares génétiques.

Animatrice : Vous croyez que les chercheurs ont un rôle à jouer euh par des gestes symboliques, dire : « on arrête tout » parfois... arrêter les recherches ou se retirer de...

Marie-Jo : Non je crois qu'on est dans un dans une évolution qui vaut quand même le coup sur le plan de la recherche mais qu'il faut réussir à canaliser et à maîtriser ces choses-là. Euh on a créé le *Comité d'éthique*, le *Comité des sages* qui est donc chargé de se poser les problèmes puisque justement y a pas de législation, et qui traite les dossiers euh d'une manière ponctuelle. C'est-à-dire que, quand y a un problème qui peut passer en procès, euh le dossier est étudié, parc'qu'il passe quand même en procès hein, le dossier est étudié par le *Comité d'éthique*.

Animatrice : Et ça suffit ?

Marie-Jo : Euh j'pense que ça suffit pas mais j'pense que c'est tellement difficile de légiférer sur des cas particuliers parce que c'est une histoire de cas particuliers. Maintenant quant à la recherche et aux dangers qu'elle présente euh j'crois que c'est aussi aux chercheurs de d'essayer de tracer certaines limites à ça.

Animatrice : Donc en fait, il y a le meilleur avec le traitement, la disparition des maladies génétiques gravissimes.

Marie-Jo : Et le danger du pire.

Choisir le sexe de son enfant :

Animatrice : Sans aller jusqu'à choisir euh la couleur des yeux ou la couleur des cheveux d'un enfant, on peut aujourd'hui choisir le sexe d'un enfant. Est-ce que ça, vous seriez prête à le faire, Delphine ?

Delphine : Non pas du tout. Moi j'pense qu'il faut laisser euh ben à la vie qu'on va donner enfin le choix du le choix de la vie, du destin, du « hasard et de la nécessité » j'oserais dire. Don euh moi j'veux absolument pas ni même savoir avant par les procédés euh d'écographie le sexe de mon enfant donc *a fortiori* ne pas déterminer à l'avance.

Animatrice : Marie-Jo ?

Marie-Jo : Le choix du sexe d'un enfant, bien sûr comme le dit Delphine ne doit pas être euh programmé. Par contre cette programmation peut être utile en cas de tares héréditaires.

Animatrice : Laurence, admettons que vous ayez déjà trois garçons. Vous voulez une fille, vous faites ce choix de choisir le sexe de l'enfant ?

Laurence : En admettant que j'aie trois garçons et que je veuille absolument une fille – je ne sais pas – peut-être oui, peut-être.

Delphine : Pourquoi pas adopter à c'moment là ?

Laurence : Non parce que l'adoption pose des gros problèmes, c'est quinze ans de procédure c'est etc., etc. Si j'ai les moyens moi de faire un enfant, j'vais pas aller me compliquer l'existence à en adopter un. Et si effectivement j'ai trois garçons et que je souhaite et que mon époux, compagnon etc. souhaite aussi une fille et qu'on me donne des moyens sûrs euh et pas compliqués de le choisir, oui oui oui, si j'ai vraiment envie d'une fille, oui.

Marie-Jo : Ça fait partie des choses qu'on ne souhaite pas.

Laurence : Quoi ?

Marie-Jo : En bioéthique justement c'est cette possibilité-là.

Laurence : Oui mais euh...

Marie-Jo : Parce que sinon tous les débordements sont permis, à partir de là tous les débordements sont permis.

Laurence : Oui mais tel que le contexte était posé : trois garçons et j'ai vraiment vraiment vraiment très envie d'une fille, je peux la faire.

Marie-Jo : Eh bien, il faut faire quatre garçons, cinq garçons et la sixième sera peut-être une fille.

Laurence : Mais non si j'ai très envie d'une fille, ça serait dommage de mettre au monde un garçon qui va supporter euh cette espèce de rancœur que j'aurai à son égard de ne pas être une fille etc. etc. Mieux vaut que j'aie ma fille.

Marie-Jo : Non mais je ne vois pas la différence entre choisir le sexe d'un enfant et choisir la couleur de ses yeux. C'est le principe exactement le même.

Laurence : Pour moi, cette discussion, elle est un petit peu abstraite parce que je n'ai pas encore fait d'enfants euh. Ce sont des problèmes qui doivent se poser en contexte, c'est des problèmes de conscience à des moments X, des temps T euh.

Marie-Jo : Laurence, pour vous peut-être, mais ce sont des problèmes qui se posent d'ores et déjà pour certaines personnes.

Laurence : Oui.

Marie-Jo : C'est pour ça que j'ai dit tout à l'heure : « un enfant quand je veux et comme je veux ». C'est la discussion et le débat actuels, c'est pour ça qu'existe ce comité.

Animatrice : Bientôt vous croyez qu'on pourra aboutir à la garantie d'un enfant sans défauts ?

Marie-Jo : Je l'voudrais surtout pas.

Animatrice : Mais c'est de l'ordre du possible avec la science d'aujourd'hui.

Marie-Jo : D'un enfant qui va naître sans maladies graves, on le souhaiterait. D'un enfant qui va naître sans défauts, il faudrait d'abord définir ce que vous appelez par « défauts ».

Animatrice : Oui, c'est une manière de parler.

Delphine : Défaut de non conformité ou vice caché.

François : Et garanti six ans.

Marie-Jo : J'pense que l'défaut est nécessaire pour créer une société.

François : Tout à fait oui.

P. 224, table ronde C : L'ouverture à l'Europe

Nous ne sommes pas très concernés :

Animatrice : Alors, autre sujet, à la fois de politique intérieure, et de politique extérieure on l'a vu il y a pas longtemps avec le référendum sur Maastricht, c'est l'Europe, qu'est-ce que vous pensez de l'Europe ? Vous êtes prêts à affronter l'Europe de demain ? J'sais pas si affronter c'est le bon terme. Cécile ?

Cécile : Depuis très très longtemps on nous parle de l'Europe, on nous avait dit en 92, vous allez voir tout va changer. On est en 92, pratiquement en 93 et pour l'instant j'ai pas vu vraiment beaucoup de changements. Nous en tant que encore lycéens ou étudiants, on n'est pas encore très très concernés, y a rien qui nous ait encore changé notre vie par rapport à l'Europe. Donc, heu, oui j'm'y intéresse, mais j'me sens pas particulièrement concernée.

Animatrice : Et toi, Grégoire ?

Grégoire : Pour moi, à mon avis, c'est, de toute façon une obligation économique, c'est vrai que, à notre, à notre échelle on s'en rend pas compte, à mon avis au niveau des pays, des gens qui gèrent les états, c'est beaucoup plus visible et ça le sera encore plus. Heu c'est vrai qu'aujourd'hui on la subit un peu plus qu'on ne la fait, quoi. Personnellement, à part d'être engagé, heu, dans des affaires qui, qui s'y rapportent, on n'a pas beaucoup de, de pouvoir sur euh, sur ce qui va se passer, mais a priori j'pense pas que les gens qui dirigent le pays aient envie de, de se suicider, quoi ils vont pas... j'suis, j'suis plutôt optimiste, hein.

Renaud : Moi personnellement j'la sens très mal parce que j'ai l'impression qu'on l'a faite dans un climat économique catastrophique et que Maastricht a été signé en tant que bouée de secours et non en tant que quelque chose qui peut nous faire progresser. Alors je pense que si on avait fait Maastricht dans un... essayer de progresser quand économiquement c'est désastreux, je sais pas si c'est la le meilleur départ pour quelque chose ou pour quelqu'un d'ailleurs.

Animatrice : Grégoire et puis après la question de Cécile.

Grégoire : Ouais ben j'sais pas, on n'essaie pas... on n'essaie pas d'apprendre à nager à quelqu'un qui est en train de se noyer.

Renaud : Mais apparemment c'est, c'est c'est c'qu'on essaie de faire là ?

Grégoire : Ah non, moi j'suis pas d'accord c'est... y a tellement de problèmes qu'il faut bien... on peut pas... on peut pas ne pas s'en préoccuper et essayer de continuer, il faut d'abord résoudre ces problèmes

ensuite on, on pourra aviser. C'est bien pour ça qu'elle est en plusieurs étapes cette Europe.

L'Europe oui, Maastricht non :

Renaud : Non, mais moi j'pense qu'il aurait mieux fallu que heu chaque pays, justement, essaie de résoudre ses problèmes, ses problèmes et qu'il attende pas de Maastricht et des autres pays qu'ils résolvent les siens, parce que c'est c'est, c'est un peu trop facile de signer quelque chose en espérant un salut des autres. Moi j'pense qu'il faut d'abord s'prendre en charge et que à ce moment-là, quand on est prêt à faire un pas en avant, on l'fait mais faire un pas en avant quand soi-même, heu, on est dans une situation, heu, vraiment catastrophique, heu je pense pas qu'ce soit vraiment positif, quoi. Et en tout cas, je pense pas qu'les bases soient solides pour construire quelque chose de durable.

Grégoire : Mais moi j'pense qu'à ce moment-là, ce serait, chacun pour soi et la loi du plus fort. Les états plus puissants pourraient...

Renaud : Non, non, c'est pas c'que j'dis du tout. C'est pas c'que j'dis du tout, pas du tout. J'dis que pour moi l'Europe est une heu, à la limite, c'est logique, on doit aboutir à L'Europe mais y a un moment d'la faire, l'Europe, faut pas se précipiter, heu.

Animatrice : La question de Cécile.

Cécile : Moi, j'ai quelque chose à dire : l'Europe ça fait quand même pas, heu, depuis quelques années qu'on la fait, ça fait au moins depuis le traité de Rome qu'on fait l'Europe... c'est pas... si récent qu'ça. On l'a préparée depuis assez longtemps. Beaucoup de Français critiquent le traité de Maastrich, mais personne n'est vraiment capable de le comprendre.

Renaud : Tu vas complètement dans mon sens, à savoir que justement l'Europe on était en train de la faire, elle existe depuis le traité de Rome donc, c'est c'que j'pense, Maastricht c'est, pour moi, c'est la bouée de secours. On avait pas besoin de Maastricht pour l'instant pour faire l'Europe. L'Europe prenait son cours, heu, existait déjà.

Animatrice : Anne-Sophie ?

Anne-Sophie : Non, moi j'pense pas vraiment non plus qu'ça a été le bon moment quoi. Pratiquement tous les pays de de l'Europe traversent actuellement une crise, et, heu, j'pense que dans les mentalités, ça a été trop vite, quoi, enfin j'en j'en avais parlé avec avec quelques personnes qui, ont, justement donc voté pour ce référendum, des jeunes, et, heu, y en avait un qui m'disait : mais moi j'm'identifie pas aux Allemands, et, heu, c'est pas du jour au lendemain qu'on va pouvoir me dire que j'suis comme un Allemand, que j'suis... dans la même Europe et, heu, c'est un détail, mais c'est, c'est, c'est pas vraiment un détail dans les mentalités, c'est-à-dire qu'on n'est pas du tout, heu on n'est pas du tout évolués et que, heu, non j'pense pas qu'ça pourra aboutir avec des raisonnements comme ça, enfin.

Cécile : Justement, on demande pas à s'identifier, c'est pas parce qu'on va être douze unis qu'on va devenir... on sera Européens, OK, mais on restera avant tout Français, et Allemands si on est Allemands.

Grégoire : Pour le moment on ne demande rien de changer au niveau des sociétés, on ne demande pas de s'habiller à l'allemande, de manger à l'allemande, c'est juste une question d'économie, c'est une question de, pouvoir faire repartir une économie d'ensemble c'est-à-dire pouvoir améliorer le, ben, tout c'qui est...

C'est important d'apprendre une langue étrangère ?

Animatrice : Alors pour le moment par contre on vous demande peut-être d'apprendre des langues étrangères pour pouvoir mieux communiquer avec, heu, avec les voisins. Oui c'est le cas, vous apprenez beaucoup de langues étrangères ? Cécile ?

Cécile : Moi j'apprends deux langues vivantes et une langue morte... qui sont anglais, allemand, latin.

Animatrice : Anne-Sophie ?

Anne-Sophie : Moi pareil, j'me lance vers le chinois, mais bon.

Animatrice : On sort du cadre de l'Europe !

Anne-Sophie : Oui.

Animatrice : Renaud ?

Renaud : Oui, moi j'apprends, heu, j'ai appris l'anglais, l'espagnol mais heu, bon, ouais.

Animatrice : Est-ce que vous allez apprendre davantage les langues maintenant que l'Europe va se faire ? Parce que plus concrètement vous allez devoir les utiliser bientôt parce que dans quelques années vous serez sur le marché du travail si vous n'y êtes pas déjà et peut-être que vous irez chercher du travail, heu.

Cécile : On se rend compte que maintenant on a beaucoup plus besoin des langues qu'avant c'est vrai, et c'est peut-être que ça nous sensibilise un peu plus, mais il reste toujours, il reste un grave problème en France, c'est l'instruction des langues et, elle se fait beaucoup trop tard, comparé aux autres pays européens, on voit qu'on a énormément de retard, donc là on va être justement décalés par rapport aux autres pays européens et ça va être, j'pense qu'ça va être quand même un problème assez important.

Animatrice : Renaud ?

Renaud : Sauf qu'apparemment j'crois qu'on est en train de résoudre le problème dans certaines écoles parce que y a des jeunes qui commencent maintenant en CM1, CM2, même CE2, qui peuvent, heu, commencer à apprendre des langues, donc, j'pense justement, ça c'est un point positif qu'on est en train de s'adapter à cette difficulté, donc, euh, bon, j'pense pas qu'ça soit particulièrement un problème. Maintenant, est-ce qu'on va devoir davantage apprendre la langue qu'avant ? Davantage, j'pense pas. Bon y a une langue internationale, c'est l'anglais, heu, il faut savoir parler anglais, mais, euh, est-ce que le fait de, qu'y ait maintenant un traité euh qui dit qu'y a l'Europe, est-ce que ça va nous faire apprendre

davantage l'anglais ? Non j'pense pas. J'pense que bon peut-être qu'y aura des progrès de faits, on le fera plus tôt bon, mais euh j'pense pas qu'ça va changer fondamentalement les choses, quoi.

Animatrice : Mais il va falloir peut-être s'aligner, heu, sur les allemands par exemple qui parlent très tôt plusieurs langues étrangères et en plus qui sont doués pour ça. Grégoire ?

Grégoire : Oui, c'est vrai, enfin moi j'prends mon cas personnel, heu, quand j'ai commencé les langues en 6e, c'était pas une matière euh très importante, j'avais pas beaucoup de facilité dans cette matière donc c'est pas quelque chose que j'ai travaillé et maintenant j'ai du mal, de fait les enfants qui maintenant apprennent très tôt, ont beaucoup plus de facilité et ça leur ouvrira beaucoup plus de portes, maintenant... donc la langue n'est plus un obstacle que... il faut parler...

Animatrice : C'est une nécessité.

Cécile : C'est tellement agréable d'être bilingue que, en fait, pourquoi pas ?

Animatrice : Agréable comment Cécile ? Agréable pourquoi ?

Cécile : Ben de pouvoir manier deux langues comme ça, j'trouve ça assez intéressant et agréable, parce qu'en plus pouvoir, même par rapport à la littérature, Nathalie qui s'y intéresse beaucoup, c'est pouvoir, de pouvoir lier deux littératures complètement différentes, dans des langues différentes, et d'avoir des styles différents, pourquoi pas ?

Animatrice : Nathalie, justement, tu lis dans le texte des auteurs ?

Nathalie : Des auteurs euh ?

Animatrice : Tu lis Shakespeare en anglais par exemple ?

Nathalie : Non, non pas dans la langue originale, non parce que déjà j'suis pas très très douée en anglais pour le moment, alors heu... je lis des traductions.

Animatrice : Tu aimerais connaître la langue ?

Nathalie : Oui évidemment j'aimerais, j'aimerais la parler, j'aimerais la connaître, mais euh faire tous les efforts qu'il faut faire c'est autre chose.

Animatrice : Christelle on t'aurait euh fait apprendre l'anglais euh toute petite, dès la maternelle, tu tu tu en serais ravie aujourd'hui ?

Christelle : Oui, oui parce que j'pense déjà quand on est plus petit on a plus de facilité pour apprendre, on retient mieux les choses et c'est vrai qu'maintenant c'est quand même essentiel de parler l'anglais quoi, ça sert pour tout.

Animatrice : Anne-Sophie ?

Anne-Sophie : Non j'suis pas vraiment d'accord quand on dit que quand on est tout petit on a plus de facilité bien sûr, mais là on est un peu en train de parler comme des comme des vieux, j'pense que actuellement on a autant de facilité que quand on était petits, mais le problème ça vient aussi de l'enseignement qu'on reçoit, enfin j'pense. Si c'est heu j'sais pas, si c'est quelqu'un de de pas très qualifié qui commence à nous apprendre les langues, j'vois pas pourquoi on progresserait mieux qui si c'était quelqu'un de très qualifié.

Comment on apprend une langue étrangère :

Animatrice : Quelle est la meilleure manière d'apprendre une langue ? C'est d'se rendre dans le pays ? Renaud ?

Renaud : Ouais ouais, ouais sûrement c'est c'est d'être plongé dans dans le milieu, on est obligé de de s'exprimer parce que pour vivre il faut s'exprimer donc heu, y a un effort qu'on fait, euh, un peu par obligation, mais, heu, l'effort qu'on fait il est plus, il est plus réfléchi donc heu, il restera quoi, c'est d'l'acquis. Moi j'pense vraiment que, on apprend ouais il faut aller dans l'pays quoi, il faudrait aller dans le pays.

Cécile : Oui mais un enseignement préalable est quand même nécessaire. On peut approfondir en allant dans l'pays mais pas apprendre vraiment.

Renaud : Si si, j'suis pas d'accord du tout moi. J'dis qu'on peut être très bien heu, avoir aucune connaissance d'une langue et en vivant dans ce pays en quelques mois euh en savoir bien plus que quelqu'un qui a fait quatre ans, même cinq ans d'une langue.

Cécile : Oui mais j'pense qu'il faut quand même avoir au moins un an ou deux ans de grammaire ou de cours avant, et après, après on aille approfondir et augmenter son vocabulaire à l'étranger.

Animatrice : Nathalie ?

Nathalie : Moi aussi j'pense comme Cécile qu'il faut quand même avoir une base de grammaire quand même savoir aligner trois mots pour demander quelque chose à quelqu'un dans la rue. C'est vrai que heu aller dans l'pays c'est quand même mieux pour apprendre mais le reste il faut quand même avoir le minimum de base.

Animatrice : Grégoire ?

Grégoire : Moi j'pense pas. Déjà j'pense qu'il y a deux façons d'aller dans un pays c'est-à-dire il y a la façon d'faire un stage linguistique, c'qu'on appelle c'est-à-dire quinze jours, un mois au maximum. Bon là c'est sûr que si on parle pas avant, on n'a pas le temps en un mois d'apprendre et de toute façon j'pense pas qu'ce soit les stages qui, qui apprennent le plus, puisque, heu, la preuve est que dans la plupart de ces stages, on nous redonne des cours de langue, c'est bien que le fait de, simple, d'être dans le pays ne suffit pas. Heu, c'qui apprend vraiment la langue c'est d'y rester longtemps. Séjourner un an, voire plus, bon ben ça c'est pas à la portée de tout le monde. C'est difficile, ne serait-ce que pour la famille. Heu, on perd complètement ses racines, pour suivre une, un cours d'études normales, bon c'est quelque chose d'assez difficile, mais qui à mon avis est très favorable. Mais, un petit, un petit stage, à mon avis… Enfin par expé-rience j'pense pas qu'ça m'ait apporté grand-chose, seulement le fait d'être en vacances ailleurs, l'intérêt culturel.

Ça sert à quoi les langues ?

Animatrice : Mais vivre à l'étranger et faire ce choix d'vivre à l'étranger c'est aussi une aventure, non ? Anne-Sophie ?

Anne-Sophie : La langue dans son aspect utilitaire pour ensuite quant on reviendra dans son pays dire : « oui, je parle l'anglais », non j'trouve quand même que c'est un peu dommage, si on décide de parler l'anglais, pour moi c'est avant tout pour qu'ça m'permette de communiquer avec des anglais et non pas pour dire : « oui, j'parle l'anglais » et mettre ça tout de suite dans ma profession. J'trouve que bon si on parle l'anglais c'est quand même pour l'utiliser et non pas seulement pour traiter des affaires, pour son travail, c'est aussi pour avoir des contacts avec des anglais, qui aient aucun rapport avec notre vie professionnelle.

Animatrice : Cécile ?

Cécile : La langue n'est pas forcément nécessaire pour avoir des contacts. On peut aller dans un pays, ça aide énormément, mais on peut aller dans un pays et découvrir, avoir des contacts avec les gens sans forcément la parler parce que… Nous on peut parler maximum deux langues couramment et, y a tellement de pays qu'on aimerait bien visiter donc et connaître les racines sans forcément parler la langue.

Anne-Sophie : Bon d'accord, mais bon ça aide beaucoup, j'pense.

Animatrice : Quelle idée vous avez des pays étrangers ? Comment vous les regardez ?

Nathalie : S'faire une idée c'est assez difficile, de toute façon ils ont pas la même façon d'vivre que nous, donc, heu, là non plus on peut pas être objectifs, en fait, tant qu'on fait pas partie du pays, heu, on peut pas s'prononcer, j'pense pas.

Animatrice : Est-ce que vous vous sentez avoir une communauté d'esprit avec les Francophones cette fois, avec les Québécois, avec les Suisses ? Christelle ?

Christelle : C'est pas évident à répondre, ça dépend, du point de vue qu'on se place (sic). Certaines personnes vont répondre « oui ». Moi je sais pas, personnellement j'ai pas de…

Animatrice : D'idées sur la question. Grégoire, vous en avez une vous ?

Grégoire : Ouais, heu, non, j'pense qu'on peut pas s'sentir heu… la communauté… Le seul fait c'est qu'ça nous rapproche, on peut beaucoup plus facilement les comprendre. Donc si on a des liens, on peut beaucoup plus facilement s'en rendre compte, mais ça… la langue ne suffit pas, la langue n'est pas une culture en soi.

Animatrice : Renaud ?

Renaud : J'pense au contraire qu'y a une culture francophone et, euh, à Québec, des villes comme ça, euh, et bon en Europe hein, Suisse, Belgique, heu, j'trouve qu'y a quand même une une manière de vivre, heu qu'on retrouve dans les pays francophones, heu enfin j'peux pas, je peux pas tellement expliquer comment, mais heu, j'pense vraiment qu'y a enfin une espèce de tradition, quoi, francophone.

Animatrice : Cécile ?

Cécile : Moi j'me sens pas du tout proche des Suisses, ni des Québécois, c'est pas parce qu'on parle français et qu'ils parlent français qu'j'me sens proche d'eux. La langue n'est pas forcément une, une façon d's'rapprocher.

Animatrice : Grégoire ?

Grégoire : J'prendrai un exemple plus marquant, j'pense pas qu'y ait de rapports heu disons c'est des gens identiques, mais au niveau de la culture y a aucun rapport entre des Québécois, des Suisses, des Maghrébins et des gens qui habitent à Djibouti par exemple et pourtant ils parlent tous français. Et c'est pas pour ça que ces gens peuvent s'entendre, mais ils ont pas la même culture. On peut s'sentir proches à ce moment-là, on s'sent proches en tant qu'êtres humains, mais c'est tout.

Table des matières

Thématique	Contenu grammatical	Types de textes oraux et écrits	Activités orales et écrites
		• La régression française (pp. 80 à 82) *(analyse sociologique)* • Citations sur la morale (p. 83) *(texte humoristique)* • Antigone et Créon (pp. 84–85) *(théâtre)*	•Débat sur un problème de société • Rédaction d'un questionnaire • Analyse écrite du sondage • Synthèse des résultats • Entraînement (p. 86)

Dossier 2 : *Les Français et l'argent*

Thématique	Contenu grammatical	Types de textes oraux et écrits	Activités orales et écrites
Page 88 **A. Dis-moi ce que tu consommes, je te dirai qui tu es :** • La consommation aujourd'hui • Les objets de consommation • Les problèmes d'argent • Le comportement du marché	• L'expression de la quantité (partitifs et quantifiants de verbes et de noms) • La cause/la conséquence, la condition, la nominalisation • Les relations d'intensité (plus... plus.../moins... moins...) • L'emploi du conditionnel passé • Tableau grammatical (p. 91)	• Micro-trottoir A : qu'est-ce qui vous fait le plus plaisir à acheter ? (pp. 88 à 90) • Les dilemmes d'une consommatrice type (pp. 92 à 94) *(description de comportements)* • Avis au consommateur ! (pp. 95–96) *(analyse de comportements économiques)* • Jérôme et Sylvie ou l'argent-obsession (pp. 97 à 99) *(littéraire descriptif)*	• Interviews, discussions et analyses • Jeux de rôles de type économique • Rédaction d'une analyse sur les habitudes de consommation • Courrier des lecteurs • Portrait type • Publicité pour un produit de consommation • Entraînement (pp. 100 –101)
Page 102 **B. Les cordons de la bourse :** • Les salaires et le niveau de vie • Le pouvoir d'achat • La rémunération • La fiscalité • Le chômage • Les classes sociales	• Les pronoms EN, Y • Les pronoms relatifs • Le subjonctif (finalités, propositions relatives) • La cause et l'explication • Les types de phrases sans verbe • Tableau grammatical (pp. 104-105)	• Micro-trottoir B : à votre avis, est-ce qu'il faut un peu, assez ou beaucoup d'argent pour vivre bien ? (pp. 102 à 104) • Les nouveaux fauchés (pp. 106 à 108) *(descriptif avec interviews)* • L'argent-roi (pp. 109 à 112) *(analyse économique de type historique)* • L'argent dans la vie d'une romancière célèbre (pp. 113–114) *(interview)* • Le nœud de vipères (pp. 115–116) *(confession littéraire)*	• Jeu de rôles (à la banque) • Discussions • Résumé oral • Interview • Rédaction d'un texte polémique pour le courrier des lecteurs • Rédaction d'un texte à orientation économique • Résumé écrit • Dissertation • Entraînement (p. 117)
Page 118 **C. Le bas de laine :** • Les économies et l'épargne • Les types de dépenses • Les types de placements • La caractérisation des épargnants	• L'organisation et l'enchaînement du discours oral (en effet, d'ailleurs, en fait...) • Les articulations logiques et discursives à l'écrit • Le subjonctif et l'indicatif dans les relatives • Le conditionnel passé • Tableau grammatical (p. 121)	• Micro-trottoir C : est-ce que vous épargnez et pourquoi ? Comment faites-vous pour épargner ? (pp. 118 à 120) • Nous avons tous mal à nos sous (pp. 122–123) *(catégorisation de type journalistique)* • Comment les Français économisent-ils ? (pp. 124–125) *(description, commentaires)* • Typologie de la clientèle du Crédit Agricole (pp. 126–127) *(description, commentaires)* • L'Avare (pp. 128–129) *(théâtre)*	• Questionnaire suivi d'analyse • Établissement d'un classement et comparaisons • Jeux de rôles (à la banque) • Mise en scène de théâtre (intonation et gestuelle) • Rédaction d'un texte argumenté • Entraînement (pp. 130 –131)
Page 132 **D. Le cœur sur la main :** • La charité et les causes humanitaires : les attitudes et les sentiments vis-à-vis d'autrui, la médecine, l'alimentation • Les conduites sociales et politiques	• La révision des articles définis et indéfinis • Les registres de langue • Les procédés discursifs : les parenthèses, les rapprochements synonymiques et antonymiques • La rection des verbes • Tableau grammatical (p. 135)	• Micro-trottoir D : si vous aviez de l'argent à donner, à quelle cause humanitaire aimeriez-vous donner cet argent et pourquoi ? (pp. 132 à 134) • Lettre de Médecins du Monde (pp. 136–137) *(lettre de demande)* • Saint Coluche (pp. 138 à 140) *(narration)* • La soft-idéologie (pp. 141 à 143) *(analyse sociologique)* • Le voleur (pp. 144–145) *(récit littéraire)*	• Jeu de rôles pour convaincre • Exposé • Adaptation pour le théâtre et mise en scène • Rédaction d'une lettre pour convaincre • Récit portant sur un fait de société • Analyse d'un fait de société • Entraînement (p. 146)

Dossier 3 : *Le triomphe de l'individu ?*

Thématique	Contenu grammatical	Types de textes oraux et écrits	Activités orales et écrites
Page 148 **A. La vie en solo :** • Le célibat et la solitude • La rencontre • L'individualisme • Les clubs et les gadgets • Les sentiments et les émotions • La sociologie des comportements	• Les registres de langue • L'analyse de la connotation • La métaphore • Les procédés rhétoriques • Les mises en relation (simultanéité, intensité...)	• Table ronde A : avantages et inconvénients du célibat. Vie matérielle et sociale des célibataires (pp. 148 à 150) • La vie en solo (pp. 151–152) *(description de comportements)* • Le grand club des célibataires sympas (p. 153) *(publicité)* • La rencontre (pp. 154 à 157) *(description, commentaire, discours rapporté)* • Sondage (p. 157)	• Résumés oraux et écrits • Discussion, comparaisons • Jeux de rôles • Interview • Table ronde • Rédaction d'une publicité pour club • Commentaire et analyse • Critique d'un texte

Thématique	Contenu grammatical	Types de textes oraux et écrits	Activités orales et écrites
		• Le célibat, un luxe de pays développé (pp. 158–159) *(analyse historique)* • Le surgissement de l'individu-sujet (pp. 160 à 162) *(analyses sociologiques)* • Les charmes infinis de l'individualisme ? (pp. 163 à 166) *(analyse sociologique)* • La solitude, ça n'existe pas… (pp. 167–168) *(interview, chanson, poème en prose)* • Le solitaire (pp. 169–170) *(récit littéraire)*	• Entraînement à l'organisation textuelle (pp. 171 à 175)
Page 176 **B. Sauve qui peut le dimanche !** • Le repos • Les loisirs • Le travail : lois et réglementations • Le commerce • La gastronomie du dimanche	• L'expression de l'accord et du désaccord • L'analyse de structures argumentatives • Les diverses modalisations de l'expression d'un point de vue	• Table ronde B : faut-il travailler le dimanche ? (pp. 176 à 178) • Supprimer le dimanche ? (pp. 179 à 182) *(analyse de comportements)* • Le point de vue des syndicats (pp. 183 à 186) *(exposé de points de vue argumentés)* • Le point de vue d'une revue économique : L'Expansion (pp. 187–188) *(analyse de type économique)* • Vie et engloutissement d'un gâteau dominical (pp. 189–190) *(description de type littéraire)*	• Sondage et analyse • Exposé-débat • Rédaction d'une lettre au courrier des lecteurs • Exposé écrit • Rédaction de textes revendicatifs • Entraînement à l'organisation textuelle (pp. 191 à 193)
Page 194 **C. L'État et nous :** • Le statut des fonctionnaires • Le rapport des Français à l'État : État-providence et État-carcan • Les professions et les carrières • La différence Paris/province • Les comportements devant l'administration	• L'expression de points de vue : pour et contre • L'expression de la nécessité et de l'obligation • L'expression de la demande : la revendication • L'analyse de structures de raisonnements	• Table ronde C : accepteriez-vous d'être délocalisés ? (pp. 194 à 196) • La délocalisation (pp. 197 à 201) *(narration, description de cas particuliers)* • L'État doit « casquer » (pp. 202–203) *(analyse critique de comportements)* • Des dangers de l'inflation juridique (p. 204) *(compte rendu « neutre » d'un rapport annuel)* • La loi qui tue la loi (p. 204–205) *(compte rendu interprétatif du même rapport)* • BD de Jacques Faizant (p. 206) *(texte humoristique)*	• Jeu de rôles (pour et contre) • Synthèse et exposé à la suite d'une discussion • Résumés et commentaires de texte • Rédaction d'une circulaire administrative • Analyse comparative • Rédaction du texte d'une BD • Entraînement à l'organisation textuelle (pp. 207–208)

Dossier complémentaire : *Les Français de l'an 2000*

Thématique	Contenu grammatical	Types de textes oraux et écrits	Activités orales et écrites
Page 210 **A. La télévision :** *quelle influence sur nos modes de penser ?* • L'influence de la télévision • Les jugements critiques sur la télévision	• Les analyses et les comparaisons de points de vue • La mise en valeur de ses arguments	• Table ronde (pp. 210–211) • Descriptifs journalistiques (p. 212) • Analyses sociologiques (pp. 213 à 216)	• Discussions-débats • Rédaction de points de vue
Page 217 **B. Les découvertes scientifiques :** *l'espoir surmontera-t-il la crainte ?* • La programmation génétique • L'éthique médicale • L'astrophysique	• L'analyse de points de vue • La recherche de contextes verbaux	• Table ronde (p. 217) • Analyse journalistique des comportements face à la recherche scientifique (pp. 218–219) • Interview d'un chercheur scientifique *(expression d'une opinion contrastée)* (pp. 219–221) • Interview d'un astrophysicien et d'un anthropologue (pp. 222–223)	• Discussions-débats
Page 224 **C. L'ouverture à l'Europe :** • Les jeunes et l'Europe • Les pères de l'Europe • Les Français vus par les Européens • Un Français analyse les Européens • Faut-il apprendre les langues étrangères ?	• La caractérisation • L'appréciation • La critique • La narration • La comparaison	• Table ronde (pp. 224–225) • Interview journalistique (p. 226) • Discours prophétique et tract politique (p. 227) • Description (pp. 228–229) • Essai de type descriptif-littéraire (pp. 230–231) • Analyse d'idées (pp. 232–233)	• Discussions-débats

Transcriptions des enregistrements (pp. 234 à 252)

Poème : « signes des hommes » (p. 256)			

SIGNES DES HOMMES

Signes des hommes, voici pour vous mes nuits.

Langue, sois-moi toutes les langues !
Cinquante langues, monde d'une voix !

Le cœur de l'homme, je veux l'apprendre en russe,
    arabe, chinois.
Pour le voyage que je fais de vous à moi
Je veux le visa
De trente langues, trente sciences.

Je ne suis pas content, je ne sais pas encore les cris
    des hommes en japonais !

Je donne pour un mot chinois les prés de mon enfance,
Le lavoir où je me sentais si grand.

Signes

Armand Robin,
Fragment de « Signes des hommes »,
in *Le Monde d'une voix*, © Gallimard, 1970.

Mame Imprimeurs, Tours – Dépôt légal : Juin 1997 (n° 40245)